复旦卓越·经济学系列

宏观经济学

杨长江　石洪波　编著

复旦大学出版社

前　言

从某种意义上说，宏观经济学是门横空出世的学科，是凯恩斯以他的天才而与古典经济学决裂所创立的，并通过众多经济学家的努力而形成了庞大的体系。宏观经济学形成的这种历史背景，使得这一学科的体系结构、分析方法与微观经济学有着非常的差异甚至说是断层，这个特点深刻影响了宏观经济学的发展状况，现在所兴起的寻求宏观经济学的微观基础的研究，就反映了为了弥补微观经济分析与宏观经济分析之间的断层而进行的努力。

从教材来看，传统的教材基本上都采用了根据凯恩斯经济学的框架而逐步展开的体系，从单商品市场均衡入手，再将货币因素纳入进来，然后再进行总供给总需求的分析，最后才涉及长期内的经济增长问题。而国外越来越多的教材采用的新的体系，从与微观经济学衔接的角度，先分析长期内的经济增长问题，再研究短期内的经济运行问题，对传统的 IS-LM 模型等内容的介绍则有所弱化。本人在为复旦大学本科学生讲授宏观经济学时，就曾对两种体系反复比较，很有难以取舍的感觉。

在本教材的编写中，我们立足于提供一个清晰的、简明的、前沿的、生动的叙述风格，因此在比较了这两种体系后，还是选择了目前已经被普遍接受的传统教材叙述顺序。根据我的理解，将宏观经济学的内容分为宏观分析基础、宏观经济均衡、宏观经济动态三个部分，循序渐进的逐步展开分析，既照顾到传统的分析框架，又对现代宏观经济研究对波动与增长的侧重有所反映。在内容中，我们试图更多介绍些中国的现实，更多反映些理论的前沿动态，这些都在正文以及参考资料中有所体现。我们试图在正文中尽量不出现数学分析，而把相关内容放到参考资料中，以适应更多读者的需求。

本教材初稿曾听取过尹晨博士、章元博士、杨海燕博士的意见，国际金融系惠卉同学认真校对了初稿并从学生学习的角度提出了不少建议，在此一并表示深深谢意。

我们期待着对本教材的各种指正与建议。

杨长江
2004 年 8 月

目 录

第一部分 宏观经济分析基础

第一章 宏观经济与宏观经济学 ……………………………… 3
第一节 宏观经济 ………………………………………… 4
一、宏观经济现象 …………………………………… 4
二、宏观经济与微观经济 …………………………… 11
第二节 宏观经济学 ……………………………………… 12
一、什么是宏观经济学 ……………………………… 12
二、宏观经济学与微观经济学 ……………………… 13
第三节 宏观经济学的发展历程 ………………………… 15
一、古典学派 ………………………………………… 15
二、凯恩斯主义 ……………………………………… 15
三、货币主义 ………………………………………… 17
四、理性预期学派 …………………………………… 17

第二章 衡量宏观经济的主要指标 …………………………… 21
第一节 国民收入衡量指标 ……………………………… 22
一、核算 GDP 的原则 ……………………………… 22
二、核算国内生产总值的方法 ……………………… 25
三、名义 GDP 和实际 GDP ………………………… 31
四、一些相关的重要指标 …………………………… 33
五、全面认识 GDP …………………………………… 34
第二节 失业率与价格指数 ……………………………… 36
一、失业率的测算 …………………………………… 36
二、价格指数的测算 ………………………………… 37

第二部分 宏观经济均衡

第三章 国民收入决定 ………………………………………… 45
第一节 宏观经济均衡的含义 …………………………… 46
一、两类宏观经济变量 ……………………………… 46
二、总需求决定总供给 ……………………………… 47

三、宏观经济均衡的实现 …………………………………………… 48
第二节　消费 ………………………………………………………………… 50
　　一、消费函数 ………………………………………………………… 50
　　二、储蓄函数 ………………………………………………………… 53
　　三、消费理论 ………………………………………………………… 54
第三节　国民收入决定 ……………………………………………………… 57
　　一、两部门经济中国民收入的决定 ………………………………… 58
　　二、三部门经济中国民收入的决定 ………………………………… 59
　　三、四部门经济中国民收入的决定 ………………………………… 62
第四节　乘数理论 …………………………………………………………… 64
　　一、乘数效应 ………………………………………………………… 64
　　二、乘数效应的形成机制 …………………………………………… 65
　　三、影响乘数效应大小的因素 ……………………………………… 66
　　四、几个主要的乘数 ………………………………………………… 68

第四章　货币与银行 …………………………………………………………… 73
第一节　货币 ………………………………………………………………… 74
　　一、货币的定义与层次划分 ………………………………………… 74
　　二、货币的功能 ……………………………………………………… 76
第二节　银行体系与货币供给 ……………………………………………… 77
　　一、银行体系 ………………………………………………………… 77
　　二、存款创造与货币供给 …………………………………………… 79
第三节　货币市场均衡 ……………………………………………………… 83
　　一、货币需求动机 …………………………………………………… 83
　　二、货币需求函数 …………………………………………………… 85
　　三、货币市场均衡 …………………………………………………… 87

第五章　商品市场与货币市场的均衡 ………………………………………… 92
第一节　投资 ………………………………………………………………… 93
　　一、投资函数 ………………………………………………………… 93
　　二、投资理论 ………………………………………………………… 95
第二节　商品市场均衡与 IS 曲线 ………………………………………… 96
　　一、利率、投资与国民收入 ………………………………………… 97
　　二、IS 曲线的推导 …………………………………………………… 97
　　三、IS 曲线的斜率 …………………………………………………… 99
　　四、IS 曲线的移动 …………………………………………………… 100
第三节　LM 曲线 …………………………………………………………… 102
　　一、LM 曲线的推导 ………………………………………………… 102
　　二、LM 曲线的斜率 ………………………………………………… 103
　　三、LM 曲线的移动 ………………………………………………… 104
第四节　IS-LM 模型 ………………………………………………………… 105

一、均衡状态的求解 ········· 106
　　二、均衡状态的变动 ········· 107
　　三、市场失衡及其调整 ······· 109

第六章　AS-AD 模型 ······· 115
第一节　总需求曲线 ········· 116
　　一、总需求与价格水平的关系 ··· 116
　　二、总需求曲线的推导 ······· 117
　　三、总需求曲线的斜率 ······· 118
　　四、总需求曲线的移动 ······· 119
第二节　总供给曲线 ········· 121
　　一、劳动力市场均衡 ········· 121
　　二、短期的总供给曲线 ······· 123
　　三、长期的总供给曲线 ······· 125
第三节　总供给-总需求模型 ··· 127
　　一、短期的总供给-总需求模型 · 127
　　二、长期的总供给-总需求模型 · 128
　　三、短期经济波动分析 ······· 129

第三部分　宏观经济动态

第七章　短期波动：失业与通货膨胀 ······· 137
第一节　失业 ··············· 138
　　一、失业的类型和原因 ······· 138
　　二、失业的代价 ············· 140
　　三、失业的治理 ············· 141
第二节　通货膨胀 ··········· 143
　　一、通货膨胀的类型 ········· 144
　　二、总供求失衡导致的通货膨胀 · 144
　　三、结构性通货膨胀 ········· 146
　　四、通货膨胀的危害 ········· 147
　　五、通货膨胀的治理 ········· 148
　　六、通货紧缩 ··············· 148
第三节　失业与通货膨胀的关系 ······· 150
　　一、短期的菲利普斯曲线 ····· 151
　　二、扩展的菲利普斯曲线 ····· 152
　　三、长期菲利普斯曲线 ······· 153

第八章　宏观经济政策 ······· 156
第一节　财政政策 ··········· 157
　　一、政策工具 ··············· 157

二、自动稳定机制 …………………………………………………… 160
　　三、政策效力分析 …………………………………………………… 161
第二节　货币政策 ………………………………………………………… 165
　　一、政策工具 ………………………………………………………… 165
　　二、政策效力分析 …………………………………………………… 167
　　三、政策配合 ………………………………………………………… 167
第三节　政策原理与规范 ………………………………………………… 169
　　一、政策原理 ………………………………………………………… 170
　　二、政策规范 ………………………………………………………… 172

第九章　经济增长和经济周期 …………………………………………… 175
第一节　经济增长 ………………………………………………………… 176
　　一、经济增长的表现 ………………………………………………… 176
　　二、经济增长的源泉 ………………………………………………… 177
第二节　索洛增长模型 …………………………………………………… 180
　　一、模型的提出 ……………………………………………………… 180
　　二、模型的应用 ……………………………………………………… 182
　　三、最佳增长路径 …………………………………………………… 185
第三节　经济周期 ………………………………………………………… 188
　　一、经济周期性波动 ………………………………………………… 188
　　二、经济周期的划分 ………………………………………………… 189
　　三、经济周期的原因 ………………………………………………… 190

第十章　国际经济往来 ……………………………………………………… 195
第一节　国际贸易 ………………………………………………………… 196
　　一、产品和劳务的国际流动 ………………………………………… 196
　　二、国际贸易理论 …………………………………………………… 197
第二节　汇率 ……………………………………………………………… 203
　　一、外汇与汇率 ……………………………………………………… 203
　　二、汇率理论 ………………………………………………………… 204
　　三、汇率制度 ………………………………………………………… 206
第三节　国际收支 ………………………………………………………… 207
　　一、经常项目 ………………………………………………………… 207
　　二、资本和金融项目 ………………………………………………… 208
　　三、储备资产项目 …………………………………………………… 209
　　四、净误差与遗漏项目 ……………………………………………… 209
　　五、国际收支不平衡及调整 ………………………………………… 210
第四节　开放条件下的经济政策 ………………………………………… 212
　　一、固定汇率制分析 ………………………………………………… 212
　　二、浮动汇率制分析 ………………………………………………… 214

第一部分

宏观经济分析基础

本部分是学习宏观经济学的基础,通过介绍什么是宏观经济、什么是宏观经济学、宏观经济学的发展历程、衡量宏观经济的主要指标等内容,来使我们对宏观经济学有个总体的了解,为进一步深入学习创造条件。

第一部分

汉语的亲属语言

第一章 宏观经济与宏观经济学

学习目标
- 能够对宏观经济问题有一个感性的认识,并了解其与微观经济问题的关系
- 认识什么是宏观经济学,及其与微观经济学的关系
- 了解宏观经济学的发展历程

基本概念

宏观经济　宏观经济学　古典学派　凯恩斯主义　货币主义　理性预期学派

参考资料
- 红杏大爷与抢购风
- 《多收了三五斗》之大学生就业版
- 关于近年来积极财政政策的疑问
- 宏观经济学的最新发展

第一节 宏 观 经 济

重要问题

1. 哪些问题属于宏观经济问题?
2. 宏观经济与微观经济有什么不同?

2004年3月5日,十届全国人大二次会议在人民大会堂开幕,温家宝总理作政府工作报告,报告指出2003年我国经济发展迅速,国内生产总值比上年增长9.1%,达到11.67万亿元;按现行汇率计算,人均国内生产总值突破1 000美元,跨上一个重要台阶;全国财政收入达到2.17万亿元,比上年增加2 787亿元;进出口总额比上年增长37.1%,达到8 512亿美元,由上年居世界第五位上升到第四位;城镇新增就业859万人,下岗失业人员再就业440万人;城镇居民人均可支配收入实际增长9%,农民人均纯收入实际增长4.3%。

你能够完全理解这部分内容吗?比如说,国内生产总值是什么概念?可支配收入指的又是什么?报告中提到的这些经济变量之间有着什么样的关系?报告中的这些信息反映出中国经济处于什么样的状态?

这段报告,是在对中国经济的总体运行情况进行描述,它所涉及的就是我们这门课程的主题——宏观经济问题。在我们正式开始对宏观经济学的学习之前,我们不妨来张望一下,看看宏观经济学所涉及的经济现象有哪些,领略一下这里有着什么样的风景。

一、宏观经济现象

宏观经济指的是经济运行的总体情况。具体来说,宏观经济现象可以分为这么几类。

1. 经济增长

你可能听上一代人讲过,他们想买东西,并不是像现在一样,拿着钱去商店就可以买到了,他们还需要有相应的票据才行,如果他们要买米,需要有米票,如果他们要买布,需要有布票。为什么会这样呢?因为那个时候物资匮乏,没有足够的产品供人们消费,只得采取凭票购买的方式。

凭票购买的年代已经离我们很遥远了,现在到处都是商店、超市,里面的商品琳琅满目,可以任意选购。现在的产品不仅种类繁多,而且质量也不断提高。这是因为我国经济持续增长,能够生产出更多更好的产品供人们消费,使得我们的生活水平不断提高。从我们自己身上,可以看出经济增长是如何影响着每个人的生活。

宏观经济
指经济运行的总体情况,包括通货膨胀、失业、国际收支和经济增长等问题。

回顾历史，中国的经济发展水平曾经长期遥遥领先于世界其他国家，大唐盛世、东京梦华，在马可波罗的眼中，中国就是富强发达的代名词。但是到了17世纪之后，中国就日渐衰落，康乾盛世的夕阳掩盖不了经济社会发展势头落后于西方国家的现实。为什么中国会从最发达的国家走向衰落？这个疑问，引起了多少人对于经济增长的源泉与决定因素的兴趣。

令人振奋的是，在新中国成立后特别是最近20多年里，中国表现出再次复兴的趋势，经济保持着高速的增长。1986—1990年期间平均年增长7.9%，1991—1995年期间平均年增长12%，1996—2001年期间平均年增长8.1%，2003年增长速度达到了9.1%。与同期世界上其他的国家相比，中国经济的增长速度是最快的，因此有人称赞中国为"拉动世界经济增长的火车头"。

图1-1反映了1978—2002年的25年期间我国经济增长的情况，可以看出，GDP的增长勾画出一个小山坡的形象，生动地表明了我国的经济社会在繁荣发展，现在是登上了一个山坡，在不久的将来，随着经济的进一步发展，将会攀登上更高的山峰。

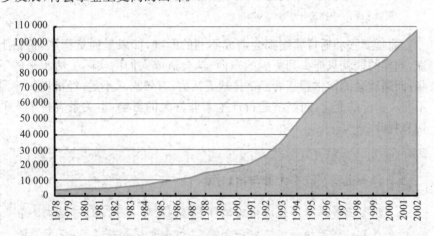

图1-1 我国25年来的GDP情况（亿元）

资料来源：《中国统计年鉴（2003）》。

历史上，中国经济发展经历过兴盛和衰退；现在，又进入迅速发展的新阶段。那么，为什么会有经济增长？决定因素在哪里？经济增长如何维持？经济增长会给经济带来哪些影响？了解这些问题对我国经济的进一步发展尤为重要，也是我们学习宏观经济学的意义所在。

2. 物价变动

经济中的物价水平总是不断变动的，我们把总体物价水平持续、大幅上涨的过程称为通货膨胀，把总体物价水平持续下跌的过程称为通货紧缩，通货膨胀和通货紧缩问题也是宏观经济学研究的重要问题。

改革开放以来，我国经历了5次通货膨胀和1次通货紧缩，其中1979—1980、1984—1986、1987—1991和1992—1994年期间，物价水平出现大幅上涨；但是从1997年开始，物价持续走低，出现负增长，进入通货紧缩的状态;而从2003年下半年开始,物价开始上涨,到了2004年,物价上涨的速度进一步加快,理论界开始讨论中国是否进入新一轮的通货膨胀。图1-2反映了1978—2002年商品零售价格指数的变化。

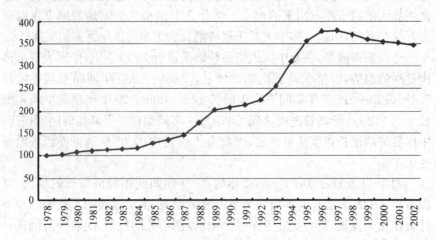

图1-2 我国商品零售价格指数变化(1978=100)

资料来源:《中国统计年鉴(2003)》。

通货膨胀和通货紧缩都会造成不利的影响,如果是通货膨胀,价格上涨,同样的钱就只能买到更少的东西,这会造成人们的实际生活水平的下降;而通货紧缩常常意味着经济体缺乏活力,有效需求不足,经济增长停滞不前。物价的变化,对经济运行产生着非常大的影响,也关系着每个人的切身利益。

参考资料 红杏大爷与抢购风

红杏大爷并不是这次抢购风当中疯狂的抢购者,相反,他本是个什么事都想得开的人。三中全会以后,红杏大爷老是老了,身子骨还硬,笑声也还爽朗,孤身一人上山承包了大队的果园子,跟本队说好,每年上交五万元人民币,剩下的果子全是他的。几年下来,红杏大爷的土炕炕洞儿里装满了花花绿绿大大小小的钱票子。

这一遭,红杏大爷又来沈阳看养女。临出门随便从炕洞儿里掏出一把票子揣在腰里,没有细数,大概也有千儿八百。回来的那天,想起山沟里的人托他买几双拖鞋,红杏大爷就提早半天从养女家出来,准备买了拖鞋再上汽车。他先到了太原街五交大厦,进去一看,好几层楼柜台前都是厚厚的一层人。他嘴里叨咕了一句:真奇怪!转身沿着墙边下楼,又拐进别的商店。谁知这里人更多,他还是一样找不到卖拖鞋的柜台。问问别人这算干啥子,一个小伙子怀里抱着刚买的电风扇:"抢啊,不快换成东西钱就白瞎了!"

听小伙子这么一说,红杏大爷才联想起这几天听她闺女晚上回

> 家唠叨的,什么抢购风什么的。
>
> 红杏大爷站在百货大楼售货大厅里。下意识地摸了一下自己鼓鼓的腰际,钱还在那,可在那说不定比不在那更不安全。要知道这些钱来得其实也不易呀,哪一张票子不是他贪黑起早修枝、剪叶、浇水、施肥,汗水里浸泡过的?就这么让他白瞎了?不能,自然不能!他也得去赶快把它换成什么东西,不管换什么,只要是摸着有形、听着有声,或能穿能使唤的物件,就比纸票子强!
>
> 他这么想了,找了一个队就去排,买拖鞋的事早忘了。那是小东西,要抢自然不能抢这类玩意,得抢个百八十元一个或更贵更值钱的东西。
>
> 很快红杏大爷靠近柜台了。售货员见他手里没事先攥着钱,似乎有点奇怪:"您老买不买?""买。""买几个?"
>
> 红杏大爷赶快从腰里往外掏钱。边掏才边想起来问:"这,卖的是啥?"售货姑娘显得不耐烦:"哎呀,闹了半天您还不知道卖的是啥,那到边上先想好了再买。快!下一个。"
>
> 红杏大爷有点生这丫头的气,但想想这丫头也没什么错。他赶忙说:"俺买,俺是要买的。"
>
> "您买几个?快拿钱!"
>
> "那,那就先来五个吧!"
>
> 就这样,红杏大爷把五个装着日产吸尘器的长方形的硬纸盒扛上了长途汽车,又走了好一截的山路,才扛到家里,摆在自己藏着许多钱在炕洞儿里的土炕上……
>
> ——改编自:长江,原载《报告文学》1989 年第 3 期。

那么,为什么物价水平会不断变动呢?这种变动会造成什么样的影响?我们应该怎么去进行治理?这些都是我们在学习宏观经济学过程中要掌握的问题。

3. 失业

简单地说,失业就是指没有工作可做。没有工作就没有收入,生活就会成问题,因此,失业从来就不是一个好东西。

在计划经济体制下,我国基本上不存在失业问题,因为每个人都安排了工作,虽然这种安排可能是没有效率的,那个时候,有人甚至说"社会主义消灭了失业"。随着经济体制的改革,失业问题不可避免地出现了,城镇职工大量下岗;农村劳动力过剩,大量的农民到城市谋求工作,形成"打工潮"。近年来,大学生就业问题也日益突出,失业问题更加与我们每个人息息相关。

为什么会产生失业问题?如何解决失业问题?这些都是宏观经济学所要回答的问题。

参考资料 《多收了三五斗》之大学生就业版

——这是根据茅盾先生的经典原著而创作的一篇幽默文章。在会心一笑中,可以看出就业问题对大学生所带来的压力。

人才市场的停车场里,横七竖八停着各处来的自行车、助动车。门口排队的是新毕业的大学生,把门口塞得很满。厚厚的履历表用各色的夹子夹着,一捆一捆地,填没了这只手和那只手之间的空隙。门口进去就是××市最大的人才市场了,招聘单位就排在市场的那一边。早晨的太阳光从整洁的玻璃天棚斜射下来,光柱子落在柜台外面晃动着的几副 GLASSES 上。

那些毕业生大清早骑自行车出来,穿越了半个城市,到了人才市场,早饭也不吃一下,便来到柜台前面占卜他们的命运。"重点本科1500,普通本科1200,大专不要。"招聘单位的 HR 小姐有气没力地回答他们。

"什么!"毕业生朋友几乎不相信自己的耳朵。美满的希望突然一沉,一会儿大家都呆了。

"在6月里,你们不是说IT年薪6万么?"

"7万也招过,不要说6万。"

"哪里有跌得这样厉害的!"

"现在是什么时候,你们不知道么?各处的毕业生像潮水一般涌来,过几天还要跌呢!"

原来出来犹如赛龙船似的一股劲儿,现在在每个人的身体里松懈下来了。最近天照应,很多人免了论文答辩,考试科目的老师也不来作梗,很快就拿到了毕业生推荐表,有的还是优秀毕业生的头衔,谁都以为该得透一透气了。

哪里知道临到最后的占卜,却得到比高考落榜或没有学位更坏的征兆!

"还是不要干的好,我们回去呆在家里吧!"从简单的心里喷出了这样的愤激的话。

"嗤,"小姐冷笑着,"你们不干,人家就关门了么?各处地方多的是本科毕业生,头几批还没分派完,苏北、西北等院校的本科毕业生就要涌来了。现在各地的海归、硕士、博士、MBA 也多得是。高工资的 POSITION 是为他们留着的。"

苏北、西北等地的院校,硕士、博士、MBA,那是遥远的事情,仿佛可以不管。而已经毕业的学生不干活,却只能作为一句愤激的话说说罢了。怎么能够不干呢?在城市的生活费是要花的,为了做简历,买体面的西装革履,当初父亲母亲为自己上学借的债,自己签约向银行贷的款是要还的。

"我们到上海去找工作吧,"在上海,或许有比较好的命运等候着他,有人这么想。

但是,小姐又来了一个"嗤",眨着微翘的睫毛说道:"不要说上海,就是找到北京深圳去也一样。我们同行公议,这两天的价钱是毕业生名牌本科1 500,普通本科1 200。"

——节选自 jianke.《多收了三五斗》之大学生就业版. 你的博客网:http://www.yourblog.org/

4. 国际经济往来

每年都有很多外国人来中国旅游,外国人很乐意购买价廉物美的中国产品;我们也喜欢穿耐克球鞋、喝可口可乐、吃麦当劳鸡翅,这些都是国外的产品。我们与外国进行着广泛的经济交流。

世界经济正在逐渐走向一体化,任何一个经济体都不是在孤立发展,总是通过国际经济往来与其他经济体发生联系。中国经济能够长期保持高速增长,很大程度上是得益于对外开放,把我们的产品卖到了国外,打开了销路。

近年来,外国直接投资源源不断地涌向中国,2003年,中国接受外国直接投资达到530亿美元,成为世界上接受外国直接投资最多的国家。跨国公司将生产基地向中国转移的趋势越来越明显,中国开始被越来越多的国家称为"世界工厂"。经常项目、资本和金融项目的双顺差,是近年来中国对外经济活动的主要特征,具体情况见图1-3所示。

🌐 **网络资源**

宏观经济信息网是很好的信息平台,在那里可以浏览到许多关于宏观经济运行的报道评述。网址:http://www.macrochina.com.cn/
同类型的还有中国经济信息网:http://www.cei.gov.cn/
中国经济时报:http://www.cet.com.cn/

图1-3 我国国际收支情况

资料来源:国际收支平衡表(1990—2003)。

国际经济往来对经济发展具有重大意义,我们需要了解一个经济体应该出口什么,进口什么?应该怎样衡量对外开放水平?本国货币的汇率是如何确定的?国际经济往来如何促进经济发展?

5. 宏观经济政策

政府是否需要对经济进行干预，以及如何进行干预，这是一个非常久远的问题。宏观经济政策问题就构成了宏观经济学的另外一个非常重要的研究领域。

从我国来看，宏观经济政策问题在我国经济生活中发挥着非常重要的影响。如何保持经济发展的势头，如何解决压力巨大的就业问题，如何应对交替出现的通货膨胀与通货紧缩的压力，如何协调与外界的经济联系，这些都需要政府制定相应的宏观经济政策来进行调控。

政策是一把双刃剑，在对经济发挥积极影响的同时，也会产生一些消极的效果。因此，从世界各国的实践来看，如何合理运用宏观经济政策来管理经济都是一个极为重要的、充满着争议的问题。

 参考资料　关于近年来积极财政政策的疑问

在 2002 年全国人大会议期间，新华社记者向朱镕基总理提问："今年我国财政赤字 3 098 亿元，占国内生产总值比重达 3%。请问总理，如何看待我国的财政风险，这对下届政府有没有影响？"

朱镕基首先风趣地说：前几天我看到一份香港报纸送我一个荣誉称号叫"赤字总理"，我从来不接受荣誉称号和荣誉学位，对这个问题我需要解释。

朱镕基说，一个国家有财政赤字是很正常的，重要的不是有没有赤字，关键的是赤字水平是否在承受的能力之内，赤字用在哪里？赤在哪里？中国今年预算的赤字 3 098 亿元人民币，相当于当年的国民生产总值的 3% 左右。国债发行的余额总计 25 600 亿，占国民生产总值的 18% 左右。这两个数字都在公认的国际警戒线以内，还差得远呢。

朱镕基进一步强调，更重要的是，我们的赤字预算不是用在经常性预算上，而是用在基础设施建设上面。本届政府 5 100 亿国债，带动了银行资金和其他资金渠道，一共完成了 2 万亿的工程，这 2 万亿的工程包括 10 万公里的公路，其中 13 000 公里是高速公路，5 000 公里是干线铁路，如果包括电气化、双轨、改造在 10 000 公里以上。建设了 95 000 万千瓦的电站，全部改造了农村的电网，中国的移动电话将固定电话的数额里面增加了 3 亿 2 千万门，这都是实实在在的摆在那个地方的。

因此，我留给下届政府的不只是债务，而是 25 000 亿的优质的资产，在将来中国的经济发展中将长期发挥巨大的经济效益和社会效益。更为重要的是，这是 5 100 亿的国债加上银行配套的贷款，拉动了整个工业生产，带动整个国民经济高速地发展，财政的收入每年大幅度地增加,这才使我们有可能大力地改善职工的生活。最近几年,职工的工资差不多增加了一倍,使我们构筑了一个比较健全的社会保障体系,也使我们有大量的资金投入教育和科技战线。

与此同时,人民群众的银行储蓄存款在最近几年里面,不断地增加,保持每年增加7千亿到8千亿人民币的水平。也就是说,如果我们不是采取这种积极的财政政策和稳健的货币政策,中国经济也许垮了。

因此,可以从这里看出来,这一个积极财政的力度也是恰到好处的,你看我们这四年,物价一点儿也不涨,掉得也不是很多,在1%的上下浮动。恰到好处,足见中国的功夫是不错的。

朱镕基最后说:"对不起,我不能接受'赤字总理'这个荣誉称号,奉送回去。我们国家能够实行积极的财政政策,不但克服了亚洲金融危机带给我们的影响,而且利用这个机遇空前地发展了中国的国民经济,我为此感到自豪。"

重要问题1　哪些问题属于宏观经济问题?

宏观经济问题是指总体经济现象,是经济运行的总体情况。具体来说,宏观经济问题包括经济增长问题、通货膨胀问题、失业问题、国际经济往来问题和经济政策问题。

二、宏观经济与微观经济

在正式开始学习宏观经济学之前,我们有必要明确微观经济与宏观经济的区别和联系。我们研究某项事物,总是要先进行归类,以把我们研究的对象与其他事物区分开来。经济学家们把经济问题与其他问题区分开来进行研究,形成了经济学;进而,他们把微观经济与宏观经济区分开来,形成了微观经济学和宏观经济学。

概括地说,微观经济指的是个别经济单位的经济行为以及由此产生的相互影响;而宏观经济指的是经济运行的总体情况,包括经济增长、商品和服务的总供给和总需求、通货膨胀率、失业率、国际收支与汇率等问题。

想想发生在身边的事情,就会发现我们每天都在接触微观经济和宏观经济问题。当我们考虑是该花50块钱买本经济学教材,还是去看场电影时,我们在进行微观经济决策,这是个体的行为。我们可能发现花钱比以前更快了,因为物价比以前提高了;我们听到大学生抱怨工作不好找,因为找工作的人很多,用经济学语言讲就是劳动力市场供大于求,这些是宏观经济问题,是我们每个人都要面对的总体经济问题。另外,通过电视、网络、报纸等媒体，我们每天都能接触到诸如此类的新闻：

——相关数据显示，2003 年前 8 个月我国居民消费价格总水平同比持续小幅增长，但从 9 月份开始快速上升，持续到今年 1 月份，CPI 同比增幅已经达到 3.2%。

——2004 年就业工作的目标是新增就业 900 万人，实现下岗失业人员再就业 500 万人，其中困难人员再就业 100 万人，城镇登记失业率控制在 4.7% 左右。

——近期应继续保持人民币存贷款利率的基本稳定，进一步推进利率市场化改革；促进国际收支基本平衡，保持人民币汇率在合理、均衡水平上的基本稳定。

这些都是关于宏观经济的新闻，讨论的是经济运行的总体情况。

微观经济和宏观经济又是紧密联系的。微观经济是宏观经济的基础，比如每个人决定消费多少是微观经济问题，但所有人的消费支出加起来便构成了总消费，这就是宏观经济问题；宏观经济形势又影响着微观经济行为，比如通货膨胀率的上升带来生产成本的提高，单个企业便可能改变其微观经济决策，削减产量。

重要问题 2 宏观经济与微观经济有什么不同？

微观经济指的是个别经济单位，即具备经济理性的个人与单个企业根据面临的约束条件，追求目标函数最大化的行为，以及由此产生的相互影响；宏观经济指的是经济运行的总体情况，分析家庭、企业和政府在经济中的行为及相互作用，包括经济增长、总供给和总需求、通货膨胀、失业以及国际经济往来等问题。

第二节 宏观经济学

重要问题

1. 什么是宏观经济学？
2. 宏观经济学与微观经济学有什么区别和联系？

一、什么是宏观经济学

宏观经济学是研究一国经济总体运行情况的科学，分析总体的经济现象,并研究政府如何通过经济政策来影响宏观经济的运行。

在宏观层面,我们不去考虑个体的差异,而是把经济主体划分为家庭、企业和政府这三个部门,并研究它们之间的关系。在这里,我们讨论家庭的消费和投资,并认为所有的家庭都是无差异的,从而可以视为一个单独完整的经济部门;我们讨论企业,而不去考虑它生产的是汽车还是食品;我们分析政府的政策和行为,而不去区别是中央政府还是地方政府。

在宏观经济学里,各种市场被归结为三类:商品市场、货币市场和劳动力市场。在商品市场上,发生着对有形产品和无形服务的需求和供给;所有的金融资产都在货币市场上交换,储蓄在这里转化为投资,利率作为资金的价格,调节着资金的供给(储蓄)和资金的需求(投资);而劳动力市场则是作为劳动力供给方的家庭和作为劳动力需求方的企业和政府进行交易的地方。

三类经济部门在三类市场上相互发生作用,这构成宏观经济学分析的总体框架,我们将在这个框架内分析经济运行的整体情况,以及政府应该采取何种政策来调节经济的发展。

虽然宏观经济学不考虑个体的差异,但是其讨论的每一个问题都与我们息息相关,其实是一门应用性很强的科学。通过学习宏观经济学,我们将懂得各种经济问题产生的原因、变化的趋势,以及政府应该为此实行怎样的经济政策。

宏观经济学
研究总体经济运行情况的科学。

 重要问题1 什么是宏观经济学?

宏观经济学是研究一国经济总体运行情况的科学,分析总体的经济现象,并研究政府如何通过经济政策来影响宏观经济的运行。

宏观经济学把经济主体分为三种:家庭部门、企业部门和政府部门;并把市场分为商品市场、货币市场和劳动力市场三类,研究各经济部门在不同市场上的相互作用。宏观经济学是一门应用性很强的科学。

二、宏观经济学与微观经济学

宏观经济学和微观经济学研究的内容是不一样的。微观经济学的内容可以归结为价格问题,分析的是微观主体在面对各种价格的情况下,如何按照边际成本等于边际收益的原则进行经济决策的。因此微观经济学又被称为是价格理论,通过假定可用的经济资源数量为已知,来研究这些资源如何通过产品和生产要素的价格,有效地在微观主体中进行分配。而宏观经济学研究的则是一个经济体内,有限的经济资源是如何在各个经济部门之间分配的问题,包括怎样分配、为什么如此分配以及是否出现资源闲置的问题。

这些区别体现在两者采用的经济变量上,宏观经济学分析的是经济总量,微观经济学分析的是经济个量,但是总量不是个量的简单加总。有些经济变量可以是加总的关系,比如总消费和总储蓄是个别经济单位消费和储蓄的加总;但也可以是加权平均关系,比如消费物价指数就是一组消费品价格的加权平均。

还可以说明这个问题的是,对有些符合常理的微观经济行为,其集合产生的宏观效应却是消极的。比如勤俭节约对每个人来说都是值得提倡的美德,减少当期的消费,为以后进行更多的消费或生产进行储蓄,是符合微观理性的。但是如果社会还存在生产潜力,把这些储蓄放在当期消费,就能够形成更多的有效需求,增加经济的总产出,从而增加社会福利;但是如果不在当期消费,就会因为缺乏需求而导致生产萎缩,收入下降,相比之下社会福利反而减少了。资本主义20世纪30年代的大萧条便是例证。

另一个例子是关于厂商的:如果能够选择支付较低的工资,理性的厂商必定纷纷前往,因为这可以降低生产成本,增加利润。但如果所有的厂商都这么做,工人的工资收入便会下降,这必然会带来消费的减少,也就意味着总需求的下降,物价将出现下降,厂商的利润减少,经济将走向萧条。

虽然有诸多的差别,但是宏观经济学和微观经济学还是有很多联系的。宏观经济理论必须要有坚实的微观经济理论作为基础;另外,两者还秉承着众多相同的假设条件、分析方法和理论框架。学好微观经济学是学好宏观经济学的前提条件。

重要问题2　宏观经济学与微观经济学有什么区别和联系?

微观经济学又被称为是价格理论,分析微观主体在面对各种价格的情况下,如何按照边际成本等于边际收益的原则进行经济决策。通过假定可用的经济资源数量为已知,来研究这些资源如何通过产品和生产要素的价格,有效地在微观主体中进行分配。而宏观经济学研究的则是一个经济体内,有限的经济资源是如何在各个经济部门之间分配的问题,包括怎样分配、为什么如此分配以及是否出现资源闲置的问题。

两者也存在着紧密的联系,共同秉承着众多的假设条件、分析方法和理论框架;此外,宏观经济学还需要有微观经济学为之提供坚实的基础。

第三节 宏观经济学的发展历程

重要问题
1. 凯恩斯学派在宏观经济学的发展中处于什么地位?
2. 宏观经济学是如何在争辩中发展的?

现代意义的宏观经济学是从 20 世纪开始发展起来的,以凯恩斯于 1936 年出版《通论》一书为标志。在凯恩斯之前,已经有很多经济学家开始研究宏观经济问题,但是没有与微观经济问题区分开来,直到凯恩斯作出了明确划分,经济学才正式分为微观经济学和宏观经济学,并分别取得重大的发展。我们从古典学派开始,介绍宏观经济学的发展历程。

一、古典学派

1776 年,伟大的经济学家亚当·斯密发表了他的著作《国富论》,标志着经济学作为一个单独学科而产生。在这本著作里,亚当·斯密阐述了"看不见的手"的理论,认为资本主义的自由市场能够引导经济在最佳状态下运行:个人和企业追求经济利益的最大化,形成供求意愿并通过市场表达出来;市场运行良好,价格和工资能够充分反映这些供求变化并及时、充分地作出调整,使得每个市场都达到供求均衡,个人和企业获得最佳的经济状态。

古典主义宏观经济学还包括萨伊定律和货币数量论。萨伊在 1803 年出版了《政治经济学概论》,在其中提出了著名的萨伊定律:供给创造自己的需求,进一步推广,还可以得出"所有储蓄必然全部转化为投资"的结论。货币数量论认为货币是覆盖在实物经济上的一层"面纱",货币数量只是决定商品的价格,货币供应量的变化不会影响到商品总量、商品构成及商品交换比率。

古典的宏观经济学思想认为,资本主义自由放任的市场机制能够实现有限资源的充分利用,也能够使经济在经历外部冲击后自动恢复均衡的产出和就业。在"看不见的手"的引导下,经济沿着最佳的路径发展,因此,政府不需要、也不能够通过经济政策来干预自由市场经济的运行。

二、凯恩斯主义

20 世纪 30 年代,资本主义经济经历了大萧条时期,失业增多、资源闲置、价格水平大幅下降、经济陷入衰退。古典的宏观经济学不能解释为什

网络资源

登录凯恩斯理论讨论组检索网站，这是对凯恩斯理论感兴趣的人聚集的电子社区，可以下载软件和论文。网址：http://csf.colorado.edu/econ/

么自由市场经济会出现这么严重的经济衰退，因为在古典分析里，不可能出现商品过剩的经济危机；"看不见的手"也没有在衰退发生后引导经济恢复到均衡的发展轨道。在这种情况下，凯恩斯主义作为古典主义宏观经济学的反对者产生了，史称"凯恩斯革命"。

1936年，凯恩斯出版了《就业、利息和货币通论》，标志着凯恩斯主义宏观经济学的诞生，这本著作也被视为现代宏观经济学的奠基之作。凯恩斯对古典学派的突破主要体现在：

古典学派认为价格和工资能够随市场的供求关系灵活调整；凯恩斯则提出名义价格和工资的调整是刚性的，当经济受到外部冲击时，价格的调整要慢于产量的调整。

古典学派认为利率的变化将使得厂商的计划投资等于家庭的计划储蓄；凯恩斯在其经济分析中引入消费函数的概念，认为消费主要取决于收入，从而储蓄也决定于收入，正是收入的变化使得储蓄与投资相等。

古典学派认为利率是由资本的供给和需求决定的；凯恩斯提出利率是由货币的供给和需求决定的。

古典学派认为货币是中性的，"两分法"认为货币理论与价值理论互不影响；凯恩斯创造性地提出货币的投机需求概念，把对实物经济的分析和货币分析统一起来，突破传统的"两分法"。

通过分析，凯恩斯认为当时的工业资本主义经济有内在的缺陷，容易导致有效需求不足，而价格对此难以做出充分调整，经济将陷入非均衡状态，并进而走向衰退。

正因为如此，政府应该积极采取经济政策，尤其是财政政策来调节经济运行，熨平经济波动。当有效需求不足、经济陷入衰退时，政府应该实行扩张性的经济政策刺激消费和投资，从而扩大总需求，增加就业，使经济运行回复到均衡的轨道；当经济过热、出现通货膨胀时，政府应该实行紧缩性的经济政策来限制总需求。

 重要问题1　凯恩斯学派在宏观经济学的发展中处于什么地位？

凯恩斯的《通论》被认为是现代西方宏观经济学的奠基之作，凯恩斯对现代经济学的发展做出了巨大的贡献。

凯恩斯明确地把宏观经济学和微观经济学区分开来，明确各自研究的内容。凯恩斯与之前传统的经济学进行决裂，批评古典学派的就业与产出决定理论、萨伊定律和货币数量论。摒弃古典的两分法，通过利率把实体经济与货币经济联系起来。另外凯恩斯提出政府应该积极干预经济的主张，在当时的情形下取得了很大的成功，并对政府行为产生了深远的影响，不可否认，现在仍有很多国家的政府还是在凯恩斯主义的框架内寻求政策的依据。

> 虽然其理论本身也有很多缺陷,比如缺乏坚实的微观基础、不够重视总供给和货币对经济的影响、没能充分论及通货膨胀问题等,但是凯恩斯主义者不断进行补充完善,使得凯恩斯学派仍然处于主流宏观经济学的地位。

三、货币主义

20世纪70年代,美国经济出现了高通货膨胀和高失业并存的"滞胀"现象,而凯恩斯主义宏观经济学无法为这一现象提供令人信服的解释,因为凯恩斯主义认为在经济实现充分就业前,经济不可能出现高的通货膨胀率,也就是说高失业率和高通货膨胀率不会同时出现。为此,许多经济学家致力于寻求新的理论来解释,货币主义者是其中的代表。

美国经济学家弗里德曼是货币主义的代表,他对凯恩斯主义提出了强烈的批判。弗里德曼认为通货膨胀从根本上来说是货币现象,政府为了增加就业而增加货币供给量、实施扩张性的财政政策只会导致物价的上涨,而无法解决就业问题,从而出现"滞胀"现象。

货币主义认为当市场能够充分发挥调节作用时,还是可以实现经济均衡发展的;经济发展之所以出现不稳定正是因为政府采取了宏观经济政策进行干预,在长期,任何经济政策都是无效的;货币是重要的经济变量,政府只需要做一件事,就是稳定货币发行量,为市场力量发挥调节作用创造条件。

四、理性预期学派

20世纪70年代中期,凯恩斯主义面临着新的挑战,以卢卡斯等人为代表的理性预期学派从预期的角度对凯恩斯主义提出了批评。

凯恩斯学派假定了公众不会针对经济政策进行调整,认为政府的经济政策能够取得应有的效果。理性预期学派认为凯恩斯学派中的预期是适应性预期,而且带有随机性,这是不符合实际的。现实中,公众是可以做出理性预期的,即公众能够运用所有可用的信息对政府的经济政策进行预期,并不会出现系统性的偏差,公众甚至可能做出充分理性的预期,即完全能够预料到政府采取何种政策以及政策的力度,在这种情况下,公众就可以在事先进行针对性的调整,从而抵消政府经济政策效果。

同时,理性预期学派也认为在没有政府干预经济的情况下,市场能够通过自我调节实现均衡发展和资源的充分利用,即市场出清,长期内失业率、总产出与通货膨胀率或价格水平无关,失业率将处在自然失业率的水平。

卢卡斯等人通过把理性预期、市场出清和自然率假说结合起来,论证了政府的经济政策即使在短期内也是无效的,彻底地否定了凯恩斯主义提出的政府能够通过经济政策干预经济的观点。主张减少政府干预,让市场

> **网络资源**
> 弗里德曼是著名的经济学家,是1976年诺贝尔经济学奖得主,我们可以访问他的主页: http://www-hoover.stanford.edu/bios/friedman.html

经济自由发展。这其实是向古典主义的回归,因此理性预期学派也被称为是新古典主义。

以上介绍的是四个主要的宏观经济学流派。近年来,宏观经济学研究又取得了很多新的进展,新的理论不断涌现,还在不断发展之中。

网络资源
中国期刊网 CNKI 数字图书馆收集了涵盖各个学科的众多论文资料,其中包括很多优秀的宏观经济论文。网址:http://www.edu.cnki.net/

参考资料　宏观经济学的最新发展

20世纪70年代之前,主要的宏观经济学流派有凯恩斯学派、货币学派和理性预期学派,这些学派的产生都具有某种程度的"革命性"。其中,凯恩斯学派掀起了彻底反对古典学派的"凯恩斯革命";而理性预期学派掀起了反对凯恩斯学派的"理性预期革命",与货币学派组成联盟,抨击凯恩斯学派的观点。可以说,每次革命都提出了全新的观点,有力地推动了宏观经济学的发展。

20世纪70年代以来,宏观经济学继续在争论中向前发展,新的进展主要体现在四个领域。

(1) 新古典经济学与实际经济周期理论。新古典经济学一般包括所有认为短期内价格也是完全弹性的经济理论,前文中的理性预期学派等就可以归于此类。实际经济周期理论是新古典经济学的主要代表,这一理论认为产出和就业的波动,是经济遭受各种实际冲击的结果,而市场的调整十分迅速,并且总是处于均衡状态。实际经济周期理论中的"实际"是指这种理论在解释短期经济波动时排除了名义因素,即在短期内货币时中性的而不能对实际经济产生影响,这是该理论最激进的观点。实际经济周期理论在现代宏观经济学中尽管尚未取得主流地位,但是发挥了越来越大的影响,其提出者挪威经济学家基德兰德(Finn Kydland)和美国经济学家普雷斯科特(Edward Prescott)共同获得2004年诺贝尔经济学奖,我们在第九章中还要对此进行介绍。

(2) 新凯恩斯主义。凯恩斯学派经常被攻击的一点就是它缺乏坚实的微观基础,比如凯恩斯认为名义价格和工资是具有向下黏性的,能够提高但是很难降低,但是凯恩斯没有说明为什么会这样;从20世纪70年代后期开始,新凯恩斯主义的经济学家们就为寻找微观基础而努力,他们提出经济中存在着不完全竞争和不完全信息,这些"实际不完全"导致名义价格具有向下黏性,从而为原有体系提供了逻辑一贯的微观基础。此外,新凯恩斯主义经济学家们还提出了长期合同理论和价格交错调整理论,进一步完善丰富了凯恩斯主义的理论体系,巩固了凯恩斯主义的主流地位。新凯恩斯主义的代表人物包括曼昆和罗默等人。

(3) 新增长理论。尽管经济增长方面的理论在20世纪60年代曾一度达到鼎盛时期,但是无法解释"技术进步的决定因素"和"递增规模报酬的作用"。直到80年代中期后,卢卡斯和罗默对这两个问题进行了深入的探讨,形成了所谓的"新增长理论",从而成为宏观经济学的一个前沿问题。

(4) 新政治宏观经济学。20世纪90年代以来,宏观经济学研究领域出现了一个新的亮点,这就是新政治宏观经济学的产生。新政治宏观经济学是宏观经济学、政治学、公共选择理论和博弈理论相结合而产生的新研究成果。

新政治宏观经济学特别关注政治对宏观经济运行和宏观经济政策的影响,其理论观点被广泛应用于制定公共政策、促进经济增长、处理国际关系等方面。最近,该理论又把理性预期融合了进来,在体系上更趋完备。

新政治宏观经济学的代表人物包括诺德豪斯和德雷曾等人。

重要问题2　宏观经济学是如何在争辩中发展的?

宏观经济学发展的主要脉络可以体现为古典学派、凯恩斯主义、货币主义、理性预期主义的承接发展,其发展的过程也是争辩的过程,争辩的焦点问题就是政府是应该让市场经济自由运行,还是采取经济政策进行必要的干预。

本章小结

1. 宏观经济问题是指总体经济现象,是经济运行的总体情况。具体来说,宏观经济问题包括经济增长问题、通货膨胀问题、失业问题、国际经济往来问题和经济政策问题。宏观经济问题与微观经济问题既有区别又有联系,微观经济指的是个别经济单位约束条件,追求目标函数最大化的行为,以及由此产生的相互影响;宏观经济指的是经济运行的总体情况,分析家庭、企业和政府在经济中的行为及相互作用。从另一方面来看,微观经济是宏观经济的基础,宏观经济形势影响微观经济行为。

2. 宏观经济学是研究一国经济总体运行情况的科学,分析总体的经济现象,并研究政府如何通过经济政策来影响宏观经济的运行。在宏观经济学的分析框架里,经济主体分为家庭部门、企业部门和政府部门三类;市场分为商品市场、货币市场和劳动力市场三类。

3. 宏观经济学与微观经济学既有区别又有联系。区别在于微观经济学分析微观主体如何按照边际成本等于边际收益的原则进行经济决策,实际上假定了可用的经济资源数量为已知,来研究这些资源如何通过价格信号有效地在微观主体中进行分配;宏观经济学研究的则是有限的经济资源如何在各个经济部门之间分配的问题,以及为什么如此分配、资源是否闲置的问题。联系在于两者秉承着众多的假设条件、分析方法和理论框架,宏观经济学需要有微观经济学作为理论基础。

4. 宏观经济学的发展历程体现为古典学派、凯恩斯主义、货币主义和理性预期主义的承接发展,焦点集中于经济能否实现自我调节、政府是否需要进行政策调控的问题上。古典学派认为市场经济能够通过"看不见的手",实现经济的均衡发展,无需经济政策的干预。凯恩斯主义则认为市场经济有内在缺陷,难以自我调节,政府有必要通过经济政策来调节。货币主义经常作为凯恩斯主义的反对面出现,提出市场经济本身是动态稳定的,不需要政府调节,这种调节不仅在长期内是无效的,而且还会造成经济的波动。理性预期学派认为人们能够进行理性预期,抵消政策效果,经济政策即使在短期也是无效的,另外,经济能够实现自我调节,应该让其自由发展。

本章练习题

1. 哪些问题属于宏观经济问题?
2. 举例说明宏观经济与微观经济的区别。
3. 宏观经济学是在怎样的一个框架内展开分析的?
4. 宏观经济学与微观经济学之间有什么联系和区别?
5. 凯恩斯学派在宏观经济学发展中处于什么地位?
6. 货币学派和理性预期学派如何批判凯恩斯学派的观点?

网络学习导引

网络地址:中国宏观经济信息网http://www.macrochina.com.cn/。

检索路径:中国宏观经济信息网→中宏速递→宏观经济。

网络应用:阅读关于最近三个月的宏观经济表现新闻,根据你所了解的宏观经济概念,写一篇约500字的简短摘要。

分组讨论:与你的同桌比较一下,看看彼此的摘要中有哪些共同涉及的问题,以及有哪些问题只是你或她(他)涉及了。并交流一下各自对宏观经济的认识。

第二章

衡量宏观经济的主要指标

学习目标
- 熟练掌握国内生产总值的含义、核算原则和核算方法
- 掌握国内生产总值与其相关概念之间的关系
- 了解失业率和各价格指数的计算方法

基本概念

国内生产总值　国民生产总值　国民收入　失业率　消费价格指数　批发价格指数

参考资料
- 一个简单的例子
- 什么是绿色 GDP
- 我国使用的物价指数

我们描述一个人需要说明其身高、体重、年龄指标等,才能获得一个比较全面的认识;同样,我们分析宏观经济也需要运用一系列指标,才能了解其运行状况。经济学家通过分析这些指标数据,来建立各种宏观经济理论,并用数据对理论进行检验;政府部门通过观测经济指标来了解情况,并据此采取相应的经济政策。

根据不同的目的,进行宏观经济分析可以采用多种不同的指标,以反映各种不同的问题,本章将介绍其中最为主要的三种:国内生产总值(GDP)、失业率和价格指数,以及与它们相关的一些指标。

第一节 国民收入衡量指标

重要问题

1. 计算国内生产总值应该遵循哪些原则?
2. 核算国内生产总值有哪几种方法?
3. 为什么要区别名义国内生产总值和实际国内生产总值?
4. 如何全面认识国内生产总值?

认识宏观经济,首先应该关注的是这个经济体能够生产多少产品、创造多少财富、该国国民能取得多少收入。衡量国民收入有一系列的指标,包括国内生产总值、国民生产总值、国内生产净值、国民收入、个人收入和个人可支配收入,其中国内生产总值是最重要、最广泛的指标。我们先从认识国内生产总值开始。

国内生产总值,即 GDP(Gross Domestic Products)是衡量宏观经济总体活动水平的重要指标,其定义为一个经济体在一段时期内(通常指一年)生产的所有最终产品和劳务的市场价值总和。

为了全面地认识 GDP 的概念及其核算,我们把定义分解来看,分别理解"最终产品和劳务"、"生产"、"市场价值"、"一段时期内"所表示的意义,以获得一个对国内生产总值的全面认识,这同时也是明确 GDP 核算原则的过程。

一、核算 GDP 的原则

1. 最终产品与中间产品

北京烤鸭是非常出名的美味,其出售的价格,与制作的考究程度一样令人惊叹。正宗的烤鸭能卖到数百元一只,就是一般的仿制品也能卖到好几十元一只。假设烤鸭店花了 20 元从养鸭场买来一只鸭子,加工后以 100 元的价格卖出去。那么在计算 GDP 时,是该算活鸭价格加上烤鸭价格,共 120 元呢,还是只算烤鸭 100 元?

国内生产总值
一国经济体在一段时期内(通常指一年)生产的所有最终产品和劳务的市场价值总和。国内生产总值是一个时间概念,衡量一段时间内经济中新增加的价值。

实际上，我们只能算烤鸭 100 元，因为活鸭在这里只是中间产品，而不是最终产品。最终产品指的是到达最终使用者手中的产品，不再用来生产其他产品。如果某个产品还被用来生产其他产品或者提供其他劳务，那就是中间产品。

GDP 只计算最终产品的价值，而不计算中间产品的价值，因为中间产品的价值包括在最终产品的价值里，如果再加一遍，就会重复计算中间产品的价值，从而高估 GDP 的水平。本例中，活鸭的价值 20 元包括在烤鸭的价值 100 元里，如果把活鸭的价值也加入的话，GDP 就变成了 120 元，高出其实际的水平。

我们还可以发现，GDP 的价值也可以通过加总各生产环节的增值得到，新增价值为企业产出的价值减去为之购买的中间产品的价值。烤鸭店把活鸭加工成烤鸭，发生的增值为 $100-20=80$ 元；假设养鸭场无需购买中间产品，其发生的增值为活鸭的价值 20 元，那么 GDP 就是总的增值 $20+80=100$ 元。

这种思想有其重大的意义，它揭示了一种核算 GDP 的方法，即通过加总各生产部门发生的增加值也能得到国内生产总值，这也就是下面将要介绍的生产法。

2. 生产问题

从定义可以看出，GDP 测算的是生产出来的价值，而不是销售的价值，这有非常重要的区别。销售的产品可能是当期生产的，也可能是以前生产的；当期生产的产品可能全部在当期销售完毕，但更可能的是还有部分没有售出。那么这些生产出来、但是没有被销售出去的产品如何影响 GDP 呢？

我们的处理方法是把没售出的产品视为存货投资，即认为是生产者购买了自己的部分产品，增加自己的存货数量，这部分价值将计入当期 GDP。

比如 2003 年某汽车厂生产了 10 万辆轿车，当年卖出了 9 万辆，还有 1 万辆没有售出。在计算 GDP 时，这 1 万辆车就被视为存货，是企业购买自己的产品，应该按照其市场价值计入 2003 年的 GDP。这样就保证 GDP 能够准确地反映当期所有产品和服务的生产情况。存货投资可以为正，也可以为负，表示存货数量的增加或减少。

引入存货投资的概念，把卖不出去的产品视为厂商购买了自己的产品，是厂商的一项支出，这样就保证了总的产出等于总的支出，从而使得我们可以运用支出法，从支出的角度来核算国内生产总值①。

3. 市场价值问题

现实经济中生产的产品和劳务有成千上万种，要使这些千差万别的产

☞ **最终产品**
到达最终消费者手中的产品，不再作为原料生产其他产品，也不再被出售。

☞ **中间产品**
用来生产其他产品的投入产品，经过加工将再次出售。

☞ **存货**
企业在统计时期内新生产出来的、但未销售出去的产品，视为企业购买了自己的产品。

---

① 还有一类产品，在以前就被生产出来，而且也销售出去了，在当期进行再次销售，这类产品被称为是二手货，比如买卖二手汽车、已有住宅等。这类产品的价值不是当期生产出来的，不能计入当期的国内生产总值。但是如果存在交易中介，产生了中介费用，比如房产交易中心撮合了一笔二手房交易，收取了中介费，则这笔中介费用应该计入当期国内生产总值，因为中介者在当期提供了新的劳务，创造了新的价值。

品和劳务具备可加性,从而统计其总量,一个合理的方式就是用各种商品的数量乘以其价格,得到其市场价值,然后进行加总。从定义可以看出,GDP 正是各种产品和劳务的市场价值总和。

但如果某项产品或劳务不在市场上交易,不具备市场价格,那又该怎么办呢?这涉及两种情况,一种是能够通过估算这些产品和服务的市场价值,来获得一个大致的认识;另一种情况是没办法详细考察,从而无法计入 GDP。

第一种情况包括住房问题和政府服务问题。一个人租用别人的房子居住,需要付给租金,如果他居住的是自己的房子,虽然没有支付租金,但是享受了居住的条件,应该视为向自己购买了服务,发生了劳务价值的增加。具体说来,就是按照这套房子租给别人可能产生的租金来估算这笔价值,并计入 GDP 中来。

政府服务不在市场上交易,无法估算其价格,现实的做法是根据这些服务的成本来估算其价值,即按照公务员的工资来衡量这笔价值。

另一种情况包括地下经济和家庭服务,这部分价值没办法计入 GDP。地下经济包括避税交易和非法交易:大学生暑期兼职,往往不会去申报这笔收入,因为不想为此纳税;金三角的毒品交易涉及巨大的金额,但是却没办法去作准确统计。

家庭服务①也无法计入 GDP 中来,去计算人们为自己打扫卫生、洗衣做饭所产生的价值是很不现实的。与此相关有一个经典的例子:某位女主人雇用了一位男管家为其打点日常事务,并向他支付工资,这部分价值计入了 GDP;后来,女主人爱上了这位管家,并和他结婚了,虽然新的男主人还在做同样的工作,但是他再也不能贡献 GDP 了,因为他的工作变成了家庭服务。

4. 存量与流量

在进行宏观经济分析时,需要从时间的角度区分两种重要的变量概念:存量和流量。存量衡量在某个时点的变量数值,流量衡量每个时间单位上的变量数值。

解释存量和流量最常用的例子是向水池里放水,水池里面的水是存量,是在某个时点观察到的;而流入水池里的水则是流量,是一段时间内观察到的。

存量
在某个具体时点上测得的变量,反映某种状态的结果。

流量
在每个时间单位上的变量,反映某种状态的变化。

存量和流量往往是对应的,比如资本形成总额是存量,而投资则是相应的流量;你的财富是存量,你每个月的收入和支出是相应的流量。在存在对应流量的情况下,两个时点上存量的差额便是此间发生的流量:比如 9:50 的时候水池储水量为 5 400 立方米,10:00 的时候储水量为 6 000 立方米,在这十分钟的时间段内便发生了 600 立方米的流量。

---

① 自给自足的生产价值也难以统计,比如农民消费自己种的粮食,通常不会去计算到底消费了多少,在核算 GDP 时,这部分新增的价值通常不会被考虑。

把经济变量区分为存量或变量,对我们的分析是非常有意义的。GDP本身就是最重要的流量变量,是一个时间概念,表示经济中每一年新增多少价值。相应地,GDP只计算新流入经济中的价值,而不计算已有的价值存量,比如2003年已有的资本存量不能计入当年GDP,而当年的新增总投资则应该计入GDP。

重要问题1　计算国内生产总值应该遵循哪些原则?

要准确地计算国内生产总值,需要注意:(1)最终产品和中间产品问题:GDP衡量的是最终产品的价值,中间产品不能重复计算;(2)存货问题:商品未售出视为厂家购买自己的产品,保证总支出等于总收入;(3)市场价值问题:某些产品和劳务没有市场价值,要么无法进行统计,要么只能去估计其大小;(4)流量与存量问题:GDP是流量变量,只计算当期"流入"经济中的新增价值,而不计算积累的存量价值。

二、核算国内生产总值的方法

核算国内生产总值的办法主要有三种,即生产法、支出法和收入法。生产法通过加总经济各产业部门的增值得到国内生产总值;支出法通过加总一国经济体内购买各种最终产品的支出得到;类似地,收入法是通过加总经济中各种生产要素取得的收入得到。

1. 核算方法的理论依据

通过生产法得到GDP的理论依据在上文已经阐述过了,即GDP可以通过加总各生产单位发生的增值得到。那么为什么GDP可以通过支出法和收入法得到呢?这是因为GDP既可以被视为是总收入,也可以被视为是总支出。

从生产的角度来看,产出的价值全部以工资、利息、地租、利润等形式支付给劳动和资本等生产要素的提供者,构成他们的收入。从总量上来看,作为一个经济体所有的产出价值之和,GDP必然与这个经济体的总收入相等,当然也就可以通过加总所有部门的收入得到总收入,从而得到GDP的值。

从需求的角度来看,由于未卖出的产品被视为企业的存货投资,当不存在政府以及对外贸易时,我们可以认为所有产出的产品要么在当期被消费完,要么留存为未来投资。所有经济部门的消费和投资构成这个经济体的总支出,在数量上必然与GDP相等,从而可以通过加总所有对最终产品的支出得到GDP。

图2-1能够帮助我们更好地理解这个问题。为了分析的简明,我们

假设经济中只有一个家庭和一个企业,没有政府部门,也没有对外贸易。

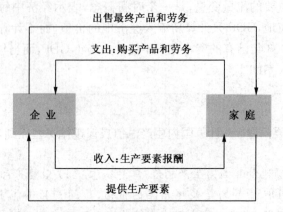

图 2-1 简单的收入支出循环

在这个简单的经济体中,家庭向企业提供劳动、资本和土地,这些投入生产的劳动、资本、土地等称为生产要素;厂商以工资、利息、租金等方式向家庭支付要素报酬。

根据定义,这个经济体的国内生产总值是该企业生产的所有最终产品和劳务的价值总和,是经济中的总产出。一方面,家庭向企业购买这些产品和劳务,形成总支出;另一方面,厂商把销售产品和劳务取得的收入支付给各种生产要素的提供者,构成他们的总收入。

我们接下来考虑包括政府部门对经济中完整的收入支出循环,即三部门、三市场条件下的循环情况。此时经济中的总支出包括消费、政府支出和投资,从图 2-2 中可以看出,这三类支出在商品市场上集中,形成对商品的购买,为企业带来销售收入。

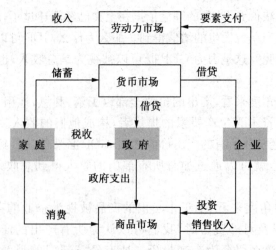

图 2-2 考虑政府部门对完整的收入支出循环

企业部门又把销售收入以要素报酬的形式支付给家庭部门,形成经济中的总收入。家庭部门把总收入用于消费、储蓄和缴纳税收,消费直接构成总支出的一部分;储蓄的一部分通过货币市场借贷给政府,与税收一起构成政府的支出;储蓄的另一部分借贷给企业,形成经济中的投资,即总收入全部转化为总支出,经济中的总收入等于总支出。

可见,总支出和总收入可以理解为是分别从支出和收入的角度对总产出进行衡量,对一个经济体来说,其总产出必然等于总支出,也必然等于总收入,即

$$总产出 \equiv 总支出 \equiv 总收入$$

运用支出法和收入法,核算经济体中的总支出和总收入,就能够得到国内生产总值。从理论上说,通过三种方法都能得到 GDP,而且结果应该是相同的,但是在实际中,由于存在统计误差,三种方法得到的结果往往会有所差异,这些差异是比较小的,不会妨碍到我们的对宏观经济的认识。

2. 支出法

支出法(Expenditure Approach)是指通过加总一年内一国经济体中对所有最终产品和劳务的支出,得到当年新增的产品和劳务产出的总价值。运用这种方法计算 GDP,总支出被分成这么几个部分:

① 消费支出(Consumption)。消费支出指家庭部门做出的、购买各种最终产品和劳务的支出,包括各种耐用消费品(汽车、电脑等)和非耐用消费品(鞋子、休闲服装等),但是其中并不包括建造购买房宅的支出,这部分支出算作固定资产投资支出。

消费支出在 GDP 中占的比重最大,一般能占到一半左右,宏观经济分析中通常用字母 C 来表示消费支出。

② 投资支出(Investment)。投资支出是由家庭部门或者企业部门做出的、增加新资本或者更换已有资本的支出。投资支出可以分为固定资产投资(Fixed Investment)和存货投资(Inventory Investment)。固定资产投资指投资于长期存在并投入使用的资产,包括家庭建造购买新的住所、企业购买新的机器设备等投资支出;存货投资指的是企业购买自己的产品,留存以在将来出售,正是因为引入了存货投资的概念,把卖不出去的产品视为企业购买了自己的产品,才保证了总的产出始终等于总的支出。

需要注意的是,宏观经济学里的投资概念不同于我们平时所说的投资,这里投资指的是物资资本存量的增加,包括存货的增加;而我们平时所讲的投资还包括购买股票、债券等,这些只是资产的转移,不能引起经济中物质资本增加,不能计入 GDP。

新增资本被称为是净投资,更换已有资本被称为是重置资本,两者合称为总投资,在计算 GDP 时,投资项目采用的就是总投资。举例来说,2003 年某国投资额为 600 亿元,其中 200 亿元投资用于更换陈旧机器设备、修葺房屋等,这部分投资就是重置投资;另外 400 亿元是用来购买新的

支出法
以总产出等于总支出为依据,从支出的角度来核算国内生产总值。国内生产总值等于消费、投资、政府购买支出和净出口之和。这是最重要的国内生产总值核算方法。

资本设备，是净投资。在计算 GDP 时应该采用两者之和，即总投资 600 亿元。

一般说来，总投资都是正的数值，但是存货投资可以为正，也可以为负。宏观经济分析中通常用字母 I 表示投资支出。

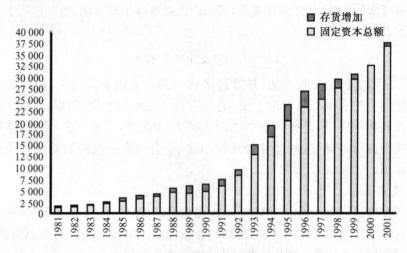

图 2-3 历年资本形成总额(亿元)

注：2000 年的存货投资为 -124 亿元，数据较小，无法在图中明确显示。
资料来源：《中国经济年鉴(2002)》，第 820 页。

图 2-3 反映的是我国历年资本形成总额，包括固定资本总额和存货增加。可以看出，我国的资本形成总额，尤其是固定资本总额是稳步、快速增长的。固定资产投资在投入时是经济中的支出，是总需求的一部分，固定资产投资增长能够拉动总需求，促进经济增长；固定资产投资在建成后，便称为新的生产力，能够为社会生产更多的产品，增加经济中的总供给。我们在经济增长一章中对此还要详细介绍。

☞ **政府购买支出**
政府部门购买各种产品和劳务的支出，是总支出的重要组成部分。

③ 政府购买支出(Government Purchase)。政府购买支出指的是政府部门做出的、购买各种产品和劳务的支出。这些产品和劳务可能由政府部门消费，比如为公务人员购置办公用品，也可能是为社会公众提供服务，比如国防建设、修建道路桥梁、创办公共学校等，这两类属于购买性支出，是要计入 GDP 中去的。

☞ **转移支付**
政府作出的各种社会福利支出和救济性支出，是已有收入的再分配。

除了购买性支出外，政府支出还包括政府转移支付(Transfer Payment)。政府转移支付主要指各种社会福利支出和救济金支出，这部分政府支出是不计入 GDP 中的，因为转移支付并没有出现相应的新增产品和劳务产出，只是把一部分已有收入进行再分配。例如政府向失业者发放失业救济金，不是因为他们提供了产品或劳务，而恰恰是因为他们没有工作。

宏观经济分析中通常用字母 G 表示政府的购买性支出。在我国的统计体系里，政府购买被称为政府消费，与私人消费一起并入最终消费项。

☞ **净出口**
一国净出口指其出

④ 净出口(Net Export)。产品、劳务和资本的国际流动使得世界各国的经济联系变得越来越紧密，并深刻地影响到一国的宏观经济运行，

一国总在进口外国的产品和劳务,并同时向外国出口本国的产品和劳务。进出口往往不是平衡的,我们用净出口衡量产品和劳务的出口与进口的差额,以 X 表示出口,M 表示进口,NX 表示净出口,则有 $NX = X - M$。

净出口为正,表示外国存在对本国产品的净需求,是外国对本国的净支出,构成本国的净收入;净出口为负,表示本国对外国产品存在需求,是本国对外国的支出,构成外国的净收入。

口减去进口的差额,衡量国外对该国产品和劳务的净支出。

把以上四个项目加总,我们就得到一个非常重要的等式——国民收入核算恒等式

$$Y = C + I + G + NX$$

其中 Y 代表从需求角度衡量的 GDP,即总支出。由于我们对各个变量做出相应的定义,这个等式是必然成立的,它刻画了总需求的各个组成部分,其中四个部分分别表示了来自不同经济部门的需求,支出法就是通过加总这四个部分的数值来核算 GDP 的。这个等式对开展进一步分析非常重要,我们在以后将经常用到它。

表 2-1 历年支出法国内生产总值

单位(亿元)

年 份	支出法国内生产总值			
	居民消费	资本形成总额	政府消费	货物和服务净出口
1978	3 605.6	1 759.1	1 377.9	480.0	−11.4
1979	4 074.0	2 005.4	1 474.2	614.0	−19.6
1980	4 551.3	2 317.1	1 590.0	659.0	−14.8
1981	4 901.4	2 604.1	1 581.0	705.0	11.3
1982	5 489.2	2 867.9	1 760.2	770.0	91.1
1983	6 076.3	3 182.5	2 005.0	838.0	50.8
1984	7 164.4	3 674.5	2 468.6	1 020.0	1.3
1985	8 792.1	4 589.0	3 386.0	1 184.0	−366.9
1986	10 132.8	5 175.0	3 846.0	1 367.0	−255.2
1987	11 784.7	5 961.2	4 322.0	1 490.0	11.5
1988	14 704.0	7 633.1	5 495.0	1 727.0	−151.1
1989	16 466.0	8 523.5	6 095.0	2 033.0	−185.5
1990	18 319.5	9 113.2	6 444.0	2 252.0	510.3
1991	21 280.4	10 315.9	7 517.0	2 830.0	617.5
1992	25 863.7	12 459.8	9 636.0	3 492.3	275.6
1993	34 500.7	15 682.4	14 998.0	4 499.7	−679.4
1994	46 690.7	20 809.8	19 260.6	5 986.2	634.1
1995	58 510.5	26 944.5	23 877.0	6 690.5	998.5
1996	68 330.4	32 152.3	26 867.2	7 851.6	1 459.3
1997	74 894.2	34 854.6	28 457.6	8 724.8	2 857.2
1998	79 003.3	36 921.1	29 545.9	9 484.8	3 051.5
1999	82 673.1	39 334.4	30 701.6	10 388.3	2 248.8
2000	89 356.7	42 911.4	32 499.8	11 705.3	2 240.2
2001	98 618.1	45 923.3	37 460.8	13 029.3	2 204.7

注:本表按当年价格计算。
资料来源:《中国经济年鉴(2002)》,第 816、821 页。

网络资源

历年的统计年鉴、经济年鉴、价格年鉴汇集大量的经济数据,是很好的资料来源,国家统计局的网站提供了丰富的经济数据及部分年鉴,并且介绍统计知识和法规,网址:http://www.stats.gov.cn/

表 2-1 给出了历年按支出法计算的我国国内生产总值。可以看出,我国国内生产总值高速增长,从表中的数据分析,1978—2001 年期间我国国内生产总值年均增长率达到了 14.78%,1996 年以后,经济增长速度有所回落,但仍然维持在较高水平,表明我国经济进入一个持续、健康、快速的发展轨道,在追求高速发展的同时,更加重视经济结构的改善,实现可持续的健康发展。

从表 2-1 中还可以看出,私人消费在国内生产总值中占据的份额最大,在 1978—2001 年期间,平均占到了约国内生产总值一半的份额(49.2%),其次是资本形成总额、政府消费和净出口。其中,对外贸易发展迅速,净出口稳定增长,有力地拉动了我国经济增长。

3. 收入法

收入法
以总产出等于总收入为依据,从收入的角度来核算国内生产总值,国内生产总值等于员工收入、非公司企业收入、租金和利息收入、公司利润、企业间接税和资本折旧的总和。

收入法(Income Approach)是从收入的角度来核算国内生产总值,通过把生产要素所有者的收入加总起来得到总收入。具体说来,总收入应该包括以下几个部分。

① 员工收入。包括工资收入和各种补助、福利费等,如果企业为员工支付了所得税或者社会保险税,则也应该计入在内。

② 非公司企业收入。非公司企业指不被人雇用、也不雇用别人的个体企业,比如小商贩、个体运输户、私人侦探等。他们使用自己的资金和设备,为自己劳动,向自己支付工资、利息、租金并独享利润,这些收入很难区分开来,在计算收入法国内生产总值时,就把他们的总收入统计进来。

③ 租金和利息收入。租金指通过出租土地、房屋、机器设备等取得的收入;利息仅指把资金贷给企业获得的利息收入,但是不包括购买国债和私人借贷产生的利息,因为这分别属于政府转移支付以及私人之间的转移支付。

④ 公司利润。即企业的税前利润,指扣除员工报酬、借款利息和固定资产折旧等项目后的净收入余额,包括企业所得税、社会保险税、未分配利润和股东红利等。

网络资源
有兴趣的读者可以登录美国统计署的网站,了解美国的经济数据,网址:http://www.census.gov/

⑤ 企业间接税。税收分为直接税和间接税两种,直接税指企业所得税和个人所得税,这部分税收已经计入到工资和利息等项目中了,因此不再计入 GDP;企业间接税包括增值税、销售税、周转税等,这些构成企业成本的一部分,应该计入 GDP 当中。

⑥ 资本折旧。资本折旧属于重置投资,企业总会用收入的一部分来进行陈旧资本的更新,应该加入 GDP。

综上所述,在收入法下,国内生产总值 GDP 可以表示为

$$GDP = 员工收入 + 非公司企业收入 + 租金和利息收入$$
$$+ 公司利润 + 企业间接税 + 资本折旧$$

4. 生产法(Production Approach)

生产法考察各生产部门的增加值,即统计各个企业或生产部门生产的

最终产品价值和支付的中间产品成本,两者相减得到该企业发生的增加值,把各个企业或部门的增加值加总,就得到国内生产总值。需要指出的是,由于无法测算其市场价值,政府部门提供的劳务不是按照其价值计算,而是按照政府工作人员取得的收入计算。

表2-2列举了历年来我国按照生产法计算的国内生产总值,把经济划分为三个产业部门,通过核算发生在各个部门的增加值,得到国内生产总值。与表2-1比较就会发现,按支出法和生产法核算的国内生产总值存在一定的差异,这是由于统计误差引起的。支出法是核算GDP的主要方法,一般的经济分析都采用支出法核算的数值。

☞ **生产法**

以国内生产总值等于各生产部门发生的增值为依据,把国内生产单位分为若干行业部门,计算各自发生的增值,加总得到国内生产总值。

表2-2 历年生产法国内生产总值

单位(亿元)

总值	生产法国内生产总值		
	第一产业	第二产业	第三产业
1990	18 547.9	5 017.0	7 717.4	5 813.5
1991	21 617.8	5 288.6	9 102.2	7 227.0
1992	26 638.1	5 800.0	11 699.5	9 138.6
1993	34 634.4	6 882.1	16 428.5	11 323.8
1994	46 759.4	9 457.2	22 372.2	14 930.0
1995	58 478.1	11 993.0	28 537.9	17 947.2
1996	67 884.6	13 844.2	33 612.9	20 427.5
1997	74 462.6	14 211.2	37 222.7	23 028.7
1998	78 345.2	14 552.4	38 619.3	25 173.5
1999	82 067.5	14 472.0	40 557.8	27 037.7
2000	89 442.2	14 628.2	44 935.3	29 878.7
2001	95 933.3	14 609.9	49 069.1	32 254.3
2002	104 790.6	16 117.3	53 540.7	35 132.6

注:本表按当年价格计算。
资料来源:《中国统计年鉴(2002、2003)》。

重要问题2　核算国内生产总值有哪几种方法?

核算国内生产总值的方法主要有三种:支出法、收入法和生产法。支出法从支出的角度衡量国内生产总值大小,通过加总经济中的消费、投资、政府购买支出和净出口来核算国内生产总值,支出法是核算国内生产总值的主要方法;收入法从收入的角度衡量国内生产总值,通过加总员工收入、非公司企业收入、租金和利息收入、公司利润、企业间接税和资本折旧得到国内生产总值;生产法通过加总发生在各个行业部门的价值增值得到国内生产总值。

三、名义GDP和实际GDP

国内生产总值是通过核算所有最终产品和劳务的市场价值得到

☞ **名义国内生产总值**
按照当期价格计算的同期所有最终产品的市场价值总和。反映包括价格变动和数量变动在内的国内生产总值的名义变化。

☞ **实际国内生产总值**
按照不变基期价格计算的当期所有最终产品价值总和,反映由于数量变动引起的国内生产总值变化。

☞ **国内生产总值平减指数**
名义国内生产总值与实际国内生产总值的比值,衡量相比与基期,当期价格水平发生了怎样的变化,是一种重要的价格指数。

的,也就是通过把各种最终产品和劳务的数量乘以价格,并加总得到GDP。如果只依据这一个指标,就会造成一个问题:当GDP增长时,我们不知道是什么原因引起的,可能是数量增加了,可能是价格增加了,也可能是数量和价格同时增加。

研究宏观经济的最终目的是为了实现经济的稳定增长,提高整个社会的福利水平。衡量福利水平的重要依据就要看该社会可供使用的产品和劳务数量,数量越多就可以实现更高的福利水平。从这个意义来说,GDP不是一个衡量社会福利的完美指标,其增长可能是由价格引起的,而产品和劳务的数量并没有增加。为此,我们要区分名义GDP和实际GDP的概念。

我们把以当期价格衡量的产品和劳务的总价值称为名义GDP,把用基期价格衡量的产品和劳务总价值称为实际GDP。具体做法是先选定某年的价格水平,比如2000年的价格水平作为固定不变的基期价格,然后用基期价格乘以各年的产品数量,得到实际国内生产总值。

通过把价格固定在基期水平得到实际GDP,就能够衡量不同年份经济中产品和劳务数量的变化,从而反映社会福利的实际改善。这是很有必要的,因为名义GDP增长率与实际GDP增长率可能存在较大的差距,在通货膨胀严重的年份更是如此。

把名义GDP比上实际GDP,就可以得到了另一个经济指标,即GDP平减指数,其定义式为

$$GDP\text{平减指数} = \frac{\text{名义}GDP}{\text{实际}GDP}$$

GDP平减指数衡量的是相比于基期,物价水平发生了怎样的变化,是非常重要的通货膨胀指标。

 参考资料 一个简单的例子

表 假设中的简单经济

产品	2000年			2001年			
	价格	产量	GDP	价格	产量	名义GDP	实际GDP
萝卜	2	5	10	3	7	21	14
菠萝	3	7	21	4	8	32	24

如表所示,假设这个经济体只生产萝卜和菠萝,那么2001年的名义GDP和实际GDP分别是:

名义GDP = 2001年萝卜价格×2001年萝卜产量
　　　　+ 2001年菠萝价格×2001年菠萝产量

$$实际GDP = 2000年萝卜价格 \times 2001年萝卜产量$$
$$+ 2000年菠萝价格 \times 2001年菠萝产量$$

由于2000年是基期年份,基期价格即为当期价格,其名义GDP和实际GDP是相等的,均为:$2 \times 5 + 3 \times 7 = 31$。

2001年的名义GDP是用当年的价格乘以当年的产量,然后进行加总得到的 $3 \times 7 + 4 \times 8 = 53$。

2001年的实际GDP是用基期价格乘以当年的产量,并进行加总得到:$2 \times 7 + 3 \times 8 = 38$。

可以计算从2000—2001年GDP名义上增长了 $53/31 - 1 = 71\%$,而实际增长率仅为 $38/31 - 1 = 22.6\%$,因为实际GDP增长率衡量的是价格不变时、产品和劳务的数量变化引起的GDP变化,其增长率往往比名义GDP增长率要低。

本例中GDP平减指数为 $53/38 = 139.5\%$,表明2001年物价水平比2000年上升了 39.5%。

重要问题3 为什么要区别名义国内生产总值和实际国内生产总值?

名义GDP是按当期价格计算的所有最终产品的市场价值,最终产品的数量和价格发生变化都能够造成GDP的变动,而且无法辨清到底是哪个引起的。为了明确这个问题,以基期价格计算实际GDP,由于价格固定为基期水平,实际GDP的变动就只反映数量变化的影响。通过这样的区分,我们就可以知道GDP变动中哪些来自数量变化,哪些来自价格变化。

四、一些相关的重要指标

国内生产总值是核算国民收入最重要的指标,此外,还有其他一些与此相关的指标,以不同的口径核算国民收入,以反映不同的问题。

1. 国民生产总值(GNP)

GNP即国民生产总值(Gross National Product),衡量的是某段时期内一国所有生产要素获得的收入,等于从国内生产总值里减去支付给外国的生产要素收入,并加上本国居民从外国获得生产要素收入,也就是国内生产总值加上从国外取得的净要素收入

$$GNP = GDP - 支付给外国的要素收入$$
$$+ 从外国获得的要素收入$$

比如,海尔集团在澳洲投资设厂,取得的收入应该计入澳洲的国内生产

国民生产总值
一国所有生产要素在某段时期内取得收入总和,等于国内生产总值加上从国外取得的净要素收入。

总值,也应该计入我国的国民生产总值;而麦当劳在我国开设的连锁店创造的收入应该计入我国的国内生产总值,也应该计入美国的国民生产总值。

我国近年来鼓励本国企业"走出去",到国外去发展,相应地也越来越重视国民生产总值的核算。

2. 国内生产净值(NDP)和国民生产净值(NNP)

国内生产净值(Net Domestic Product)衡量的是国内经济活动的净价值,等于从国内生产总值里减去资本折旧。

$$NDP = GDP - 资本折旧$$

 国内生产净值
国内经济活动创造的净价值,等于国内生产总值减去资本折旧。

因为资本折旧是经济活动的成本,减去折旧得到的就是净价值。类似地,国民生产净值(Net National Product)通过从国民生产总值里减去资本折旧得到。

$$NNP = GNP - 资本折旧$$

国民生产净值
国民经济活动创造的净价值,等于国民生产总值减去资本折旧。

3. 国民收入(NI)

正如在介绍收入法时所提到的,国民收入(National Income)衡量的是一国投入使用的各种生产要素取得的报酬总和,通过从国民生产净值里减去企业间接税得到。生产要素指投入的资本、劳动等,报酬的形式包括工资、租金、利息和利润。

$$NI = NNP - 企业间接税$$

国民收入
一国进行生产所使用的各种生产要素取得报酬总和,等于国民生产净值减去企业间接税。

4. 个人收入(PI)

个人收入(Personal Income)指家庭和非公司企业获得的收入,与国民收入并不相同,国民收入里面的公司未分配利润由公司留存,公司所得税和社会保险税上交政府,这几项要扣除;另外,个人还取得企业返还的红利、政府的转移支付和公债利息收入。个人收入可以表示为

$$PI = NI - 公司未分配利润 - 公司所得税 - 社会保险税 \\ + 红利 + 转移支付 + 公债利息收入$$

个人收入
一个经济体中家庭和非公司企业获得的收入,等于国民收入减去公司未分配利润、社会所得税和社会保险税,加上取得红利、转移支付和公债利息收入。

5. 个人可支配收入(DPI)

个人可支配收入(Disposable Personal Income)指家庭和非公司企业可以自由支配的收入,通过从个人收入里减去个人所得税得到。

$$DPI = PI - 个人所得税$$

个人可支配收入
家庭和非公司企业税后可以自由支配的收入,等于个人收入减去个人所得税。

五、全面认识 GDP

GDP 反映一国经济整体发展水平,比较不同国家之间经济发展水平,常常是看彼此间 GDP、人均 GDP 大小;一国衡量经济发展速度,也主要看两个时期的 GDP 增长了多少。因而 GDP 是最令人关注的宏观经济指标,也应该是我们学习的重点内容。

另外,前文已经提到过,GDP 可能不是一个完美的指标。由于价格变

动的因素,GDP 反映不了社会总产出数量的真实变化,对家庭服务、地下经济和政府服务产生的价值增加无法作恰当的测算,GDP 也不能反映由于商品质量提高带来的社会福利增加。

其实,社会福利改善是一个综合的概念,不仅包括可用的产品和劳务增加,还包括社会公平、优美的环境,民主自由的政治,丰富的文化生活等内容,GDP 尚且不能准确衡量可用的产品和劳务数量增加所带来的福利改进,更不能衡量其他方面改善带来福利的提高。

正是因为存在这些不足,联合国提出了"绿色 GDP"的概念,要求把环境改善等因素考虑到经济发展当中来。长期以来,我国坚持以经济建设为中心,追求经济的快速发展,相对忽视了资源利用、环境保护等问题;现在,国内开始重视这个问题,提出要实现可持续发展,实现社会的全面发展。

重要问题 4　如何全面认识国内生产总值?

研究经济问题最终是为了利用有限资源实现福利的最大化,福利水平的提高包括可消费的产品和服务的增加、社会公平、环境的改善、政治民主、文化丰富等一系列内容,GDP 作为经济指标,仅仅反映可供消费的产品和服务数量的变化,是最重要的宏观经济指标,但是还不能够全面反映社会福利水平的提高。

 参考资料　什么是绿色 GDP

绿色 GDP 的概念是衡量一国可持续发展能力的指标,1993 年,联合国经济和社会事务部统计处在修改后的《国民经济核算体系》中,首次提出这一新的统计概念。

绿色 GDP 是在传统 GDP 概念的基础上,考虑外部影响和自然资源等因素后得出的新 GDP 数值,反映一国经济发展所带来的综合福利水平,也被称为可持续发展的国内生产总值(Sustainable Gross Domestic Products)。其计算方法可以表示为

$$绿色 GDP = GDP - (环境恶化带来的价值损失 + 自然资源消耗带来的价值损失)$$

当绿色 GDP 的增长快于 GDP 时,意味着自然资源得到节约、环境条件得到改善,这种发展方式具有可持续性,有利于福利水平的不断提高;反之,当 GDP 的增长快于绿色 GDP 时,则意味着经济的发展是以自然资源过度消耗、环境条件不断恶化为条件的,这种发展方

> 式是不可持续的,不利于福利水平的提高。
>
> 　　绿色 GDP 经过了环境因素的调整,能够更真实、科学地反映国民福利水平的变化。但是,人们很难为自然资源消耗和环境恶化确定一个合理的价格,无法准确地统计绿色 GDP 的数值。到目前为止,还没有哪个国家正式公布绿色 GDP 的数据,但可以肯定地说,采用绿色 GDP 的指标是发展的必然趋势。

第二节　失业率与价格指数

重要问题

1. 如何测算失业率?
2. 哪些价格指数用来衡量通货膨胀的严重程度?

　　失业和通货膨胀是备受关注的经济现象,人们通过观测相应的指标来了解失业和通货膨胀的严重程度,其中,衡量失业的指标是失业率,衡量通货膨胀的是各类价格指数。

一、失业率的测算

　　我国规定 16 周岁到 60 周岁的男性、16 周岁到 55 周岁的女性为劳动年龄人口。这部分人具备劳动能力,但不是其中每个人都会参加工作,比如在校学生、专职太太和其他不愿意找工作的人,他们不想找工作可能是因为懒惰、缺乏自信或是更愿意享受闲暇。从劳动年龄人口中除去这部分人,剩下的就是劳动力,他们是有劳动能力而且愿意就业的人,他们在劳动年龄人口中所占的比率被称为劳动参与率,其公式为

$$劳动参与率 = \frac{劳动力人口}{劳动年龄人口}$$

　　并不是每个愿意就业的劳动力都能找到工作,总会存在部分失业者,失业人数占劳动力人口的比率就是失业率,其公式为

$$失业率 = \frac{失业人数}{劳动力人口}$$

　　需要指出的是,失业率的统计是需要经常进行的工作,可能一个月就要进行一次,因为劳动年龄人口中不想找工作的人与劳动力经常发生转换:比如某个自由职业者,选择工作一个月,休息一个月的生活方式,在这次统计时,他正在给自己放假,不想马上工作,被列入不想找工作的人;一个月后,他的钱快花没了,又从新开始工作,再次统计他就是一个劳动

☞**劳动力**
指在劳动年龄人口中,具备劳动能力,又愿意参加工作的那部分人口。

☞**劳动参与率**
劳动力人口在劳动年龄人口中所占的比例。

☞**失业率**
失业人数占劳动力人数的比率,衡量劳动力人口中愿意工作但却没有工作的人所占之比例。

力了。

　　劳动力人口内部就业者与失业者的转换也是很快的,尤其是经济发展不断加快,人们不断地轮流处在就业与失业的状态中。为了获得准确的数据,就需要进行经常性的统计。

表2-3　2002年按年龄的城镇失业人员失业原因(%)

年　龄	合　计	下　岗	失去工作	毕业后未工作	其　他
总　计	100.0	42.7	29.6	21.0	6.7
16—29	100.0		6.4	88.3	5.3
20—24	100.0	5.3	19.9	68.8	6.0
25—29	100.0	31.1	34.4	25.8	8.7
30—34	100.0	45.7	36.9	8.7	8.6
35—39	100.0	53.6	36.0	3.4	7.0
40—44	100.0	60.9	32.6	1.3	5.2
45—49	100.0	67.7	27.8	0.4	4.0
50—54	100.0	66.7	27.7	0.2	5.4
55—59	100.0	73.3	21.5		5.2
60—64	100.0	22.5	25.0		52.5
65+	100.0	37.5	25.0		37.5

资料来源:《中国统计年鉴(2003)》,第174页。

　重要问题1　如何测算失业率?

　　测算失业率首先要划分具有劳动能力的人口,即劳动年龄人口;然后再从劳动年龄人口中找出愿意工作的人口,即劳动力人口;最后,区分劳动力人口里面的就业者和失业者,用失业人数除以劳动力人数就是失业率。失业率需要经常性地统计。

二、价格指数的测算

　　价格指数包括GDP平减指数、消费价格指数和生产价格指数等。GDP平减指数能够全面地反映一般物价水平的变化,消费价格指数和生产价格指数着重分析价格调整时日常生活费用和生产成本的影响。

1. GDP平减指数

　　前面已经介绍过,GDP平减指数是一种重要的价格指数,以经济中所有产品和劳务的价格为基础,能够全面地反映基期与当期之间发生的一般物价水平的变化。

2. 消费价格指数

　　消费价格指数(Consumer Price Index;CPI)是最为常用的价格指数,衡量的是城市居民日常消费的产品和劳务的价格水平变化。由于消费价

> **网络资源**
> 国家劳动和社会保障部可以查到就业方面的信息和相关政策,网址:http://www.molss.gov.cn/
> 想了解美国的就业情况,可以浏览美国劳动统计署的网站,网址:http://www.bls.gov/

> **消费价格指数**
> 固定一组典型消费

者所购买的产品和劳务,以该组产品和劳务在某年的价格作为基期数据,衡量当期居民消费价格水平发生了怎样的变化。

格指数衡量的是与日常生活密切相关的物价变化,反映通货膨胀对人们生活水平的影响,因此是最受关注的通货膨胀衡量指标。

具体测算是先固定一组典型消费者所购买的一揽子产品和劳务,并根据实际消费情况赋予其中每个项目一个合理的权数:比如人们购买的大米比面粉多,那么大米价格的权数就要比面粉价格的权数大。然后选择某年为基期年份,比较现在购买同样一揽子产品和劳务要比基期年份多花多少钱。

假设典型的消费者每个月要吃10个萝卜和5个菠萝,我们的固定组合便设定为10个萝卜和5个菠萝,并以2000年为基期年份,那么CPI便可计算如下

$$CPI = \frac{10 \times 当期萝卜价格 + 5 \times 当期菠萝价格}{10 \times 2000年萝卜价格 + 5 \times 2000年菠萝价格}$$

3. 批发价格指数

批发价格指数

固定典型生产者购买的一组原料和半成品所支出的成本,以该组商品在某年的价格作为基期数据,衡量生产成本发生的变化。

批发价格指数(Wholesale Price Index;WPI)又被称为生产价格指数(Producer Price Index),与CPI类似,WPI衡量的是固定的一揽子原料和半成品的价格变化。

批发价格指数是测算生产成本变动的价格指数,能够反映经济的周期性波动,也得到了广泛的应用,尤其对政府分析经济形势、做出经济决策有重要意义。

我国统计体系采用的指标稍有不同,设有居民消费价格指数,商品零售价格指数,原材料、燃料、动力购进价格指数等,其中与消费价格指数最接近的是居民消费价格指数和商品零售价格指数,与生产价格指数接近的是原材料、燃料、动力购进价格指数。表2-4为我国历年相关数据。

表2-4 历年价格指数

年 份	居民消费价格指数 (1985=100)	商品零售价格指数 (1978=100)	原料价格指数 (1990=100)
1990	165.2	207.7	100.0
1991	170.8	213.7	109.1
1992	181.7	225.2	121.1
1993	208.4	254.9	163.6
1994	258.6	310.2	193.4
1995	302.8	356.1	222.9
1996	327.9	377.8	231.6
1997	337.1	380.8	234.6
1998	334.4	370.9	224.7
1999	329.7	359.8	217.3
2000	331.0	354.4	228.4
2001	333.3	351.6	227.9
2002	330.6	347.0	222.7

资料来源:《中国价格年鉴(2003)》,第313页。

网络资源

中国价格信息网上有价格变化的动态信息,网址:http://www.cpic.gov.cn/ 美国发布 CPI 的网站,可以找到各种关于 CPI 的 信 息:http://www.bis.gov/cpic

参考资料　我国使用的物价指数

我国采用的物价指数有五类,分别是居民消费价格指数,商品零售价格指数,工业品出厂价格指数,原材料、燃料、动力购进价格指数以及固定资产投资价格指数。

居民消费价格指数又细分为城市居民消费价格指数和农村居民消费价格指数,居民消费价格调查按用途分为八大类:(1) 食品;(2) 烟酒及用品;(3) 衣着;(4) 家庭设备用品及服务;(5) 医疗保健及个人用品;(6) 交通和通信;(7) 娱乐教育文化;(8) 居住。八大类又进一步细分为 251 个基本分类,各地每月调查 600—700 种产品的价格。

商品零售价格指数与居民消费价格指数有交叉的内容,但也存在不同的地方,是一个更广泛的指数,其涵盖的项目包括如下大类:(1) 食品;(2) 饮料、烟酒;(3) 服装、鞋帽;(4) 纺织品;(5) 中西药品;(6) 化妆品;(7) 书报杂志;(8) 文化体育用品;(9) 日用品;(10) 家用电器;(11) 首饰;(12) 燃料;(13) 建筑装潢材料;(14) 机电产品。大类之下细分为 225 个基本分类,各地每月调查 500 种以上产品的价格。

工业品出厂价格指数是工业品第一次出售时的价格。该项调查采用重点调查与典型调查相结合的调查方法。重点调查对象为年销售收入 500 万元以上的工业企业,典型调查对象为年销售收入 500 万元以下的工业企业。目前《工业品价格调查目录》包括 1 410 多种工业出厂产品,共 3 019 个规格,调查采用企业报表形式,每月 4.1 万家工业企业上报数据资料。

原材料、燃料、动力购进价格指数考察八大类内容:(1) 燃料、动力类;(2) 黑色金属材料类;(3) 有色金属材料类;(4) 化工原料类;(5) 木材及纸浆类;(6) 建材类;(7) 农副产品类;(8) 纺织原料类。

固定资产投资价格调查所涉及的价格是构成固定资产投资额实体的实际购进价格或结算价格。调查的内容包括构成当年建筑工程实体的钢材、木材、水泥等主要建筑材料价格;作为活劳动投入的劳动力价格(单位工资)和建筑机械使用费用;设备工器具购置和其他费用投资价格。本价格指数的调查采用企业报表和调查员走访相结合的方式。

重要问题2　哪些价格指数用来衡量通货膨胀的严重程度?

通货膨胀严重程度通过各类价格指数来衡量,这些价格指数包括GDP平减指数、消费价格指数和批发价格指数。其中通货膨胀率衡量的是一般的价格水平上升情况;消费价格指数主要衡量消费品价格的变化,反映通货膨胀对人们生活造成的影响;生产价格指数衡量生产成本的变化。

本章小结

1. 国内生产总值指一国经济体在一段时期内(通常指一年)生产的所有最终产品和劳务的市场价值总和。核算国内生产总值需要遵循相应的规则。国内生产总值衡量的是最终产品的价值,而不是中间产品的价值;衡量的是当期生产出来的价值,而不是当期销售的价值;衡量的是各种产品和劳务的市场价值;衡量的是发生在当期的流量价值,而不是当期累积的存量价值。

2. 核算国内生产总值的方法主要有支出法、收入法和生产法三种。支出法是最重要的核算方法,通过加总经济中的消费、投资、政府支出和净出口得到国内生产总值。收入法通过加总生产要素所有者的收入得到国内生产总值。生产法通过加总发生在各个生产部门的价值增值得到国内生产总值。

3. 从名义国内生产总值中剔除价格水平变动的因素就可以得到实际国内生产总值,衡量生产水平的实际提高程度。国民生产总值衡量一国所有生产要素获得的收入,通过国内生产总值加上从国外获得的净要素收入得到。在国内生产总值和国民生产总值的基础上,调整相应的项目,可以得到国内生产净值、国民生产净值、国民收入、个人收入和个人可支配收入。

4. 国内生产总值可能不是一个衡量社会福利水平的完美指标。

5. 失业率是衡量失业严重程度的指标。价格指数是衡量通货膨胀严重程度的指标,包括GDP平减指数、消费价格指数和批发价格指数,其中GDP平减指数衡量一般物价水平的变化,消费价格指数衡量居民日常消费的产品和劳务价格水平变化,批发价格指数衡量生产用原料和半成品价格水平的变化。

本章练习题

1. 什么是存货?为什么要注意存货问题?

2. 我们每天都在进行经济活动,下列行为是怎样影响GDP的?为什么?

(1) 购买水果；

(2) 购买休闲服；

(3) 去买新出的《指环王 3》影碟；

(4) 你临时决定买了《指环王》系列前两部分的影碟,因为旧货清仓有打折；

(5) 出门坐公共汽车；

(6) 回家帮忙打扫卫生；

(7) 炒股。

3. 下列哪些是流量变量,哪些是存量变量？

(1) GNP；

(2) 年进口额；

(3) 财政赤字；

(4) 公务员年薪；

(5) 月生活费用；

(6) 投资。

4. 核算 GDP 的方法有哪些？各种方法的依据是什么？

5. 举例说明实际 GDP 增长与名义 GDP 增长的区别。

6. 国民收入、个人收入和个人可支配收入之间是什么关系？

7. 各种价格指数分别反映什么问题？我国的统计体系采用哪些价格指数？

8. 我们为什么要关注失业问题？

9. 怎样测算失业率,为什么失业率的测算应该经常进行？

网络学习导引

网络地址：中国价格信息网 http://www.cpic.gov.cn/。

检索路径：中国价格信息网→地方价格动态→你所在的省份或城市。

网络应用：了解本月份的价格动态信息,你是否感受到了这些价格变化？这些价格变化哪些涉及消费资料,哪些涉及生产资料？

分组讨论：四人一组,讨论一下这些价格变动的原因,并可以根据自己的认识预测一下今后的价格走势。

第二部分

宏观经济均衡

本部分主要介绍在宏观经济运行中,如何通过各种变量的相互作用而达到一个稳定的状态。本部分的分析由简入繁,通过假定的逐步放松来逐步逼近现实,将各种复杂的经济因素纳入分析。我们首先分析商品市场上的宏观经济均衡如何实现;随后引入货币因素,通过 $IS-LM$ 模型来分析商品市场、货币市场的宏观经济均衡如何同时实现;最后引入价格因素,通过总供给-总需求模型来分析考虑了劳动力市场的宏观经济均衡如何实现。

第三章

国民收入决定

学习目标
- 了解宏观经济均衡的含义和实现方式
- 掌握消费、储蓄与收入的关系,了解各消费理论的主要内容
- 掌握不同部门经济中国民收入的决定问题
- 掌握乘数原理及乘数的计算方法

基本概念

宏观经济均衡　消费函数　储蓄函数　国民收入决定　乘数效应　乘数原理

参考资料
- 宏观经济均衡的实现过程
- 消费函数及消费曲线
- 储蓄函数及储蓄曲线
- 20世纪90年代居民平均消费倾向持续下滑的分析
- 三部门经济中国民收入的决定
- 四部门经济中国民收入的决定
- 乘数的计算
- 中国的投资乘数分析

第一节 宏观经济均衡的含义

重要问题

1. 两类宏观经济变量之间是什么关系？
2. 宏观经济均衡是如何实现的？

一国经济体能生产多少产品和劳务，一国国民能够取得多少收入，是宏观经济学研究的主要问题之一。2003 年我国的国内生产总值为 11.67 万亿元，为什么会是这么多？是什么因素决定了一国的产出水平和收入水平呢？要回答这个问题，就需要研究宏观经济均衡，因为一国的产出和收入是在宏观经济均衡中实现的。

均衡原本是物理学的概念，经济学中的均衡是指这么一种状态：经济中的各个行为主体都通过市场实现了利益的最大化，没有人能从这种状态的改变中获得更多的好处，此时所有的主体都没有改变行为的动机，经济达到一种稳定、平衡的状态。

> **宏观经济均衡**
> 宏观经济均衡指的是经济处于一种相对稳定的状态，当各种相互作用的宏观经济变量之间达到某种平衡、彼此不再变化时，宏观经济就达到了均衡状态。

宏观经济均衡指的就是总体经济处于一种相对稳定的状态，这种稳定关系体现在各种宏观经济变量上，这些宏观经济变量相互作用，各个变量在其他变量的影响下发生变动，反过来，这种变动又对其他变量产生影响。当各种宏观经济变量之间的相互作用达到某种平衡、彼此不再变化时，总体经济就达到了均衡状态。

本节将介绍各种宏观经济变量怎样相互作用、宏观经济均衡如何实现，以及在均衡条件下国民收入如何决定等问题。为了分析的简便，我们假设经济中的价格水平是不变的，并且物价总水平 $P=1$，这样各种经济变量既是名义值，也是实际值。

一、两类宏观经济变量

研究宏观经济均衡需要考察的变量有总供给、总需求、总产出、总支出和总收入等，为了进行深入的分析，有必要进一步明确这些变量的概念以及它们之间的关系。

总供给和总需求是一类的，属于理论概念；总产出、总支出和总收入是另一类的，属于统计概念。其中，总产出和总收入是总供给的度量指标，总支出是总需求的度量指标。

一个经济体在某段时期内生产出来的所有产品和劳务的数量，是可供该社会支配的总量——可以用来消费、投资或者出口，这是经济中的总产出，也是经济中的总供给，其市场价值之和就是 GDP 或 GNP。总产出是用来度量总供给这个理论概念的统计指标,显然两者是同一的。我们习惯上用 Y 来表示总产出,用 AS(Aggregate Supply)表示总供给。

我们知道,GDP 也可以通过收入法得到。总产出是由各种要素生产出来的,产出的价值必然以工资、利息、地租、利润等形式支付给各种生产要素所有者,形成他们的收入,把所有人的收入加总起来就是经济中的总收入。总收入必然与总产出相等,总收入就是从另一个角度度量总供给的统计指标。当我们说总收入或者总产出时,就需要明白,它们代表的是总供给的意思。由此,我们得到一个恒等式

$$Y \equiv Y_d + T$$

"≡"表示的是恒等关系,这个恒等式表示总产出 Y 恒等于总收入。总收入等于可支配收入 Y_d 与政府税收 T 之和。

总需求,就是经济中对各种产品和劳务的有效需求之和,有效需求指既有需求的愿望,也有相应的支付能力。总支出是度量总需求的统计指标,总支出对应于用支出法核算的 GDP,包括家庭部门的消费 C、家庭和企业部门的投资 I、政府购买 G 和净出口 NX。家庭和政府需要购买产品和劳务,家庭和企业需要进行投资,这些都构成经济内部的需求,加上来自国外的需求构成经济中的总需求。总需求可以用总支出这个统计指标来度量。我们习惯用 AE(Aggregate Expenditure)来表示总支出,用 AD(Aggregate Demand)来表示总需求,从而得到另一个恒等式

$$AE \equiv C + I + G + NX$$

二、总需求决定总供给

在微观经济学中,如果某种商品的供给与需求相等,则供求关系就达到了均衡,此时该商品的价格和产量称为均衡价格和均衡产量。与此类似,当经济中的总供给等于总需求时,就实现了宏观经济均衡,此时的总体价格水平和产出水平称为均衡价格水平和均衡产出水平。

总产出和总收入是度量总供给的统计指标,总支出是度量总需求的统计指标,总产出、总收入和总支出分别对应用生产法、收入法和支出法计算的 GDP,是从不同的角度去反映同一个问题,它们必然是相等的,即

$$Y \equiv 总收入 \equiv 总支出$$

Y 表示经济中的总产出。这个恒等式也表示总供给必须等于总需求。当总供给等于总需求,或者说总产出、总收入等于总支出时,经济就处于均衡状态。

那么这两类宏观经济变量是怎样相互作用的呢?哪些变量在相互作用中处于主导地位,能够引致其他变量发生改变以与之适应呢?

古典学派认为,供给能够创造自己的需求,总供给是经济中占主导地位的变量,价格水平能够灵活调整,使得总需求达到与总供给相等的水平。

 网络资源

http://www.inomics.com/cgi/econdir, 这是一个经济学资源索引,提供了关于经济学各种内容的连接,内容非常丰富。类似的网页还有:

http://sun3.lib.uci.edu/~dtsang/econ.htm

凯恩斯对此予以否认,提出总需求才是主导性的经济变量,总需求决定总供给。凯恩斯的观点有其现实的依据,当时资本主义世界经受了20世纪30年代的经济大萧条,实质上是供给过剩的经济危机,总需求严重不足,总供给并没有创造自己的需求。通过对英国经济的仔细观察与分析,凯恩斯推翻了萨伊定律,否认"供给创造自己的需求",认为价格不能灵活调整而具有黏性,这样带来总需求不足导致了这场危机。在他看来总需求决定总供给,从而决定国民收入水平。

在现代宏观分析中,这两种对立的观点被视为对不同时期的经济运行状况的描述而被统一起来。一般认为,宏观经济可以从三个时期来认识。

1. 短期

在短期内,价格是黏性的而难以调整,因此不能通过价格的自发调节来保持总供给与总需求的平衡。由于这种价格黏性,资本和劳动力有时候得不到充分利用,因此总需求水平决定了社会的产出,此时宏观经济均衡就体现为在既定的价格水平下,总产出恰好等于总支出水平。一般来说,短期适用于对宏观经济的月度以及年度间运行情况的分析。

2. 长期

在长期内,价格可以灵活调整,从而使得总供给与总需求保持平衡,资本与劳动得到充分利用。此时,资本与劳动力的数量,以及把资本与劳动变为产出的技术水平都是不变的,因此总供给水平也是不变的。长期内的经济均衡就体现为在总供给与总需求平衡时,价格水平也处于均衡状态。一般来说,长期适用于对宏观经济在几年内运行状况的分析。

3. 超长期

此时资本与劳动力的数量、技术水平都会发生变动,这样总供给也在不断变化中,这适用于对几十年甚至更长的时期内宏观经济运行情况的分析。

重要问题1　两类宏观经济变量之间是什么关系?

总供给和总需求属于理论概念,总产出、总支出和总收入属于统计概念;总产出和总收入是总供给的度量指标,总支出是总需求的度量指标。在这两类宏观经济变量中,总需求、总支出是处于主导地位的,总需求决定总供给,总支出决定总产出、总收入;总供给必须等于总需求,总产出、总收入必须等于总支出。

三、宏观经济均衡的实现

宏观经济均衡是在总供给与总需求、总支出与总产出的相互作用中实现的,当经济中的总供给等于总需求、总产出等于总支出时,宏观经济就实现了均衡。

需要明确的是,由于我们给各个经济变量下了相应的定义,因此从事后的统计数据来看,经济中的总产出一定是等于总支出的;但是在宏观经济实现均衡的过程中,实际发生的产出和支出完全可能是不相等的,比如企业部门预测失误,生产了 100 万元的产品,而实际的需求只有 80 万元的产品,在这种情况下,我们把这多出来的 20 万元产品视为企业部门存货的非意愿增加①,企业会因此减少生产,直到非意愿增加的存货为 0;如果实际产出为 60 万元,则存货非意愿地减少 20 万元,企业将增加生产,使存货回复到意愿的水平;只有当实际产出为 80 万元,与总支出相等,存货才不会发生变化,宏观经济达到均衡。

总供给等于总需求,对宏观经济才能达到均衡的思想将贯穿于我们分析的整个过程,我们可以把这种关系表示在图形上,结合图形来展开分析将有助于我们更好地理解所分析的问题。

如图 3-1 所示,用横轴表示经济中的总供给,用纵轴表示经济中的总需求,则可以用一条过原点的 45°线表示经济中总供给等于总需求。

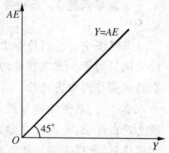

图 3-1 总供给恒等于总需求

总供给等于总需求是理论上的概念,这种关系体现在总支出 AE 等于总产出或总收入 Y 上,因此,我们在图中把横轴标为 Y、把纵轴标为 AE。显然,45°线上的每一点都表示经济中的均衡,经济中的均衡点必然都在这条线上,线外的任何一点都表示非均衡的状态。

我们在对不同部门经济的均衡分析中还会发现,宏观经济均衡条件也可以表示为经济中的储蓄等于投资,储蓄与投资的这种关系其实是总供给等于总需求的一种体现,我们将在下面的分析中具体讨论这个问题。

 参考资料　宏观经济均衡的实现过程

我们可以用一个等式来理解宏观经济均衡的实现过程:

$$IU = Y_r - AE_r$$

这里,IU 表示非意愿的存货增加,Y_r 和 AE_r 指经济中实际发生的产出和支出。当 Y_r 大于 AE_r 时,$IU>0$;当 Y_r 小于 AE_r 时,$IU<0$;只有当 Y_r 等于 AE_r 时,$IU=0$,宏观经济才实现均衡。

另外,我们可以借助 45°线图来进一步分析宏观经济均衡的实现过程:

---

① 之所以称为存货的非意愿增加,是与意愿增加区别开来,意愿增加在企业部门的计划之内,可能是用于下期生产投入,也可能是应付突发性的需求。

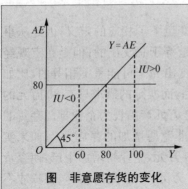

如图所示,对于一定的总支出 80 万元,如果产出达到了 100 万元,则会使 $IU>0$,存货非意愿地增加,企业部门减少生产;如果产出只有 60 万元,则 $IU<0$,存货非意愿地减少,企业部门增加生产;只有当产出水平为 80 万,与支出相等时,$IU=0$,非意愿存货不变,宏观经济才达到均衡。

图 非意愿存货的变化

重要问题 2　宏观经济均衡是如何实现的?

当经济中的总供给等于总需求、总支出等于总产出时,宏观经济就实现了均衡。宏观经济均衡是在总供给与总需求、总支出与总产出的相互作用中实现的。

总产出、总供给的形成是实现总支出、满足总需求的前提;要实现总产出价值,必须存在相应的支出和需求。这两方面的经济变量相互作用,使得宏观经济不断地从均衡走向不均衡,又从不均衡走向更高层次的均衡,并在这个过程中实现经济的发展。

第二节　消　费

重要问题

1. 影响消费的主要因素是什么?
2. 影响储蓄的主要因素是什么?
3. 主要的消费理论包括哪些内容?

总需求是处于主导地位的经济变量,要研究均衡产出和均衡收入的决定问题,首先就要研究总需求。总需求包括消费、投资、政府支出和净出口,其中消费是总需求中最主要的部分,了解总需求应该先从了解消费开始。

网络资源
国家统计局网站上定期发布各个阶段的宏观经济数据,具有很强的权威性。
网址:
http://www.stats.gov.cn

一、消费函数

消费是指家庭部门购买产品和劳务的行为,我们买一瓶汽水、看一场电影、购置一台电脑等都是消费行为。消费既包括非耐用消费品,也包括耐用消费品;既包括实物消费,也包括享受服务。

我们最关心的问题是消费水平如何确定,影响消费水平的因素有很多,比如收入水平、价格变化、习惯爱好等等,其中收入水平是决定消费水平的主要因素,收入越高,则相应的消费水平也较高,两者之间是正相关关系。

因此,一般的消费函数应该具备如下的形式

$$C = a + bY$$

消费函数反映的是消费 C 与收入 Y 之间的关系。消费可以分为 a 和 bY 两个部分,第一部分与收入无关,表示家庭部门的自发消费,是家庭部门为了生计必须进行的基本消费;第二部分与收入正相关,收入越多,相应的消费水平就越高。

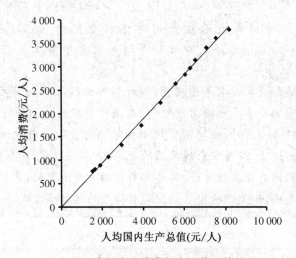

图 3-2　我国人均消费与人均收入的关系

资料来源:《中国统计年鉴(2003)》,第 55、72 页。

图 3-2 反映的是 1989—2002 年间我国人均国内生产总值与人均消费之间的关系,从中可以看出,收入与消费之间的正相关关系非常明显,而且呈线性关系的特征。通过对相关数据进行分析,得出 1989—2002 年期间我国的消费函数(人均消费与人均收入的关系)为

$$C = 5.15 + 0.47Y$$

消费函数中的 a 表示自发消费,是一个正的常数;b 表示边际消费倾向,即是国民收入每增加一元,会把多少用于消费,通常人们不会把增加的收入全部用于消费,消费的增加小于收入的增加,b 是一个大于 0、小于 1 的正数。

> **参考资料　消费函数及消费曲线**
>
> 　　为了分析的简明,我们采用的是简单的线性消费函数形式,其图形为一条直线。实际上,边际消费倾向是随着收入的增加不断递减的,消费函数应该是如下图的一条曲线,而不是直线。

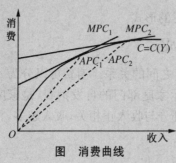

图　消费曲线

> 　　消费曲线的斜率为正,而且随着收入的增加不断递减,表现为曲线越向右移越平坦。用一条直线把曲线上任一点与原点连接起来,这条直线的斜率就表示该点的平均消费倾向 APC（Average Propensity to Consume）,即消费在收入中所占的比重 C/Y；曲线上任一点的切线斜率表示该点的边际消费倾向 MPC（Marginal Propensity to Consume）,即收入每增加1元所带来的消费增加 dC/dY。
>
> 　　由于边际消费倾向是递减的,因此消费曲线每一点所代表的边际消费倾向都要小于平均消费倾向,在图中表现为 $APC_1 > MPC_1$、$APC_2 > MPC_2$；另外,平均消费倾向和边际消费倾向都随着收入的增加而不断递减,在图中表现为 $APC_1 > APC_2$、$MPC_1 > MPC_2$。
>
> 　　对于线性消费函数来说,其边际消费倾向是不变的,表现为曲线斜率始终不变,但是平均消费倾向随着收入的增加而递减。

☞**平均消费倾向**
即消费与收入的比率,可以表示为 C/Y。

☞**边际消费倾向**
即收入每增加1元,其中有多大一部分用于消费,可以表示为 dC/dY。

重要问题1　影响消费的主要因素是什么？

　　消费可以分为两部分,第一部分是自发消费,这部分消费是为了维持生计而必须进行的基本消费,主要受地域和时间的影响,比如美国的自发消费水平比中国的要高,今天的自发消费水平比50年前要高。

　　自发消费部分之外的消费主要受到边际消费倾向和收入水平的影响。边际消费倾向越高,表示收入中用于消费的比例越大；反之,如果边际消费倾向越低,则表示收入中用于消费的比例越小。一般说来,边际消费倾向随着收入的增加而递减。

　　消费水平与收入水平是正相关关系,收入越多,相应的消费水平就越高；反之,收入越低,相应的消费水平就越低。

二、储蓄函数

对家庭部门来说，收入①除了消费，就是用来储蓄。用 S 表示储蓄，则它们之间的关系可以用公式表示为

$$Y = C + S$$

代入消费函数 $C = a + bY$，便可整理得到储蓄函数

$$S = -a + (1-b)Y$$

储蓄函数反映的是储蓄与收入的关系。从其表达式可以看出，储蓄函数曲线的截距是一个负数，储蓄函数曲线的斜率$(1-b)$是一个正数，表示储蓄随着收入的增加而增加。斜率$(1-b)$又被称为边际储蓄倾向，它反映的是收入每增加 1 元所带来的储蓄增加数量。

人们进行储蓄的形式有很多，包括存放在银行、购买股票和债券等，这会带来利息、红利等形式的收益。如果这些收益率提高，则会促使人们多进行储蓄，因为可以获得更多的收益；如果收益率降低，则人们倾向于减少储蓄。

储蓄是指把收入或购买力暂时储存起来，把这个概念进一步推广，我们还可以得到企业储蓄和政府储蓄。企业储蓄是指企业把利润的一部分留存，作为以后的生产投入；政府储蓄是指政府收入多于政府支出的富余部分，可以用于后来的支出。

在后面学习经济增长理论的时候，我们还将了解到，增加国民储蓄、提高储蓄率对于促进一国长期经济增长是至关重要的。

 参考资料　储蓄函数及储蓄曲线

储蓄函数和消费函数是互补的关系。储蓄函数中的 $-a$ 是一个负数，储蓄曲线截距为负；因为 b 是一个大于 0、小于 1 的数，所以 $(1-b)$ 也是一个大于 0、小于 1 的数，表示边际储蓄倾向 MPS，即收入每增加 1 元所带来的储蓄增加 dS/dY，边际储蓄倾向是随收入递增的，表明随着收入的增加，人们把越来越多的部分用于储蓄。

类似地，我们还可以得到平均储蓄倾向 APS 的概念。平均储蓄倾向表示储蓄在收入中所占的比重 S/Y。边际储蓄倾向和平均储蓄倾向都随着收入的增加而递增，在每一个储蓄水平上，边际储蓄倾向都大于平均储蓄倾向。

☞**平均储蓄倾向**
即储蓄与收入的比率，可以表示为 S/Y。

☞**边际储蓄倾向**
即收入每增加 1 元，其中有多大一部分用于储蓄，可以表示为 dS/dY。

---

① 通过后面的学习可以知道，这里的收入应该指可支配收入。

网络资源

哈佛大学经济学教授曼昆是一位杰出的经济学家,他研究的范围主要是宏观经济学,包括消费行为,他的个人主页是:

http://post.economics.harvard.edu/faculty/mankiw/mankiw.html

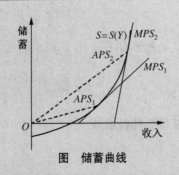

图　储蓄曲线

如图所示,储蓄曲线是一条截距为负,并向右上弯曲的曲线。用一条直线把曲线上任一点与原点连接起来,这条射线的斜率就是该点所代表的平均储蓄倾向;从储蓄曲线上的任一点作切线,所得切线的斜率就是这一点所代表的边际储蓄倾向。

边际储蓄倾向递增,表现为储蓄曲线越向右越陡峭,在每一个储蓄水平上,边际储蓄倾向都大于平均储蓄倾向,在图中表现为 $MPS_1 > APS_1$、$MPS_2 > APS_2$;边际储蓄倾向和平均储蓄倾向都随着收入的增加而递增,表现在图形上,就是 $APS_2 > APS_1$、$MPS_2 > MPS_1$。

另外,可以从消费函数和储蓄函数的表达式推导出来,APC 与 APS 之和恒等于 1,MPC 与 MPS 之和也恒等于 1,即

$$APC + APS = 1 \qquad MPC + MPS = 1$$

重要问题 2　影响储蓄的主要因素是什么?

影响储蓄的主要因素是边际储蓄倾向和收入。边际储蓄倾向越高,表示收入中用于储蓄的比例越大;反之,如果边际储蓄倾向越低,则表示收入中用于储蓄的比例越小。一般说来,边际储蓄倾向随着收入的增加而储蓄,表明人们越有钱,越愿意进行储蓄。

另外,储蓄水平与收入水平正相关,收入越多,相应的储蓄水平就越高;反之,收入越低,相应的储蓄水平就越低。

三、消费理论

消费主要是由收入决定的,并受其他一系列因素的影响。一直以来,许多经济学家都致力于研究除了收入以外,还有哪些因素在影响消费,进而提出各种消费理论,其中有代表性的包括弗郎科·莫迪利阿尼的生命周期假说、米尔顿·弗里德曼的持久收入假说以及詹姆斯·杜森贝里的相对收入假说。

1. 生命周期假说

生命周期假说认为人们是站在长期的角度来作消费和储蓄决策的,人们不希望一生中消费水平出现大幅的变化,而应该是比较稳定、平滑的。人们把一生中所有的资源平均地分配在各个时期。

假设某个人拥有财富 W,到退休前他还可以工作 N 年,每年取得收入

Y，他还能够生活 L 年。这里我们假定利率为零，储蓄不能产生利息，这个人一生的资源就是 $W+NY$，为了平滑消费，他把这些资源平均分布在 L 年里，他的消费函数是

$$C = (W+NY)/L = (1/L)W + (N/L)Y$$

此时，消费 C 不仅取决于收入 Y，还取决于财富水平 W，边际消费倾向为 N/L。

该理论把人的生命划分为三个阶段：青年、中年和老年。一般说来，青年时期收入比较低，依靠举债维持消费水平；中年时期收入比较高，一部分用来当期消费，另外还要偿还债务，并为老年进行储蓄；老年时期的收入又比较低，需要动用储蓄来进行消费。

2. 持久收入假说

持久收入假说认为消费水平与当期收入无关，而只与持久收入相关，消费在各个时期都保持在一个稳定的水平上。持久收入（Y_p）是人们一生中所有收入的平均值，包括现有财富与所有可以预期取得的收入；与此对应的是暂时收入（Y_t），暂时收入是人们预期不可持续的收入，两者之和构成人们的当期收入（Y）

$$Y = Y_p + Y_t$$

消费应该是非常稳定的，由此又称为持久消费（C_p），持久消费只与持久收入有关，且与持久收入之间是恒不改变的正比例关系，即持久消费倾向是一个常数 b

$$C_p = b \cdot Y_p$$

根据该理论，消费比收入更加稳定，暂时性的收入将被分配到各个时期，而消费将保持在稳定的水平。收入的任何暂时性变化，比如减税带来收入增加或者增税带来收入减少，都不会对消费水平产生实质性的影响。

3. 相对收入假说

相对收入假说认为消费不仅与自己收入有关，而且与周围人的收入和消费有关。在消费方面，人们总是与别人看齐，一个家庭的消费水平取决于其收入与周围人收入的相对水平。如果某人的收入不变，而周围人的收入和消费同比例增加，则这个人的相对收入是下降的，根据相对收入假说，这个人为了保持与周围人的相对地位，体面地生活着，将提高消费在收入中所占的比例。在他的绝对收入不变的情况下，这意味着储蓄将减少。

如果某人的收入与周围人的收入一起同比例增加，则他的相对收入并没有改变，其消费占收入的比例也不会发生变化，消费按比例随着收入的增加而增加。

相对收入不仅指与周围人的收入相比较，还包括与自己以前的收入相比较。如果某人当期的收入高于以前的收入，则其当期的消费水平取决于其当期收入；如果他的当期收入低于以前的收入，为了维持消费水平不变，他会提高消费倾向，在当期增加消费在收入中的比例。

网络资源

麦克法登教授是 2000 年诺贝尔经济学奖获得者，他对消费理论有深入的研究，现在任教于加州大学伯克利分校，其个人主页为：
http://elsa.berkeley.edu/~mcfadden/index.shtml

参考资料 20世纪90年代居民平均消费倾向持续下滑的分析

20世纪90年代以来,中国居民平均消费倾向持续下滑,其中农村居民平均消费倾向下降的幅度比城镇居民还要快。根据边际消费倾向递减规律,消费倾向的递减意味着收入水平的极大提高,但2000年我国城镇居民家庭人均实际可支配收入尚不足800美元,农村居民家庭人均纯收入还不到300美元,而同期人均可支配收入达24 889美元的美国,居民的平均消费倾向却达0.96。在相对极低的收入水平下,中国居民的平均消费倾向出现了持续的下滑,这一事实构成了现代消费理论的一个谜团!

在几千年的文化传承和经济实践中,中国居民形成了其特有的消费行为特征,最主要地体现为:第一,人们的消费行为"呈现出显著的阶段性"和周期性特征。教育、结婚、住房、退休、养老等,每隔一个时段就有一个支出高峰,而且这些通常都是生活的"必需品",其数额远远超过人们当期的收入水平(我们称之为"大额刚性支出"),并不像现代消费理论认为的那样平稳和长远;相应地,人们的行为比较"近视",对收支的安排聚焦在某个阶段内进行。

第二,对中国居民而言,几千年来并不存在一个较为发达的消费信贷市场,不仅借款时所付的利率通常大大高于从储蓄中获得的利率,而且有些人根本无法以任何利率借到钱。换言之,中国居民的消费主要靠"内源融资"(储蓄)来完成,为了应付将来的"大额刚性支出",人们必须不断存钱。中国居民的平均消费倾向与"大额刚性支出"成反向变化,与收入水平同方向变化,且它随收入水平变化而变化的幅度大于随"大额刚性支出"变化而变化的幅度。

总的来说,20世纪90年代我国居民平均消费倾向持续下滑,主要有这么几个具体原因:从支出方面来看,1993年召开的十四届三中全会,提出要使企业改革成为市场经济主体,首先进行的就是对社会保障制度的改革,把城镇居民原来由国家包下来的失业、住房、养老、医疗等项支出改由企业和个人共同负担,政府不再直接注资,而农村居民延续着几千年来的"自我保障"状态;在我国消费信贷市场不发达的情况下,这一变革势必会导致居民削减当前消费,以应付未来的"大额刚性支出"。

再从收入方面来看,改革开放后的头7—8年,我国居民的收入水平有了较大的提高,但自1986年起收入分配又向国家转移,另外,很长一段时间内,由于"价格双轨制"和国有资产监管制度的欠缺,收入增长有相当一部分都落入了少数资源支配者的腰包,社会分配严重不公,居民收入增长乏力,与此同时,随着市场化改革的深入,"大额刚性支出"的额度不断提高,居民在进行消费支出时只能更为谨慎。

我们知道,消费是总需求中最大的部分,消费不旺不利于经济的发展。要解决这个问题,根本之计在于通过有效的社会保障制度,消除人们的"后顾之忧",降低人们对"大额刚性支出"额度的预期,才能鼓励居民把更多的收入用于消费。

——改编自尉高斯、雷明国,"求解中国消费之谜",《管理世界》,2003年第3期。

重要问题3 主要的消费理论包括哪些内容?

主要的消费理论包括弗郎科·莫迪利阿尼的生命周期假说、米尔顿·弗里德曼的持久收入假说以及詹姆斯·杜森贝里的相对收入假说。

生命周期假说认为人们是站在长期的角度来作消费和储蓄决策的,把一生中所有的资源平均地分配在各个时期,从而实现比较平滑的消费水平。

持久收入假说认为消费水平与当期收入无关,而只与持久收入相关,消费在各个时期都保持在一个稳定的水平上。

相对收入假说认为消费与相对收入有关,如果与自己以前或者周围的人相比,相对收入发生了变化,则消费水平也将改变。

第三节 国民收入决定

重要问题

1. 两部门经济中国民收入如何决定?
2. 三部门经济中国民收入如何决定?
3. 四部门经济中国民收入如何决定?

国民收入是在经济均衡中决定的,在这一节里,我们利用消费函数,从总供给等于总需求出发,来研究经济中均衡收入的决定问题。首先将介绍简单的两部门经济的情况,然后逐渐深入,介绍三部门和四部门经济中均衡收入如何决定。在我们分析经济均衡的过程中,始终贯穿着两个线索:总供给等于总需求、储蓄等于投资。

网络资源

加拿大维多利亚大学经济系提供了一个经济学资源的链接,内容丰富。网址:http://web.uvic.ca/econ/info.html

一、两部门经济中国民收入的决定

两部门经济只包括家庭部门和企业部门,因此,在总支出方面,只包括家庭部门消费以及家庭部门和企业部门的投资,其中企业部门的投资包括存货投资,用公式表达如下

$$AE = C + I$$

代入消费函数 $C = a + bY$,可进一步得到

$$AE = a + bY + I = (a + I) + bY$$

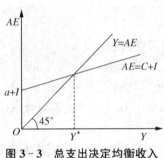

图 3-3 总支出决定均衡收入

在 45°线图中,总支出函数表现为一条向上倾斜的直线,截距为 $a+I$、斜率为 b。图中的 45°线是所有均衡状态点的组合,表示总收入等于总支出,总支出曲线与 45°线的交点就是经济中的均衡点,对应的总收入 Y^* 为经济中的均衡收入。

在均衡时,必然有总产出等于总支出 $Y = AE$,代入上式,可以得到

$$Y = (a + I) + bY$$

解这个方程,可得到均衡收入

$$Y^* = \frac{a + I}{1 - b}$$

总支出曲线与 45°线的交点就是经济的均衡点,对应这一点的产出就是经济中的均衡产出,均衡收入是由总产出水平决定的。如果给出经济中的消费函数和投资支出,就可以算得均衡收入。

例如,已知经济中消费函数为 $C = 1\,500 + 0.5Y$,投资支出为 1 000 亿元,则均衡收入为

$$Y = \frac{1\,500 + 1\,000}{1 - 0.5}$$

$$= 5\,000(亿元)$$

在两部门经济中,总收入一部分用来消费,一部分用来储蓄,总供给可以用总收入表示为 $Y = C + S$,两部门经济中的均衡条件可以表示为

$$Y = C + I = C + S \quad 即 \quad I = S$$

表明只有储蓄等于投资,才能实现经济的均衡;如果储蓄大于投资,就意味着总产出大于总支出,经济处于需求不旺的状态,存货投资超过意愿存货投资水平;如果储蓄小于投资,意味着总产出小于总支出,经济出现需求过热的现象,存货投资低于意愿存货投资水平。

网络资源

哈佛大学经济系提供的经济学资源链接:
http://post.economics.harvard.edu/info/links.html

美国经济协会也提供了很多经济学资源:
http://netec.wustl.edu/EconFAQ/EconFAQ.html

重要问题1　两部门经济中国民收入如何决定?

两部门经济只包括家庭部门和企业部门,在总支出方面,只包括家庭部门消费以及家庭部门和企业部门的投资,因此根据这个表达式,只要已知两部门经济中的消费函数和投资额,就可以算得均衡的国民收入。两部门经济中的均衡条件为投资等于储蓄。

二、三部门经济中国民收入的决定

我们已经讨论了两部门经济中国民收入的决定问题,现在我们进一步放宽条件,引入政府部门和对外经济部门,使我们的分析更加接近于现实。

1. 政府部门行为对经济的影响

首先来分析三部门经济中的情况,考察引入政府部门以后,会怎样影响总供给和总需求,从而影响均衡收入。

政府的作用包括为经济发展创造一个良好的条件、对社会财富进行再分配,保障社会公平。当经济出现波动时,政府将运用各种政策对经济进行调控,使得经济回归到正常的发展轨道,实现经济增长、充分就业、低通货膨胀和国际收支平衡的目标。

财政政策是政府部门的主要调控手段,运用财政政策就是政府部门通过调整自身的收入和支出,来影响经济中的总需求水平,从而实现理想的政策目标。政府部门的收入主要通过税收取得,政府部门的支出包括购买性支出和转移支付。

政府部门主要对家庭部门和企业部门的收入征税,筹集资金以满足政府开支和社会发展的共同需要。税收具有强制性、无偿性和固定性的基本特征,从不同的角度可以对税收进行不同的分类,在这里,我们可以把税收分为定量税和比例税两种形式。定量税指无论收入多少,税收总额不变,税收与收入没有关系;比例税指按照收入的多少征税,税收总额占收入的一定比例,这个比例就是税率,税率由政府部门决定。政府部门可以分别以定量税或比例税的方式征税,还可以采用定量税与比例税相结合的方式征税。政府部门征税会带来可支配收入的减少,进而降低总支出水平,收缩总需求。

政府部门的支出则会提高总需求的水平。其中,政府部门进行购买性支出,购买产品和劳务,直接促成总需求的提高;政府进行转移支付,实际上是国民收入的再分配,把国民收入的一部分从边际消费倾向较低的富人手里转移到边际消费倾向较高的穷人手里,增长他们的可支配收入,间接带来总需求水平的提高。

2. 三部门经济中国民收入的决定

与两部门经济的情况相比较,由于政府部门的存在总支出发生了很大的变化,反映在图形上,总支出曲线的斜率减小了,而截距则增大了,具体推导可见参考资料。

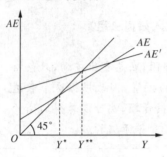

图 3-4 三部门经济中国民收入的决定

在图 3-4 中，AE 为两部门经济中的总支出曲线，AE' 为三部门经济中的总支出曲线，与 AE 相比较，AE' 的斜率比较小而截距比较大，AE' 与 45°线的交点为三部门经济中的均衡点，对应的收入 Y^{**} 为均衡收入。

在总供给方面，收入除了消费和储蓄之外，还要向政府纳税，总供给用收入来衡量可以表示为

$$Y = Y_d + T = C + S + T$$

根据总需求的表达式，可以得到三部门经济的均衡条件

$$Y = C + S + T = C + I + G$$

整理可得 $I = S + (T - G)$，其中 S 表示私人储蓄，$T - G$ 表示政府储蓄，两者之和为经济中总的储蓄。这个等式表明只有经济中的投资等于储蓄，总体经济才能实现均衡。

> **参考资料　三部门经济中国民收入的决定**
>
> 政府税收可以表示为 $T = T_0 + tY$，其中 T_0 为常数，表示自发税收；t 是边际税率，是一个介于 0、1 之间的常数，表示收入每增加 1 单位，会有多少缴纳给政府。这个税收表达式可以理解为政府采取的是定量税和比例税相结合的征税方式；如果取 $t = 0$，则可以理解为政府部门采取了定量税的征税方式；如果取 $T_0 = 0$，则可以理解为政府部门采取了比例税的征税方式。
>
> 对于家庭部门来说，一方面要向政府缴纳税收，另一方面可以从政府部门取得转移支付，可支配收入应该是从收入中减去税收 T 加上转移支付 TR。可支配收入可用公式表示为
>
> $$\begin{aligned} Y_d &= Y - T + TR \\ &= Y - (T_0 + tY) + TR \\ &= (1-t)Y - T_0 + TR \end{aligned}$$
>
> 此时，消费再也不是与收入相关了，而是与可支配收入相关，相应地，消费函数的形式变为
>
> $$\begin{aligned} C &= a + bY_d \\ &= a + b[(1-t)Y - T_0 + TR] \\ &= a - bT_0 + bTR + b(1-t)Y \end{aligned}$$
>
> 引入政府部门对总支出有两方面的影响。首先，因为政府部门对

家庭部门征税,造成家庭部门的边际消费倾向从 b 下降为 $b(1-t)$,而且自发消费减小为 $a-bT_0$,征税带来了总支出的下降;另外,政府购买支出 G 是总支出的一部分,因此,引入政府部门后,总支出应该是

$$AE = C+I+G$$
$$= b(1-t)Y+(a+I+G-bT_0+bTR)$$

在一般情况下,我们可以认为 $G-bT_0+bTR$ 是大于 0 的,从而 $a+I+G-bT_0+bTR > a+I$。因此总支出曲线的斜率增加了。

根据 $Y=C+I+G$,$C=a-bT_0+bTR+b(1-t)Y$,可得

$$Y = a-bT_0+bTR+b(1-t)Y+I+G$$

从中可以解得三部门经济中的均衡国民收入为

$$Y^* = \frac{a-b(T_0-TR)+I+G}{1-b(1-t)}$$

实际求解中,只要已知消费函数、投资支出和政府支出,就可以算得均衡的国民收入;反映在图上,已知消费函数、投资支出和政府支出就能确定总支出曲线,结合 45°线就可以确定经济均衡点,从而确定均衡收入水平。

例如,假设政府部门的税收为 $50+0.4Y$,转移支付为 30,家庭部门的消费函数为 $C=150+0.5Y_d$;又已知投资支出为 100,政府支出为 110,则均衡国民收入为

$$Y = \frac{150-0.5\times(50-30)+100+110}{1-0.5(1-0.4)} = 500$$

又例如,已知政府税收为 100,转移支付为 50,消费函数 $C=100+0.6Y_d$,$I=150$,$G=200$,求均衡国民收入。

本例中,净税收$(T-TR)$为 50,税率为 0,代入各项可求得

$$Y = \frac{100-0.6\times(100-50)+150+200}{1-0.6} = 1\,050$$

重要问题2　三部门经济中国民收入如何决定?

三部门经济包括家庭部门、企业部门和政府部门,在总支出方面,包括消费、投资和政府支出,根据总产出等于总支出可以得到均衡条件为 $I=S+(T-G)$ 即投资等于私人储蓄与政府储蓄之和构成的总储蓄时,总体经济实现均衡。

三、四部门经济中国民收入的决定

世界各国的经济是通过国际贸易、国际资金流动紧密相连的,进出口是一国经济活动的重要组成部分,对一国的经济有着深远的影响。对于我国来说,在相当长的一段时期内,国内需求不旺,进口成为了拉动经济增长的重要力量,考察对外经济部门的作用对我国尤其有意义。

进口是本国对外国产品和劳务的需求,意味着本国收入的一部分将支付给外国。进口产品可能是用来消费,也可能是用来投资,比如购买一瓶法国香水是消费行为,航空公司购买一台波音飞机是进行投资;进口也包括购买国外的劳务,比如中国学生到英国去旅游,便是消费英国提供的旅游服务,这也属于进口。进口受到一系列因素的影响,包括本国收入、消费习惯、经济结构等,其中收入是主要的影响因素,一般来说,收入越高,对进口的需求就会越大。进口需求函数可以表示为

$$M = M_0 + mY$$

其中,M_0 表示自发进口,是本国无法生产的必需品,一般是为了维持经济社会正常运行必须要进口的资源等;m 是边际进口倾向,表示收入每增加1元,会有多少用于进口支出,m 是一个大于0,小于1的常数,表示进口与收入是正相关关系。

出口是外国对本国产品和劳务的需求,意味着本国收入有一部分来自国外。本国的出口便是外国的进口,主要由外国的收入、消费习惯、经济结构等因素决定,本国对出口的影响很小,从这个意义出发,我们在分析中可以把出口看作一个常量。

当四部门经济中的总产出等于总支出时,宏观经济就达到了均衡。类似地,我们也可以在45°线图上画出四部门经济中的总支出曲线,这条线与45°线的交点就是经济均衡点,对应的收入为均衡收入。

四部门经济中的均衡条件可以表示为

$$Y = C + I + G + NX = C + S + T$$

整理得

$$I = S + (T - G) + (M - X)$$

这里,S 表示本国私人储蓄,$T-G$ 表示本国的政府储蓄,$M-X$ 表示进口多于出口的部分,可以理解为外国在本国的储蓄,三项之和为经济中总的储蓄。这个均衡条件表明只有经济中的投资等于所有的储蓄,才能实现均衡。

参考资料　四部门经济中国民收入的决定

净出口是出口减去进口的差值,表示外国对本国的产品和劳务的净需求,净出口是总需求的一部分,其函数用公式可以表示为

$$NX = X - M = X - (M_0 + mY)$$

相应地,总支出中也要增加净出口这一项,表现在公式上为

$$AE = C + I + G + NX$$

代入消费函数和净出口函数,进而可以得到

$$\begin{aligned} AE &= C + I + G + NX \\ &= a - bT_0 + bTR + b(1-t)Y + I + G + X - (M_0 + mY) \\ &= [b(1-t) - m]Y + (a - bT_0 + I + G + X - M_0 + bTR) \end{aligned}$$

根据总产出等于总支出,以及四部门经济中总支出的表达式,可以得到均衡条件如下

$$\begin{aligned} Y &= a - bT_0 + bTR + b(1-t)Y + I + G + X - (M_0 + mY) \\ &= [b(1-t) - m]Y + (a - bT_0 + I + G + X - M_0 + bTR) \end{aligned}$$

从中可以解得四部门经济中的均衡国民收入为

$$Y^* = \frac{a + I + G + X + b(TR - T_0) - M_0}{1 - b(1-t) + m}$$

实际求解中,只要已知消费函数、投资支出、政府支出和净出口函数,就可以算得均衡的国民收入。

例如,假设已知 $T = 60 + 0.2Y$, $TR = 40$, 消费函数 $C = 200 + 0.5Y_d$, $I = 160$, $G = 250$, $X = 150$, $M = 50 + 0.1Y$, 则均衡国民收入为

$$\begin{aligned} Y &= \frac{200 + 160 + 250 + 150 + 0.5(40 - 60) - 50}{1 - 0.5(1 - 0.2) + 0.1} \\ &= 1\,000 \end{aligned}$$

重要问题3　四部门经济中国民收入如何决定?

四部门经济包括家庭部门、企业部门、政府部门和对外经济部门。在总支出方面,包括消费、投资、政府支出和净出口,根据总产出等于总支出可以得到方程,均衡条件为

$$I = S + (T - G) + (M - X)$$

即投资等于本国私人储蓄、政府储蓄、外国在本国的储蓄之和构成的总储蓄时,总体经济实现均衡。

第四节 乘数理论

重要问题
1. 为什么会出现乘数效应？
2. 乘数效应的大小取决于什么因素？
3. 主要的乘数有哪些？

一、乘数效应

总支出决定总产出，如果总支出的增加，必然会带来总产出的增加，但是，产出的增加与支出的增加是不是等同的呢？如果总支出增加 100 亿元，总产出是不是也增加 100 亿元呢？

我们可以借助一个具体的例子来探讨这个问题。已知在一个两部门的经济中，消费函数为 $C=600+0.5Y$，$I=400$，则均衡的产出水平为

$$Y = \frac{600+400}{1-0.5} = 2\,000$$

现在，企业部门决定增加投资 100，投资支出为 $I=500$，相应的均衡产出水平为

$$Y = \frac{600+500}{1-0.5} = 2\,200$$

乘数效应
总支出某个项目出现某个增量，能够带来总产出以数倍于这个增量的增长，其中的倍数关系就是乘数，总支出这种对总产出放大的效应就被称为是乘数效应。

我们发现，国民收入增加了 200，而不是 100，总支出的增加能带来总产出更高水平的增加。总产出的增加是总支出增加的某个倍数，这个倍数就被称为乘数，总支出增加对经济总产出的这种放大效应就被称为是乘数效应。总支出中每一项增加都能产生乘数效应，形成不同的乘数。本例中产出增加是由于投资增加引起的，相应的乘数称为投资乘数，此外还有政府支出乘数、税收乘数、转移支付乘数等。

乘数效应也可以反映在图表上，在图 3-5 中，初始的总支出曲线是 AE，初始的国民收入水平为 Y^*；企业决定增加投资 ΔI，使得总支出曲线从 AE 向上移动到 AE'，总产出水平也从 Y^* 增加为 Y^{**}。从图中可以直观地看出，投资支出的增加 ΔI 明显小于总产出水平的增加 ΔY，一个较小的总支出增加带来了总产出的一个较大的增加。

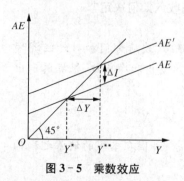
图 3-5 乘数效应

二、乘数效应的形成机制

那么,为什么会产生乘数效应呢?在我们的例子中,为什么投资增加了 100,产出会增加 200 呢?这是因为总支出和总收入之间存在着互动的关系,总支出决定总产出,产出的产品和劳务销售后形成经济中总收入,但这些总收入并没有就此"沉淀"下来,其中的一部分将形成消费支出,构成新一轮总支出的一部分,进而带来总产出的进一步增长。如此循环往复,总产出得到了多次的增长,直到总支出增加完全被经济体"吸收"。

就这个例子来说,投资支出增加 100,将带来投资品的产出增加 100,这些新增产出将转化为经济中的总收入,使要素所有者的收入增加 100。

但这个扩张过程没有到此结束,要素所有者的收入增加 100,他们会按照边际消费倾向相应增加消费水平。本例中,边际消费倾向为 0.5,要素所有者的消费会增加 50,这形成了新一轮的总支出增加。

新一轮的总支出增加了 50,必然会带来总收入增加 50,新增的收入中又有 $50 \times 0.5 = 25$ 用于消费,从而形成再一轮的总支出增加……

总支出增加就是这样多次带动总产出增加的,然而,这种增长的效应不是没有止境的,每一轮新增加的总支出都会小于上一轮,总支出的增加将逐渐被经济体"吸收"掉。

本例中,第一轮支出增加为 100,第二轮支出增加为 $100 \times 0.5 = 50$,第三轮为 $50 \times 0.5 = 25$……加总起来是一个收敛的等比数列,总支出将增加:

$$100 + 100 \times 0.5 + 100 \times 0.5^2 + 100 \times 0.5^3 + \cdots$$
$$= \frac{100}{1-0.5} = 200$$

正好与我们算得的结果相同。需要指出的是,总支出减少也能产生乘数效应,使得经济中总产出以总支出减少的乘数倍下降,本例中,投资乘数为 2,意味着如果投资支出减少 100,那么总产出也将减少 200。

重要问题 1   为什么会出现乘数效应?

乘数效应源于总支出和总收入之间存在着互动关系,总支出决定总产出,总支出增加,将增加经济中的总产出和总收入,这些新增的总收入并没有就此"沉淀"下来,其中的一部分将形成消费支出,称为新一轮总支出的增加,进而带来总产出的进一步增长。

如此循环往复,总产出能够得到多次的增长,直到总支出增加完全被经济体"吸收"。最终,总产出增加的总量将数倍于总支出的原始增量,也就是形成了乘数效应。

网络资源

斯坦福大学提供的网络经济学资源链接:

http://www-sul. stanford. edu/depts /ssrg/econ/econ1. html

三、影响乘数效应大小的因素

从分析中可以看出,在两部门经济中,边际消费倾向决定了每一轮总支出增加的大小,从而决定着乘数效应的大小。每一轮总支出的增加都会小于上一轮,因为有一部分没有被消费而成为储蓄,从经济中"漏出",边际消费倾向越小,这种漏出就越多,则乘数效应就越小,反之,如果边际消费倾向越大,则每一轮的漏出就越少,乘数效应就越大。

在三部门经济中,也存在着乘数效应,但是扩张效果要比两部门经济小,这是因为多出了一项漏出。在三部门经济中,家庭需要向政府缴纳税收,每一轮总支出增加,都会使总收入增加,收入增加的一部分以税收的形式交给了政府,不能形成下一轮的支出,税收成为储蓄之外的另一个漏出。如果税率越高,则漏出越严重,乘数效应就越小,如果税率越低,则漏出越少,乘数相应就越大。

四部门经济中,进口成为另一个漏出,乘数效应进一步减小。对于每一轮增加,总有一部分收入用于购买外国的产品,把一部分收入转移了出去,不能参与下一轮的循环。如果边际进口倾向越大,则漏出就越多,乘数效应就越小,如果边际进口倾向越小,则漏出越少,乘数效应就越大。

网络资源
美国哥伦比亚大学的斯蒂格利茨是2001年诺贝尔经济学家获得者,他为我们提供了学习宏观经济学的网页,里面有相关的笔记可以下载,还推荐了很好的参考书目。网址:http://www-columbia.edu/if2023/macro1phd.html

参考资料 乘数的计算

一、定义法

我们可以从乘数的定义出发,推导投资乘数与边际消费倾向的关系,也就是投资乘数的计算公式。

更一般地,我们假设消费函数为 $C = a + bY$,初始投资水平为 I_1,初始产出水平为 Y_1;投资水平增加到 I_2,通过乘数效应使产出水平增加到 Y_2。则投资水平和产出水平的增加分别为

$$\Delta I = I_2 - I_1 \quad \text{和} \quad \Delta Y = Y_2 - Y_1$$

由 $Y = \dfrac{a+I}{1-b}$,可知

$$\Delta Y = Y_2 - Y_1 = \frac{a+I_2}{1-b} - \frac{a+I_1}{1-b}$$

$$= \frac{I_2 - I_1}{1-b} = \frac{1}{1-b} \Delta I$$

即 $\Delta Y = \dfrac{1}{1-b} \Delta I$,其中 $\dfrac{1}{1-b}$ 便是投资乘数,类似地,我们还可以求得自发消费乘数为 $\dfrac{1}{1-b}$。

二、导数法

用定义的方法去计算两部门经济中的乘数还不算麻烦,如果需要计算三部门、四部门经济中的乘数则会非常复杂,其实我们可以把总产出 Y 看作总支出各部分的函数,分别求总支出各个部分与总产出 Y 的偏导,从而得到相应的乘数。

比如要求三部门经济中政府支出的乘数,从三部门经济中均衡收入的表达式出发

$$Y = \frac{a - b(T_0 - TR) + I + G}{1 - b(1-t)}$$

求得相应偏导数为

$$\frac{dY}{dG} = \frac{1}{1 - b(1-t)}$$

三部门经济中政府支出乘数为 $\frac{1}{1-b(1-t)}$,类似地,还可以求得三部门经济中投资乘数为 $\frac{1}{1-b(1-t)}$,税收乘数为 $-\frac{b}{1-b(1-t)}$ 等。由于税收是一种漏出,因此税收乘数为负,表示税收增加会导致收入以倍数减少。

例如,已知经济中 $T = 60 + 0.2Y$,$TR = 40$,消费函数 $C = 200 + 0.75Y_d$,$I = 160$,$G = 250$,试求自发消费乘数、税收乘数和投资乘数

$$自发消费乘数 = \frac{1}{1-b(1-t)} = \frac{1}{1-0.75(1-0.2)} = 2.5$$

$$税收乘数 = -\frac{b}{1-b(1-t)} = -\frac{0.75}{1-0.75(1-0.2)} = -1.875$$

$$投资乘数 = \frac{1}{1-b(1-t)} = \frac{1}{1-0.75(1-0.2)} = 2.5$$

用这个方法,还可以方便地求得四部门经济中各乘数的大小。比如求四部门经济中的自发进口乘数,也是从四部门经济中均衡收入的表达式出发

$$Y = \frac{a + I + G + X + b(TR - T_0) - M_0}{1 - b(1-t) + m}$$

相应偏导数为

$$\frac{dY}{dM_0} = -\frac{1}{1 - b(1-t) + m}$$

这就是自发进口乘数,其符号为负,因为进口是把国内支出的一部分

转移到外国产品上了,是国内支出的一种减少,必然会降低国内总产出水平。自发进口乘数表示进口增加一个单位,会导致总产出下降 $\dfrac{1}{1-b(1-t)+m}$ 个单位。

重要问题 2　乘数效应的大小取决于什么因素?

乘数效应的大小取决于经济中漏出的大小,包括边际消费倾向、税率和边际进口倾向。

如果经济中的漏出越大,则每一轮的总支出增加就会减少得更快,相应的乘数效应就越小,反之,如果漏出越小,则乘数效应就越大。

可以据此得出,两部门经济中的乘数效应比三部门经济大,三部门经济中的乘数效应比四部门经济大。

四、几个主要的乘数

1. 投资乘数

考察不同部门经济中的投资乘数,会得到不同的数值,在两部门经济中投资乘数为 $\dfrac{1}{1-b}$,三部门经济中的投资乘数为 $\dfrac{1}{1-b(1-t)}$,四部门经济中的投资乘数为 $\dfrac{1}{1-b(1-t)+m}$。由于 $0<t<1$、$0<m<1$,容易推得

$$\frac{1}{1-b(1-t)+m}<\frac{1}{1-b(1-t)}<\frac{1}{1-b}$$

即投资乘数在两部门经济中要大于在三部门经济中,在三部门中要大于在四部门经济中。这是因为,三部门和四部门经济中存在税收和进口,这两项都是对总支出的漏出,降低支出增加对产出增加的作用。

从表达式可以看出,投资乘数与边际消费倾向是正相关的,边际消费倾向越高,意味着每一轮支出增加所带来的收入增加中,会有更多的部分形成消费支出,带来下一轮产出的更大增长。投资乘数与边际税率负相关,边际税率越高,表示增加的收入中有更大的一部分交给了政府,减少了可支配收入,从而减少了消费支出。投资乘数与边际进口倾向负相关,边际进口倾向越高,表示支出的增加会有更大的一部分流向了外国产品,减少了对国内总产出的作用。

2. 政府支出乘数

准确地说,政府支出乘数是指政府购买性支出乘数,刻画的是政府购

买性支出增加与其所带来的总产出增加之间的倍数关系。政府支出乘数对制定经济政策具有重要的意义,能够增加经济政策的有效性。假设政府想通过增加政府支出使总产出增加1 000亿元,如果测算得政府支出乘数为2,则政府支出需要增加500亿元,如果政府支出乘数为4,则只需要增加250亿元。

三部门经济中政府支出乘数为$\dfrac{1}{1-b(1-t)}$,四部门经济中政府支出乘数为$\dfrac{1}{1-b(1-t)+m}$,政府支出乘数与边际消费倾向正相关,与边际税率和边际进口倾向负相关。

3. 税收乘数

税收乘数指的是自发税收乘数。增加税收将减少可支配收入,带来消费支出的减少和总产出水平的下降;减少税收则会增加可支配收入,增加消费支出,促成总产出水平的上升。这种关系体现为税收乘数的符号是负的。

税收的直接作用对象是可支配收入,而不是总支出,税收变化需要通过边际消费倾向对总支出施加影响。比如投资或政府支出增加1 000亿元,都直接带来总支出增加1 000亿元,而政府减税1 000亿元,使得可支配收入增加1 000亿元,假设消费倾向为0.6,则其中只有600亿元形成消费,总支出只增加了600亿元。

三部门经济中的税收乘数为$-\dfrac{b}{1-b(1-t)}$,四部门经济中的税收乘数为$-\dfrac{b}{1-b(1-t)+m}$。税收乘数的绝对值表示乘数效应的大小,符号表示乘数效应的方向。税收乘数的绝对值与边际消费倾向正相关,与边际税率和边际进口倾向负相关。

4. 平衡预算乘数

平衡预算乘数反映的是政府在增加一笔购买性支出的同时增加同等数额的一笔税收,因此带来的总产出增加与支出或税收增加额的倍数关系。

平衡预算乘数可以由政府支出乘数和税收乘数相加得到,三部门经济中,平衡预算乘数为$\dfrac{1}{1-b(1-t)}-\dfrac{b}{1-b(1-t)}=\dfrac{1-b}{1-b(1-t)}$。可以看出,如果政府实行的是比例税,则平衡预算乘数小于1,表示同时增加某个数额的政府支出和税收,带来的总产出增加将小于这个数额;如果政府实行的是定量税,即$t=0$,则平衡预算乘数为1,表示同时增加某个数额的政府支出和税收,总产出将增加同样的数额。

 参考资料　中国的投资乘数分析

计算结果显示,由于我国全社会的边际消费倾向MPC较低,仅有 0.523 8,因而我国全社会的投资乘数也较低,只有 2.1,表明投资增加 1 元最终引致国民收入增加 2.1 元。据其他学者的研究,我国居民的边际消费倾向 MPC 一度非常高,1952—1977 年间,边际消费倾向高达 0.985 3,1978—1986 年,边际消费倾向降至 0.831 9。这说明,随着居民可支配收入的提高,居民收入的增量中用于消费支出的份额在减少,而用于储蓄的份额在增多,这种变化的趋势非常明显。

考虑到自 1992 年我国正式确立建立社会主义市场经济体制的改革目标以来,各项改革措施陆续出台,如教育、医疗、社会保障体制的改革,这些改革在 1990 年代后半期又遭遇了经济增长持续下滑、通货紧缩日益严重、新的消费热点不明显等一系列的不利局面,使得居民对于未来的收入和支出存在大量的不确定性预期,出现了以往所没有的"有钱无处花、有钱不敢花、有钱不愿花"的现象,导致居民现期消费更加谨慎,加大了储蓄的比重,最终使全社会投资的乘数效应不能很好地发挥出来。

——改编自王军、谢瑞,"中国投资乘数的实证分析",《投资研究》,2001 年第 7 期。

重要问题 3   主要的乘数有哪些?

主要的乘数有投资乘数、政府支出乘数、税收乘数和平衡预算乘数,分别表示不同的变量增加与由此引起的总产出增加之间的倍数关系。其中投资乘数主要研究企业部门增加投资对经济的影响;政府支出乘数具有很大的政策意义;税收乘数的符号为负,表示税收的变动与产出的变动是反方向的;平衡预算乘数在比例税的情况下小于 1,在定量税的情况下等于 1。

本章小结

1. 宏观经济均衡是指总体经济处于一种相对稳定的状态,在这种状态下,各宏观经济变量之间的相互作用达到某种均衡,彼此不再变化。从理论上来看,总需求决定总供给,总供给与总需求相等,宏观经济达到均衡,事后进行统计,宏观经济总是均衡的;从现实中来看,我们引入存货的概念,把产出多于支出视为非意愿存货增加,把产出少于支出视为非意愿存货减少,从而使得总产出等于总支出,宏观经济达到均衡。

2. 消费是总需求中最主要的部分,影响消费的主要因素是收入,收入越高,消费水平就越高。消费之外的收入用于储蓄,收入也是影响储蓄的主要因素，两者是正相关关系。

3. 消费理论研究的是除了收入之外，还有哪些因素对消费水平产生影响。生命周期假说认为消费不仅取决于收入，还取决于财富水平和边际消费倾向；持久收入假说认为消费是稳定的，并取决于人们的一生中所有收入的平均值，即持久收入；相对收入假说认为消费不仅与自己的收入有关，还与周围人的收入有关，消费水平还受到自身以前收入的影响。

4. 国民收入在宏观经济均衡中决定，宏观经济均衡意味着总产出等于总支出。在两部门经济中，总支出包括消费和投资；在三部门经济中，总支出包括消费、投资和政府支出；在四部门经济中，总支出包括消费、投资、政府支出和净出口。

5. 乘数效应是指总支出的增加（减少）能够引起总产出数倍的增加（减少）。乘数效应是由于总产出与总支出之间的互动关系引起的，总支出决定总产出，总产出增加形成新的收入，这部分新增收入会有一部分用于消费，形成下一轮的支出增加，引起总产出进一步扩张。这种相互作用多次循环，导致总产出数倍增加。

6. 主要的乘数包括投资乘数、政府支出乘数、税收乘数和平衡预算乘数。

本章练习题

1. 什么是宏观经济均衡，宏观经济均衡是怎样实现的？
2. 两类宏观经济变量是如何相互作用的？
3. 什么是自发消费？对于贫富程度不同的国家来说，自发消费会有什么不同？
4. 试从边际消费倾向与收入的关系、总产出与总收入的关系出发，谈谈西部大开发、振兴东北对我国经济持续发展的意义。
5. 根据消费与储蓄的关系，结合消费函数和储蓄函数，推导 MPC 与 MPS、APC 与 APS 之间的关系。
6. 简述几种主要的消费理论，你认为消费水平还受到哪些因素的影响？
7. 政府税收、购买性支出以及转移支付是如何影响总支出的？
8. 举例说明为什么收入越高，进口需求就越大。
9. 已知两部门经济中消费函数为 $C=150+0.5Y$，$I=100$。
   (1) 求均衡的国民收入。
   (2) 如果实际产出为 400，则经济处于怎样的一种状态？非意愿存货投资如何变化？
   (3) 企业决定增加投资 100，总产出将增加多少？
   (4) 假设投资保持不变 $I=100$，而社会消费习惯发生了改变，消费函数变为 $C=200+0.6Y$，这将如何影响均衡收入和投资乘数。
10. 已知消费函数为 $C=100+0.75Y_d$，$I=200$，$G=125$，$TR=100$，

比例税税率为 0.2。

(1) 求均衡国民收入。

(2) 计算投资乘数、政府支出乘数、转移支付乘数和平衡预算乘数。

(3) 其他条件不变，考虑对外开放，假设净出口函数为 $NX = 100 - 0.1Y$，则均衡国民收入和各项乘数将发生什么变化？为什么？

网络学习导引

网络地址：国家统计局网站http://www.stats.gov.cn/。

检索路径：国家统计局网站 → 统计数据 → 年度统计数据 → "综合"+"最近年份" → 第三章"国民经济核算" → "3-15 各地区最终消费及构成"。

网络应用：仔细分析这个表格，比较各地农村居民消费和城镇居民消费在居民消费（= 农村居民消费 + 城镇居民消费）中所占的比重。找出你所在的省份城市，这个比例是怎样分布的？

分组讨论：你会注意到在一些省份或城市，农村居民消费在居民消费（= 农村居民消费 + 城镇居民消费）中所占的比重高于城镇居民消费，把这些省份城市挑选出来，讨论一下为什么会出现这种情况，你可能要考虑人口分布的因素。

第四章

货币与银行

学习目标
- 熟悉货币的定义与层次划分,了解货币的功能
- 了解银行体系的构成,掌握存款创造和货币供给的原理
- 熟悉各类货币需求,熟练掌握货币市场的均衡条件

基本概念

货币 银行体系 存款创造 基础货币 货币乘数 货币需求 流动性陷阱

参考资料
- 我国货币层次的划分
- 更为完整的存款乘数
- 货币乘数的推导
- 日本经济是否陷入了流动性陷阱
- 货币需求函数与货币需求曲线

上一章介绍了国民收入在宏观经济均衡中的决定问题,我们在一开始就假设经济中价格水平是不变的单位1,所有的经济变量既是名义值,又是实际值,在这样的假设下讨论均衡实际上没有考虑货币因素对经济的影响,而现实经济中货币因素是至关重要的,深刻地影响着经济的方方面面,有时候这种影响甚至是决定性的。因此,货币问题是宏观经济学需要研究的重要问题。

本章将介绍货币在经济中的作用、银行体系的货币创造和货币需求,并在此基础上介绍货币市场的均衡,为后面开展更全面的分析做准备。

第一节 货 币

重要问题

1. 各层次货币是如何划分的?
2. 货币具有哪些功能?

一、货币的定义与层次划分

很多人认为货币就是我们平时所说的钱,其实这是一种片面的认识,货币泛指被普遍接受的各种交易媒介和支付手段,包括广泛的内容,钱只是货币的一个小部分。根据流动性的不同,可以把货币划分为不同的层次。

流动性指资产转变为现实支付能力的难易程度,如果某项资产很难转变为现实的支付能力,或者需要为此付出较大的成本,则这项资产的流动性就是低的;如果某项资产能够迅速地变现,并且无需承担损失,则这项资产的流动性就是高的。比如,口袋里的现金无疑是流动性最高的,可以马上用来买任何东西;与现金相比,银行活期存款的流动性就比较低,需要先取出现金才能够用来支付,为此花费的时间就是一种成本;如果是定期存款,则流动性更低了,定期存款的支取时间受到限制,如果提前支取则需要交纳罚金。

具体来说,按照流动性从高到低,货币可以作如下的层次划分。

1. M_0

M_0指流通中的现金,也被我们称之为钱,包括各种面值的钞票和硬币。这部分货币是流动性最高的,我们日常生活中的商品劳务交换主要是以现金为媒介而实现的。流通中的现金是最小意义上的货币。

2. M_1

M_1包括流通中的现金和各种活期存款,活期存款指能够随时用于支付的存款,包括支票存款和信用卡存款等。流通中的现金主要是个人日常支付采取的媒介形式,而各种公司、企事业单位之间的交易多采取支票作

货币
被普遍接受的各种交易媒介和支付手段,包括流通中的现金、各类银行存款和其他流动性资产等。可以根据流动性的不同,可以把货币划分为不同的层次。

流动性
指资产转变为现实支付能力的难易程度,如果能很方便地转化,则流动性高,反之,流动性就低。

为支付方式。使用支票存款只要在银行存入一定的金额开立支票账户，就可以随时向这个账户签发支票以支取款项，因而具有较高的流动性。我们习惯把 M_1 称为狭义货币。

3. M_2

M_2 包括 M_1 和各种储蓄存款和定期存款。储蓄存款和定期存款都是购买力的暂时储存，很容易变成现金，因此，应该包括在货币的范围内。我们习惯上把 M_2 称为广义货币。

4. M_3

M_3 包括 M_2 和其他短期流动资产，其他短期流动资产是指国库券、银行承兑汇票和商业票据等，这些资产的到期日比较近、兑现有保障，在到期之前可以通过贴现的方式转化为现实支付能力，但是要承担一定的费用，因而也具有一定的流动性。

对于不同层次的货币，可以根据不同的需要进行选择分析，对于一般的宏观经济分析来说，比较重视狭义货币和广义货币这两个指标。

 参考资料　我国货币层次的划分

上文介绍的是理论上的货币层次划分方法，具体到每个国家，划分方法可能不完全一样。

表　我国历年年底各层次货币数量(亿元)

年　份	M_0	M_1	M_2
1993	5 864.7	16 280.4	34 879.8
1994	7 288.6	20 540.7	46 923.5
1995	7 885.3	23 987.1	60 750.5
1996	8 802.0	28 514.8	76 094.9
1997	10 177.6	34 826.3	90 995.3
1998	11 204.2	38 953.7	104 498.5
1999	13 455.5	45 837.3	119 897.9
2000	14 652.7	53 147.2	134 610.4
2001	15 688.8	59 871.6	158 301.9
2002	17 278.0	70 881.8	185 007.0

资料来源：《中国金融年鉴(2003)》。

我国于1994年正式确定了货币层次划分方法，并定期公布各层次货币供应量的数据。具体的划分是这样的：

M_0＝流通中的现金

M_1＝M_0＋企业活期存款＋机关团体部队存款＋农村存款
　　　＋个人持有的信用卡类存款

M_2＝M_1＋城乡居民储蓄存款＋企业存款中具有定期性质
　　　的存款＋信托类存款＋其他存款

$$M_3 = M_2 + 金融债券 + 商业票据 + 大额可转让定期存单等$$

其中 M_2 减去 M_1 剩下的部分称为准货币。上表列出了历年年底我国各层次货币供应量的数据。

重要问题 1　各层次货币是如何划分的?

货币包含广泛的内容,根据流动性从高到低,可以把货币划分为这么几个层次:

$$M_0 = 流通中的现金$$
$$M_1 = M_0 + 支票存款$$
$$M_2 = M_1 + 活期存款和定期存款$$
$$M_3 = M_2 + 其他短期流动资产$$

二、货币的功能

货币主要有四种功能:交易媒介、价值尺度、价值储存和支付手段。

1. 交易媒介

货币最基本的功能是作为一般等价物,充当商品交换的媒介。在货币出现之前,交易采取的是以物易物的方式,交易双方必须互相需要对方的物品才能交换,比如牧羊人想用一只羊来换取一件衣服,他必须找到一个能够提供衣服且需要一只羊的裁缝才能完成交易,他可能要花很多的时间和精力才能找得到这样的人,这样交易的成本非常高。

货币产生以后,交易就方便多了,由于货币为人们普遍接受,人们只要把自己的物品换成货币,然后就可以用货币去买自己想要的东西,从而摆脱交易对象的限制。这个牧羊人卖出一只羊,取得货币后就可以去买衣服了,即使这个裁缝并不需要羊,但是只要他接受货币,交易也能够完成。货币的产生大大提高了交易的效率。

2. 价值尺度

货币还是衡量商品价值的尺度。不同的物品必须要用统一的标准来衡量才能够比较,正如我们用公斤来衡量不同物品的重量一样,所有商品的价值都统一以货币来标价,才能明确地揭示出其价值的大小,而且只有这样,不同商品之间的价值才具有可比性,才能确定它们之间交换的比率。

我们在核算 GDP 的时候,需要考察千千万万种不同的商品,正是通过计算其货币价值,才得以对它们加总。

3. 价值储存

货币的第三种功能是价值储存。货币可以把暂时不用的价值储存起来，我们的牧羊人卖完羊以后取得了货币，实现了价值，但可能不想马上去买衣服，那他就可以把这部分价值以货币的形式储存起来，等到想买的时候再动用。

货币的价值储存功能把现在的购买力转化为将来的购买力，增加了人们的选择余地，提高了他们的效用水平。

4. 支付手段

货币还可以用于延期支付，对于所有延期付款的公共债务或私人债务，都可以用货币来衡量和支付。比如某人从商店里赊了一件商品，一个星期后再以货币偿还这笔债务，这里货币并不是发挥交易媒介的功能，因为交易事先已经完成了，货币发挥的是事后的支付手段功能。

货币发挥支付手段的功能是以信用关系作为基础的，需要当事人双方之间存在信用关系，一方允许另一方推迟付款，另一方如期履行承诺。货币发挥支付手段的功能，使得商品在没有现金的情况下也能流通，能够促进经济的发展。

重要问题2　货币具有哪些功能？

货币主要有四种功能：

交易媒介——作为一般等价物，充当商品和劳务的交换媒介。

价值尺度——衡量商品的价值，确定不同商品和劳务的交换比率。

价值储存——以货币的形式保存已经创造的价值。

支付手段——以货币衡量和支付延期的债务。

第二节　银行体系与货币供给

重要问题

1. 各种银行可以分为哪些种类？
2. 商业银行如何进行存款创造？
3. 基础货币如何转化为货币供给？

一、银行体系

我们在日常工作、生活中，总在与各种各样的银行打交道，这些数量众多的银行可以划分为中央银行、商业银行和政策性银行三类。

1. 中央银行

中央银行
一个最高的金融管理当局，负责监管商业银行和其他金融机构、调节货币供应量和利率、制定并执行货币政策。

中央银行是一国的金融管理机构，虽然被称为是银行，但是并不经营银行业务，不追求利润最大化，是一个超脱于一般银行之外的政府管理部门。中央银行负责监督管理商业银行和其他金融机构、调节经济中的货币供应量和利率、制定并执行货币政策，以确保国民经济稳定、健康地发展。

中央银行的职能可以概括为发行的银行、银行的银行和政府的银行，中央银行通过履行这些职能，发挥着调节经济运行的作用。

（1）发行的银行。中央银行是一国经济中唯一的纸币发行机构，垄断了纸币的发行权。通过这种垄断权，中央银行可以根据经济发展的需要，适时调节经济中的货币供应量。

网络资源
中国人民银行网站上有很多宏观金融数据，特别是定期发布的季度货币政策执行报告，非常有利于我们的学习。网址：
http://www.pbc.gov.cn

（2）银行的银行。中央银行既是商业银行的监管者，也为商业银行提供服务。中央银行负责保管商业银行的准备金（下文将详细介绍）、办理商业银行之间资金清算并充当商业银行的最终贷款人。

（3）政府的银行。中央银行经办政府的财政收支、代理政府的金融事务并为政府提供资金融通。作为最高的金融管理机构，中央银行负责制定各种金融法规，执行对商业银行的监督管理。

我国的中央银行是中国人民银行，美国的中央银行是联邦储备局，日本的中央银行是日本银行，英国是英格兰银行，法国是法兰西银行。

2. 商业银行

商业银行
经营货币业务的企业，通过货币资金存贷、提供清算理财服务、信息咨询等活动谋求利润的最大化。商业银行构成银行体系的主体。

商业银行是经营货币业务的企业。通过货币资金存贷、提供清算理财服务、信息咨询等活动，谋求自身利润的最大化。商业银行是银行体系的主体，是唯一能够接受活期存款的金融机构，经济中的货币供给量正是通过商业银行的存款创造和收缩形成的。

我们平时接触最多的就是商业银行，商业银行向个人、各类企业提供存款、贷款、结算等服务，从中赚取利差、收取手续费。我们银行体系的主体是四大国有商业银行：中国农业银行、中国工商银行、中国建设银行和中国银行，四家国有商业银行拥有整个银行体系大部分的资本和业务量；此外，许多股份制商业银行也取得了较大的发展，其中包括交通银行、光大银行、上海浦东发展银行和深圳发展银行等。

3. 政策性银行

政策性银行
为了贯彻国家政策而设立的金融机构，目的在于为相关行业提供资金支持，而不是追求利润最大化。

政策性银行是为了贯彻国家政策而设立的金融机构，国家通过政策性银行向需要发展的行业部门发放优惠贷款，提供资金支持。设立政策性银行的目的是为了政策需要，而不是寻求利润，从这个意义上来说，政策性银行与商业银行存在本质的不同。

我国的政策性银行有三家：中国农业发展银行、中国进出口银行和国家开发银行。

重要问题1　各种银行可以分为哪些种类？

各种银行数量众多,根据它们的性质不同,可以划分为三类:

中央银行——作为金融监管机构,负责监管商业银行和其他金融机构、调节货币供应量和利率、制定并执行货币政策。

商业银行——经营货币业务的企业,通过货币资金存贷、提供清算理财服务、信息咨询等活动谋求利润的最大化。

政策性银行——为了贯彻国家政策而设立的金融机构,为相关行业提供资金支持,不追求利润最大化。

二、存款创造与货币供给

1. 存款创造

存款创造是指支票存款的初始增加经过商业银行的辗转放贷,会形成多倍于初始增量的存款总量。存款创造的产生需要具备两个条件:部分准备金制度和部分现金提取。

客户在商业银行拥有支票存款,随时都可能会提取现金,准备金就是商业银行为预防客户提现而准备的资金。客户可能会一下子把所有的存款都提出来,从这个意义上来说,商业银行每接受一笔支票存款,都要全部留存以备客户提取,因此,所有的支票存款都应该视为是商业银行的准备金。

但现实中不太可能出现所有的支票存款都被提现的情况,商业银行为了获利,一般也不会把所有的支票存款都放着不动,只会把其中一部分留存以备客户提取,而把剩下的部分拿去放贷以赚取利润。商业银行留存备提的金额占存款的比率称为准备金率,作为监管机构,中央银行规定了一个最低的准备金率,称为法定存款准备金率,各商业银行为支票存款留存的准备金数量不得低于这个要求。

法定存款准备金率都是小于1的,可以想象,如果法定准备金率为100%的话,全部的支票存款都将作为法定准备金而不得放贷,就谈不上什么存款创造了。

部分现金提取是指当商业银行把扣除法定准备金后的存款放贷出去,借款人一般不会全部以现金的方式全部提取,这笔钱只是划到他的银行账户上,需要使用的时候通过支票在银行系统内部转账,不会全部流出银行系统。

我们可以假设法定存款准备金率为20%,张三在A银行存入10 000元,A银行把其中的20%,即2 000元留做法定准备金,把剩下的8 000元贷给了李四。

李四用这笔钱向王五购买了一套沙发,王五又把这笔货款存入B银

☞ **存款创造**
支票存款的初始增加经过商业银行的辗转放贷,会形成多倍于初始增量的存款,这个过程被称为存款创造。

☞ **准备金**
商业银行为应付客户提款需求而准备的资金,包括商业银行的库存现金和在中央银行的存款。

☞ **准备金率**
准备金占存款的比率被称为准备金率。中央银行对此规定一个最低标准,称为法定准备金率;如果商业银行在最低要求之外还持有额外的准备,则额外部分占存款的比率就被称为超额准备金率。

行,同样地,B 银行把其中的 20%,即 1 600 元留做法定准备金,把剩下的 6 400 元贷给了赵六。

赵六用这笔钱向林七购买了一套桌椅,林七把这笔钱存入 C 银行,C 银行按照 20% 的准备金率要求,把 1 280 元留做法定准备金,把剩下的 5 120 元贷给了陈八……

就是这样,张三在 A 银行存入的 10 000 元经过辗转放贷,增加了银行系统的存款总量,把各银行增加的存款总量加起来就是:

$$10\,000 + 10\,000(1-20\%) + 10\,000(1-20\%)^2$$
$$+ 10\,000(1-20\%)^3 + \cdots$$
$$= 10\,000 \times \frac{1}{20\%} = 50\,000$$

把这个结论推而广之,以 r 表示经济中的法定存款准备金率,以 D 表示支票存款,以 R 表示银行准备金,则它们的增量有如下的关系:

$$\Delta D = \Delta R \cdot \frac{1}{r}$$

式中的 $\frac{1}{r}$ 被称为是存款乘数,反映了银行体系存款创造能力的大小。可以看出,法定准备金率越大,存款乘数就越小,因为准备金是对存款的一种漏出,法定准备金率越高,则存款漏出越多,可用于放贷的余额就越少,相应地存款创造的能力就越小。

> **存款乘数**
> 引起存款创造的初始准备金增量与存款创造所形成的存款增量之间的倍数关系被称为是存款乘数,反映了银行体系创造存款能力的大小。

> **现金漏损率**
> 借款人把贷款的一部分以现金的形式提取出来,这对存款创造是一种漏损,因此,提取的现金占存款的比率被称为现金漏损率。

参考资料　更为完整的存款乘数

以上介绍的是简单的存款创造过程,只考虑到了法定准备金这一种漏出,实际上还应该考虑其他两种漏出:超额准备金和现金提取。超额准备金是商业银行在法定准备金之外,还留存一部分存款不去放贷(可能是因为找不到好的贷款机会),显然,超额准备金也是对存款的一种漏出;现金提取是指借款人不把所有的贷款都放在银行,而提出一部分现金来,这也是对存款的一种漏出,会降低存款创造的规模。

当出现这两种漏出时,每一轮存款增加就要漏出其中的 ($r+e+k$),而不是原来的 r,存款创造的能力被削弱了,相应地,存款乘数的形式也应该发生改变。如果以 e 表示超额准备金率——超额准备金占存款的比例,以 k 表示现金漏损率——漏出现金占存款的比例,则存款乘数可以表示为 $\frac{1}{r+e+k}$,这是存款乘数更为完整的形式。

重要问题 2　商业银行如何进行存款创造?

由于部分准备金制度和部分现金提取,当商业银行接受一笔支票存款时,只需要保留一部分作为准备金,而把其余部分放贷出去;借款人以支票的形式使用贷款,不会全部提现;经过交易,这笔贷款又将存入商业银行系统,在扣除准备金后,剩下的部分再次被放贷;如此循环往复,一笔支票存款的初始增加将形成多倍于原始增量的贷款总量。

2. 基础货币与货币供给

存款创造反映了商业银行对支票存款的创造过程,根据我们对货币的层次划分,除了支票存款之外,货币(M_1)还应该包括流通中的现金,要分析经济中的货币供给,就要同时考察这两部分的内容。

我们把银行的准备金和流通中的现金合称为基础货币,根据我们的定义,货币供给量 M 应该包括流通中的现金和支票存款 D,它们之间的关系可以用图 4-1 表示。

☞ **基础货币**
流通中的现金和商业银行的准备金合称为基础货币,又称为高能货币,经过存款创造后,形成经济中的货币供给。

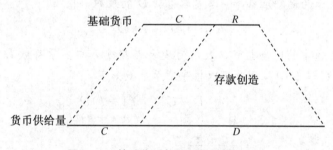

图 4-1　基础货币与货币供给量的关系

从图 4-1 中可以看出,基础货币中的现金直接构成货币供给量的一部分,但是货币供给量中的支票存款是由商业银行的准备金经过存款创造而得到的。基础货币经过扩张形成货币供给量,与货币供给量之间存在倍数关系,我们把这种倍数称为货币乘数。

☞ **货币乘数**
基础货币与货币供给量之间的倍数关系为货币乘数,主要是由银行准备金存款创造引起的,一般都大于1。

中央银行不能直接控制经济中的货币供应量,但是可以直接控制基础货币的数量,并且对货币乘数施加影响。从基础货币数量看,现金的投放数量直接由中央银行决定,而且中央银行可以通过调整法定准备金率,控制商业银行的准备金数量。

从货币乘数来看,由于影响货币乘数大小(即商业银行存款创造能力大小)的主要因素是实行规定的准备金比率,因此中央银行通过调整存款准备金比率也可以对货币乘数施加影响。

一般来说,中央银行有能力根据需要,适时地调控经济中的货币供给

网络资源

下面给出一些银行的网址，可以登录并了解各个银行的特点。

中国银行
http://www.bank-of-china.com
中国农业银行
http://www.abocn.com/
中国工商银行
http://www.icbc.com.cn
中国建设银行
http://www.ccb.cn/
交通银行
http://www.bank-comm.com
中国光大银行
http://www.ceb-bank.com/
上海浦东发展银行
http://www.spdb.com.cn/
深圳发展银行
http://www.sdb.com.cn/

三大政策性银行的网址：

中国农业发展银行
http://www.adbc.com.cn/
中国进出口银行
http://www.eximbank.gov.cn/
国家开发银行
http://www.cdb.com.cn/

量，因此，在我们以后的分析中，都把货币供给量作为一个既定的外生变量来对待。

 参考资料　货币乘数的推导

我们把银行的准备金和流通中的现金合称为基础货币，三者分别用 R、C 和 B 来表示，则它们之间的关系为

$$B = C + R$$

根据我们的定义，货币供给量 M 应该包括流通中的现金 C 和支票存款 D，其中支票存款由银行准备金经过存款创造而得到的

$$M = C + D$$

我们可以通过一个乘数把货币供给量与基础货币 B 联系起来，这个乘数就是货币乘数 m

$$M = m \cdot B$$

商业银行的准备金 R 包括法定准备金和超额准备金，其中法定准备金可以表示为法定准备率 r 与支票存款 D 的乘积，超额准备金可以表示为超额准备率 e 与支票存款 D 的乘积，即

$$R = r \cdot D + e \cdot D$$

流通中的现金也可以表示为现金漏损率 k 与支票存款 D 的乘积，即 $C = k \cdot D$，因此可以推导货币乘数如下

$$m = \frac{M}{B} = \frac{D+C}{R+C} = \frac{(1+k)D}{(r+e+k)D}$$
$$= \frac{1+k}{r+e+k}$$

 重要问题3　基础货币如何转化为货币供给？

基础货币包括流通中的现金和商业银行的准备金，货币供给包括流通中的现金和商业银行的支票存款，基础货币转换为货币供给的过程其实就是商业银行的准备金转化为支票存款的过程。

经过存款创造，准备金的增加将形成数倍于本身的支票存款，与流通中的现金一起形成经济中货币供给。基础货币与货币供给量之间存在一个货币乘数的关系，货币供给量等于基础货币乘以货币乘数。

第三节 货币市场均衡

重要问题
1. 如何区分不同的货币需求？
2. 货币需求和供给的变化如何影响货币市场均衡？

货币市场均衡是指经济中对货币的需求等于中央银行决定的货币供给，关于货币供给的内容，上一节已经介绍过了，本节将介绍货币需求问题，并在此基础上讨论货币市场的均衡。

一、货币需求动机

货币、股票、债券、房产等都是人们持有财富的形式，其中只有货币具有交易媒介的功能，因此人们愿意把财富的一部分以货币的形式持有，这就形成了对货币的需求。根据凯恩斯的观点，人们持有货币的需求可以分为三种。

1. 交易需求

人们持有货币的动机之一就是为了日常交易，对于个人或家庭来说，不能拿着存折、股票等去买菜、交水电费或进行其他日常生活中的支付；对于公司企业来说，也不能以存折、股票等形式发放工资、购买原材料等。人们往往是在固定的时间取得收入，但是日常支出却需要经常进行，收入和支出存在着不同步性，人们有必要在取得两次收入之间的时期内持有一部分货币，以满足日常交易的需要。

这部分货币需求与人们的收入成正比：个人或企业的收入越高，应付的日常支出就越多，相应地就需要为此持有更多的货币。

☞ **交易需求**
为了应付日常支出，人们需要持有一部分货币，由此产生的货币需求称为货币的交易需求。

2. 预防性需求

人们还需要为应付意外的支出而持有货币。一般来说，人们总能够对自己的收入和支出有个大致的了解，但现实生活是有很多不确定性的，随时需要面临各种意外的支出，比如突发的疾病、出现生产事故等，或者是一些意外的好机会，比如超市里衣服大减价。这些支出都是难以预料的，人们需要在正常开支计划外，为此预留一部分货币。

☞ **预防性需求**
人们为了应付意外事件或者把握意外的时机而持有货币，由此产生货币的预防性需求。

这部分货币需求也是与收入成正比的，收入高的人有能力持有较多的货币预防意外支出，而收入低的人在正常开支外少有剩余，也就不能为意外支出持有更多的货币。

3. 投机性需求

人们还需要持有一部分货币以在适当的时机进行投机活动。这部分

投机性需求

人们需要持有部分货币,以便在适当的时机买进或者卖出债券并获得利益,这部分货币需求称为货币的投机性需求。

货币需求与人们持有财富的形式有关,从是否产生利息的角度可以简单地把财富持有形式划分为货币和生息资产,其中生息资产以债券为代表。

人们持有货币可以方便地用于支付各种交易,即获得了比较高的流动性,但是却不能产生利息收入;而持有债券等生息资产能够获得利息收入,并可以通过生息资产的低买高卖获取价差收入,但是流动性比较低。在这里,投机活动就是指人们比较这两种财富持有形式的成本和收益,在适当的时机买进或卖出债券以获利。

显然,债券的利息是与利率成正比的,而债券的价格则与利率成反比,利率越高,债券的价格就越低;利率越低,债券的价格就越高。比如一张年利息为 5 元的债券,如果价格为 100,则利率为 5%,如果价格为 50,则利率为 10%。

这样,在利率较高的时候,人们就倾向于更多地持有债券而减少持有的货币,即货币的投机性需求比较低,一方面,能够获得较高的利息收入,另一方面,由于利率较高,债券的价格就比较低,这时候买进来,等到价格上涨时再卖出去就能获得价差收入。反之,在利率较低的时候,人们就倾向于减少债券而更多地持有货币,即货币的投机需求比较高。

投机性货币需求存在两种极端情况,一种是利率很高的时候,此时债券的价格非常低,人们相信利率即将下降,债券的价格即将上升,他们会把所有为投机持有的货币都用来购买债券,此时货币的投机性需求为零;另一种是利率很低的时候,人们相信利率即将上升,此时货币的投机性需求无限大,人们不管手头持有多少货币,都不会去购买债券,这种情况被称为是"流动性陷阱",因为这种情况是由凯恩斯最先提出来的,所以也称为"凯恩斯陷阱"。

 流动性陷阱

指在利率很低的时候,人们充分相信利率不会再下跌,债券的价格只会下降不会上升,此时人们选择持有货币而不去购买债券,投机性货币需求无限大。在这种状态下,货币需求对利率变化完全不敏感。

 参考资料　日本经济是否陷入了流动性陷阱

1991 年,日本的泡沫经济破灭,随后经济陷入长期的萧条之中,经济增长率持续低迷,个别年份甚至出现负的增长率;与此同时,物价水平和平均工资水平也不断下降,导致日本居民的消费能力下降,而国内消费占到日本 GDP 的 60% 左右,国内消费的萎缩使得总需求严重不足,日本经济缺乏增长的动力。

整个 20 世纪 90 年代,日本经济一直处于萧条的状态,日本的国民财富持续下降,2001 年底日本的净资产为 2 907.6 万亿日元,比上一年减少了 56.2 万亿日元,以至于有人感叹这是"失去的十年"。

面对这样的情况,日本政府想方设法刺激经济的复苏,其中最主要的措施就是实行扩张性的财政政策和货币政策,但是政策的效果并不明显。

扩张性的货币政策包括降低利率、增加货币供应量。日本的中央银行连续下调利率,1995年日本的货币市场利率下降到了1%的水平,1998年下降到0.37%,1999年2月至2000年8月甚至实行了零利率政策,但是经济并没有因此而复苏。正因为如此,国内外很多经济学家认为日本经济陷入了"流动性陷阱"。

"流动性陷阱"源于20世纪30年代的大萧条,当时利率接近于零,人们的投机性货币需求无限大,增加货币供给不能降低利率,更不能增加经济中的产出。对比日本的情况,可以说日本的经济的确具备了"流动性陷阱"的一些特征。

虽然日本银行不断地降低利率、增加货币供应量,但是并没有刺激经济中的投资,中央银行增发的货币只是在商业银行内部流动,没有进入到经济循环中,这有两个方面的原因:一是因为经济的不景气,增加了企业破产的风险,银行不愿意向企业发放贷款。这样做的负面影响是比较大的,因为日本企业的融资方式主要就是通过银行进行间接融资,如果银行不愿发放贷款,相当多的企业就难以生存发展。

另一方面,银行为了提高自身的抗风险能力,倾向于增加存款准备金,从而把大量的货币滞留在银行系统内部。这样造成的后果就是货币乘数下降,虽然日本银行不断增加基础货币,但是经济中的货币供应量并不能相应扩张,货币政策归于无效。

网络资源

各国中央银行网址:
美联储
http://www.federalreserve.gov/
英格兰银行
http://www.bankofengland.co.uk
法兰西银行
http://www.banque-france.fr
德意志联邦银行
http://www.bundesbank.de
日本银行
http://www.boj.or.jp/

重要问题1 如何区分不同的货币需求?

根据持有的动机不同,货币需求可以分为三种:

交易需求——由于收入与支出是不同步的,人们需要持有一部分货币用于日常支出。

预防性需求——经济中存在不确定性,需要持有一部分货币,以预防意外事件、把握意外时机。

投机性需求——人们持有货币和生息资产的成本和收益不断地发生改变,人们需要持有部分货币,以在适当的时机买进或卖出债券获取利益。

二、货币需求函数

在一开始就需要明确,我们的货币需求函数讨论的是实际货币需求,即从名义货币需求中扣除了价格变动的因素,以 M_d 表示名义货币需求,以 P 表示价格水平,则实际货币需求可以表示为 $\frac{M_d}{P}$。

实际货币需求由两部分组成,一部分是货币的交易需求和预防性需求,这部分需求主要与收入有关;另一部分是货币的投机性需求,主要与利率有关。因此,实际货币需求与收入和利率相关,是收入和利率的函数,我们用 L 来表示实际货币需求,则有 $L=L(y,r)$。

用横轴表示实际货币需求,纵轴表示利率,我们可以得到如图 4-2 所示的货币需求曲线。可以看出,货币需求曲线其实包括两个部分:在利率 r_0 之上为一条向下倾斜的直线,表示在收入不变的情况下,利率的下降将使货币需求上升;在 r_0 之下则是一条水平线,这是处于

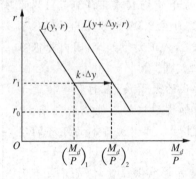

图 4-2 货币需求曲线

"流动性陷阱"的情况,此时利率水平极低,投机性货币需求变得无限大。

收入的变动将使得货币需求曲线发生位移。如图 4-2 所示,在利率保持不变的情况下,收入的增加将使得每一个利率水平上的货币需求都相应增加,表现为货币需求曲线向右移动。例如,在利率水平为 r_1 时,由于收入的增加,货币需求由 $\left(\dfrac{M_d}{P}\right)_1$ 的水平增加到 $\left(\dfrac{M_d}{P}\right)_2$ 的水平。具体来说,收入每增加 Δy,都将使货币需求曲线向右移动 $k \cdot \Delta y$ 个单位。反之,如果收入下降,则货币需求曲线将向左移动。

> **参考资料　货币需求函数与货币需求曲线**
>
> 货币的交易需求和预防性需求主要与收入有关,与收入成正比,可以把这两项合并起来作为货币需求函数的一个部分
>
> $$L_1 = L_1(y) = ky, k > 0$$
>
> 其中 k 是货币需求的吸入弹性系数或称收入系数。货币的投机性需求主要与利率有关,与利率成反比,可以用公式表示为
>
> $$L_2 = L_2(r) = -rh, h > 0$$
>
> 其中 h 是货币需求的利率弹性系数或称利率系数。把这两项合并起来就可以得到货币需求函数
>
> $$\dfrac{M_d}{P} = L(y, r) = L_1(y) + L_2(r) = ky - rh$$
>
> 我们可以进一步推导货币需求曲线的表达式,把 r 表示为 $\dfrac{M_d}{P}$ 的函数,即得到
>
> $$r = \dfrac{k}{h} y - \dfrac{1}{h} \cdot \dfrac{M_d}{P}$$

以横轴表示实际货币需求,纵轴表示利率,可以得到如下的货币需求曲线。

货币需求曲线反映的是在收入不变的情况下,利率与实际货币需求之间的关系。货币需求曲线可以分为两部分:第一部分是位于 r_0 之上的一条向下倾斜的直线,斜率为 $-\dfrac{1}{h}$;第二部分是平行于横轴的直线,表示"流动性陷阱"的情形,此时利率很低,货币的投机性需求无限大。

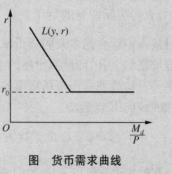

图　货币需求曲线

三、货币市场均衡

货币市场的均衡是指经济中对货币的需求等于中央银行确定的货币供给。前面我们讨论过,货币供给是由中央银行控制的,在货币市场均衡的分析中可以把货币供给看作一个外生变量,以 M_s 来表示。这样,结合货币需求函数,货币市场的均衡条件就可以表示为

$$M_s = M_d$$

如用实际变量表示,可整理为

$$\frac{M_s}{P} = \frac{M_d}{P} = M_d$$

上式中,M_s 表示的是名义货币供给,$\dfrac{M_s}{P}$ 表示的是实际货币供给,M_d 表示实际货币需求,货币市场的均衡就是实际货币供给等于实际货币需求——除非特别说明,后面的论述中提及货币供给和货币需求都是指实际的情况。以横轴表示实际的货币数量,纵轴表示利率,可以把货币供给和货币需求表示在如下的图形上,其中货币供给表现为一条垂直于横轴的直线,这是因为货币供给由中央银行控制,不受利率变化的影响。

正如在一般商品市场上一样,当商品的供求关系不平衡时,商品价格就发挥调节的功能,使供给和需求达到一致;在货币市场上,货币就是商品,利率就是货币的价格,当货币市场出现不平衡时,利率就发挥相应的调节作用,以平衡货币供给与货币需求的关系。

如图 4-3 所示,货币供给曲线和货币需求曲线的交点 E 代表货币市场的均衡状态,对应着均衡的实际货币数量 $\left(\dfrac{M}{P}\right)^*$ 和均衡利率 r^*。

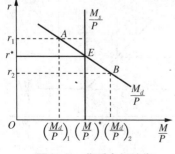

图 4-3　货币市场均衡

当货币市场出现不均衡时,就会通过利率的变化进行调整。图4-3中的 A 点就表示货币市场处于一个不均衡的状态:利率 r_1 高于均衡水平,人们实际持有的货币数量 $\frac{M_s}{P}$ 多于其意愿持有的货币数量 $\left(\frac{M_d}{P}\right)_1$。这时候人们就会把多余的货币拿去购买债券,增加了对债券的需求并带来债券价格的上升,而债券价格的上升意味着利率水平的下降。这个购买过程将一直持续到货币市场均衡的实现,表现为在图形上就是 A 点沿着货币需求曲线向 E 点运动。

在 B 点,利率 r_2 低于均衡水平,人们实际持有的货币数量 $\frac{M_s}{P}$ 少于意愿持有的货币数量 $\left(\frac{M_d}{P}\right)_2$,他们将抛售手中的债券,增加货币持有并造成利率上升,直到实现货币市场均衡,表现为 B 点沿着货币需求曲线运动到 E 点。

利率引起货币需求的变化,表现在图上就是沿着货币需求曲线的运动;当其他影响实际货币需求的因素发生改变时,比如收入或价格水平出现变动,就表现为整个货币需求曲线的位移。

如图4-4所示,开始的时候,实际货币需求处在 $\left(\frac{M_d}{P}\right)_1$ 的水平,相应的均衡利率为 r_1,均衡的实际货币数量

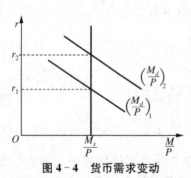

图4-4 货币需求变动

为 $\frac{M_s}{P}$;后来,由于收入增加(或者是由于价格水平下降),使得实际货币需求增加至 $\left(\frac{M_d}{P}\right)_2$ 的水平,相应地,货币需求曲线向右移动,新的均衡利率为 r_2,均衡的实际货币数量仍然是 $\frac{M_s}{P}$。

可以看出,由于货币供给曲线是条垂直线,所以它始终代表着均衡的货币数量,经济中不会出现货币供给量的过剩或短缺,如果货币需求发生了变化,将完全反映在利率上,而均衡的货币供给量不会改变。在图4-4中,货币需求由 $\left(\frac{M_d}{P}\right)_1$ 上升到 $\left(\frac{M_d}{P}\right)_2$ 的水平,导致均衡利率由 r_1 上升至 r_2,而均衡的货币供给量始终保持在 $\frac{M_s}{P}$ 的水平。

当实际货币供给发生改变时,货币供给曲线将发生位移,并改变均衡的利率和货币供给量。如图4-5所示,在货币需求 $\frac{M_d}{P}$ 不变的情况下,由于中央银行增加名义货币供给(或者

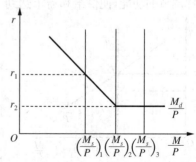

图4-5 货币供给变动

价格水平下降）导致实际货币供给增加,使得货币供给曲线由$\left(\frac{M_s}{P}\right)_1$水平右移到$\left(\frac{M_s}{P}\right)_2$,相应地,均衡的利率水平由$r_1$下降为$r_2$,均衡的货币供给量从$\left(\frac{M_s}{P}\right)_1$的水平增加到$\left(\frac{M_s}{P}\right)_2$的水平。

考虑当经济处在流动性陷阱的时候,货币供给的增加只能带来货币供给量的变动,而不能改变利率水平,因为这时候增加的货币供给全部被人们持有在手中,而不会用于购买债券,因此也不会带来利率的变动。在图中,利率水平为r_2时产生了流动性陷阱,如果实际货币供给进一步由$\left(\frac{M_s}{P}\right)_2$增加至$\left(\frac{M_s}{P}\right)_3$,则只能使均衡的货币供给量发生变化,而利率将仍然维持在的r_2水平。

 重要问题2　货币需求和供给的变化如何影响货币市场均衡?

收入提高带来货币需求的增加,这将使货币的价格——利率上升,但是由于货币供给是中央银行控制的外生变量,需求上升不能改变均衡的货币量。同样,如果收入下降,货币需求减少,也只能使利率下降,而均衡的货币量不变。

货币供给增加会使均衡利率下降,均衡的货币量增加;货币供给减少将使均衡利率上升,均衡货币量减少。如果经济处于流动性陷阱中,货币供给的变化只能改变均衡的货币量,而不能改变均衡利率。

本章小结

1. 货币泛指被普遍接受的各种交易媒介和支付手段。根据流动性的不同,货币可以划分为M_0、M_1、M_2和M_3四个层次。M_0指流通中的现金,M_1包括M_0和各类活期存款,M_2包括M_1和各类储蓄存款和定期存款,M_3包括M_2和其他短期流动资产。货币具有交易媒介、价值尺度、价值储存和支付手段的功能。

2. 银行体系包括中央银行、商业银行和政策性银行。中央银行是一国金融管理机构,负责制定执行货币政策,监管各类金融机构。商业银行是经营货币业务的企业,追求自身利润最大化。政策性银行是为了贯彻国家政策而设立的金融机构,为相关产业提供资金支持。

3. 经济中实行部分准备金制度和部分现金提取。当一笔存款存入商业银行系统时,商业银行就可以辗转放贷,使得银行系统的存款总量以原始增量的数倍增加,这个过程称为存款创造,存款的增加总量与原始增量之间的倍数关系称为存款乘数。

4. 商业银行的准备金和流通中的现金构成基础货币,支票存款和流通中的现金构成货币供应量。基础货币经过数倍扩张,形成经济中的货币供应量,货币供应量与基础货币之间的倍数关系称为货币乘数。

5. 货币需求包括交易需求、预防性需求和投机性需求三类。交易需求是为了日常交易而持有货币,预防性需求是预防意外情况而持有货币,这两部分需求都与收入成正比;投机性需求是为了把握获利机会而持有货币,主要与利率相关,两者成反比。

6. 货币市场均衡要求货币需求与货币供给相等,货币市场失衡时,利率水平将发生变动,直到均衡实现。当收入变化时,货币需求相应改变,从而影响货币市场均衡,货币需求增加使均衡利率提高,货币需求减少使均衡利率下降。货币供给由中央银行控制,可以视为外生变量,货币供给增加使均衡利率下降,货币供给减少使均衡利率提高。

本章练习题

1. 什么是流动性,如何根据流动性来划分货币层次?
2. 货币的主要功能有哪些?
3. 中央银行具备哪些职能?
4. 为什么商业银行可以进行存款创造?
5. 什么是存款准备金率?
6. 存款乘数和货币乘数有何区别?
7. 人们为什么需要持有货币?
8. 为什么债券的价格与利率是负相关关系?
9. 什么是"流动性陷阱"?
10. 结合图形,分析货币需求变动和货币供给变动对货币市场均衡的影响。
11. 已知货币的交易需求和预防性需求为 $L_1 = 0.1y$,投机性需求为 $L_2 = 1000 - 400r$,

(1) 假设收入为 50 000,货币供给量为 10 000,价格水平为 2。求均衡的利率水平。

(2) 在收入不变的情况下,如果中央银行把货币供应量增加为 11 000,则均衡的利率水平如何改变?

(3) 在货币供给量为 10 000,价格水平为 2 的情况下,如果收入增加为 60 000,则货币市场均衡如何改变?

网络学习导引

网络地址:中国人民银行网站http://www.pbc.gov.cn/。

检索路径:中国人民银行网站→报告与统计数据→"2003 年"→货币概况。

网络应用：观察各月份货币和准货币各组成部分的数据，计算各月货币和准货币的环比增速（当月数据比上月数据），你能联系当时的宏观经济形势对你的计算结果进行分析吗？

分组讨论：回到网站首页，进入"人行简介"，人民银行有哪些主要职责？与你的同学讨论一下这些职责的意义。

第五章

商品市场与货币市场的均衡

学习目标
- 明确投资与利率之间的关系,了解投资理论的主要内容
- 熟练掌握 IS 曲线的含义及推导,熟悉引起 IS 曲线斜率变化和位置移动的因素
- 熟练掌握 LM 曲线的含义及推导,熟悉引起 LM 曲线斜率变化和位置移动的因素
- 能够利用 IS - LM 模型,深入分析双市场均衡及其变动、失衡及其调整

基本概念

　　投资　托宾 q　IS 曲线　LM 曲线　IS - LM 模型

参考资料
- 西方投资理论的新发展——不可逆投资理论
- IS 曲线的推导
- IS 曲线的斜率
- LM 曲线的推导和斜率
- 双市场均衡状态的求解
- 关于 ZS - LM 模型

在第三章中,我们介绍了商品市场均衡下国民收入的决定问题,其实那只是简单的商品市场均衡。为什么这么说呢?因为第三章讨论商品市场均衡的时候,没有考虑到货币因素的影响。当时,我们假设利率和投资都是不变的,没有考察利率对投资的影响。由于投资是总需求中重要的组成部分,本身也是活跃的经济变量,所以应该考虑到商品市场均衡问题中来。

在第四章中,我们认识了货币市场的基本特征,分析了货币市场均衡和利率变动等内容。在此基础上,我们将分析更完全的商品市场均衡问题,讨论利率变动如何影响投资,进而影响总需求和商品市场均衡。

在这一章,我们还将从商品市场均衡出发,推导出反映商品市场均衡的 IS 曲线,并结合货币市场,推导出反映货币市场均衡的 LM 曲线。然后,把 IS 曲线和 LM 曲线联立起来,讨论商品市场与货币市场共同达到均衡的情形。

第一节 投 资

重要问题

1. 投资函数包含哪些经济学含义?
2. 各种投资理论包括哪些内容?

在此前的分析中,我们一直都把投资作为不变的常量来对待,实际上,投资是非常活跃的经济变量,当经济处于增长时,投资会迅速增加;当经济走向衰退时,投资又会大幅下降。为了使我们进一步的分析更接近于现实,有必要考察投资变化对宏观经济的影响。

一、投资函数

宏观经济学中的投资概念特指当期新增的投资流量,不包括以前各期形成的资本存量。具体来说,投资包括家庭部门投资、企业部门的固定资产投资和存货投资,其中家庭部门投资主要指建设住宅。

投资受到很多因素的影响,比如利率、税收政策、投资风险等,其中,利率是影响投资的主要因素,两者之间是负相关关系,利率提高,投资就会减少,利率降低,投资就会增加。

投资一般都需要通过贷款融资才能进行,资金的价格,即利率就是进行投资需要承担的成本。如果利率提高,则投资的成本会增加,就会抑制投资需求,减少经济中的投资额;如果利率降低,则会减少投资成本,刺激投资需求,经济中的投资就会增加。

网络资源
登录国家统计局的网站,可以查询我国最近的投资数据,网址:
http://www.stats.gov.cn/

即使家庭或企业不需要借钱就能进行投资,也会受到利率因素的影响。对家庭和企业来说,利息收入是投资的机会成本,如果利率足够高,家庭或企业完全可能放弃投资,而把资金存入银行或者购买债券以赚取利息收入;如果利率比较低,则会鼓励家庭或企业进行投资。

把利率与投资的这种负相关关系反映在公式上,就可以得到投资函数,即

$$I=I(r)=e-dr$$

其中 e 代表自发性投资,这部分投资与利率无关,可以理解成企业或家庭为了正常的生产或生活必须进行的投资;d 代表投资对利率变化的敏感程度,如果 d 比较大,则表示投资对利率比较敏感,利率的较小变化导致投资出现较大的波动,如果 d 比较小,则表示投资对利率比较不敏感,利率的较大变化只能引起投资出现较小的波动。

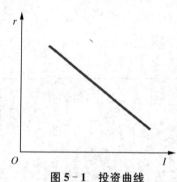

图 5-1 投资曲线

我们习惯上用纵轴表示利率,用横轴表示投资,根据投资函数可以得到如图 5-1 所示的投资曲线。

投资曲线是一条向右下倾斜的直线,曲线的斜率取决于投资对利率的敏感程度,如果投资对利率比较敏感,则投资曲线比较平坦;如果投资对利率比较不敏感,则投资曲线比较陡峭。投资曲线的位置取决于自发性投资的大小,自发性投资增大,投资曲线就向右平移;自发性投资减小,投资曲线就向左平移。

我们在讨论利率与投资关系的时候,还需要区分名义利率与实际利率的概念。名义利率就是公开宣布的利率,名义利率减去通货膨胀率就得到实际利率,比如名义利率是 6%,通货膨胀率是 2%,则实际利率就是 4%。实际利率是对名义利率的一种校正,反映借款人承担的实际成本,只有实际利率才是决定投资的真正因素,理性的投资者是根据实际利率的大小来做出投资决策的。

> **重要问题 1　投资函数包含哪些经济学含义?**
>
> 投资函数的形式为 $I=I(r)=e-dr$,反映了投资与利率之间的负相关关系。其中 e 为自发投资,表示为了基本生活或生产必须要进行的投资支出;d 表示投资对利率的敏感程度,d 越高表示投资对利率越敏感,越低就表示投资对利率越不敏感;r 是实际利率,从名义利率中扣除了通货膨胀的影响,实际利率是真正影响投资的因素。

二、投资理论

我们要介绍的投资理论其实只是关于固定资产投资的理论,企业的固定资产投资是投资中最大的部分,围绕着固定资产投资问题,经济学家们不断提出各自的观点看法,来解释是否投资、何时投资、投资多少以及何时停止投资等问题,这些观点看法总结起来就形成了各种投资理论。

1. 新古典投资理论

固定资产投资既包括购置新设备的净投资支出,也包括已有机器设备折旧引起的重置资本支出,这两部分支出受不同因素的影响。

新古典投资理论认为企业的净投资支出主要取决于资本的边际产量和资本的使用成本。如果资本的边际产量大于资本的使用成本,则企业会增加资本存量,进行投资;如果资本的边际产量小于资本的使用成本,则企业会减少资本存量,进行负投资。在资本存量达到稳定的状态、不再发生新的投资时,资本的边际产量与资本的使用成本相等。

企业的重置资本支出受到折旧率的影响,如果折旧率比较高,则企业需要承担更多的重置资本支出,总的投资支出就比较大;如果折旧率比较低,则企业的投资支出就比较小。

新古典投资理论说明了为什么投资与利率是负相关关系:利率上升增加了资本的使用成本,企业将减少投资支出;利率下降减少资本的使用成本,将鼓励企业增加投资支出。

2. 托宾 q 理论

q 理论是由诺贝尔经济学奖获得者詹姆斯·托宾提出的,这个理论把投资支出与股票市场联系起来,认为企业可以通过考察其已有资本在股票市场上的价值以及重新置办这些资本所需要的成本,来进行投资决策。

这个理论所考察的 q 就是企业资本的市场价值与重置成本的比率,即

$$q = \frac{\text{企业资本的市场价值}}{\text{企业资本的重置成本}}$$

q 可以理解为一个相对价格,表示企业以 1 元的成本置办的新资本,就可以在股票市场上卖出股票获得 q 元。如果 q 大于 1,就意味企业资本的股票市场价值大于重新置办这些资本的成本,企业可以通过置办新的资本,即进行投资来获取 $q-1$ 元的利润;如果 q 小于 1,就意味企业资本的股票市场价值小于重置成本,这时候企业就不会进行任何投资了。

 网络资源

托宾教授执教于耶鲁大学,是 1981 年诺贝尔经济学奖获得者,他的个人主页是:

http://cowles.econ.yale.edu/faculty/tobin.htm

📑 **参考资料 西方投资理论的新发展——不可逆投资理论**

现代宏观经济学中投资理论的发展大致经历了三个阶段:第一个阶段的理论被称之为新古典投资理论,是在 19 世纪 60 年代发展起来的,新古典投资理论考察的是稳定状态下的理想资本水平及其

决定因素之间的关系,分析的主要变量是产出和资金的使用成本。第二阶段以 q 理论的形成为标志,这个理论最早是由托宾在 1969 年提出,确立于 19 世纪 70 年代末、80 年代初,逐渐发展成为投资理论的主流。第三个阶段以不可逆性投资理论的形成为标志,主要在最近 20 年期间取得了较大的发展。

不可逆投资理论首先强调企业部门的固定资产投资具有不可逆性,这些投资支出用于置办长期使用的机器设备,这些投资含有沉淀性成本,一旦投入就不能够挽回;而且固定资产投资一般都是针对具体行业,建成后很难向其他行业转化。

该理论还强调固定资产投资决策需要面临很大的不确定性,投资能带来的未来收益是随机变量;如果不马上投资,投资机会并不会消失。在这种情况下,企业需要等待观望,等待成为有价值的行为。

对企业来说,需要比较投资的价值和等待的价值,如果投资的价值大于等待的价值,企业将进行投资;如果投资的价值小于等待的价值,企业将暂缓投资,观望经济形势的变化。

重要问题 2　各种投资理论包括哪些内容?

新古典投资理论和托宾 q 理论是比较成熟的投资理论。其中新古典投资理论认为企业的净投资支出主要取决于资本的边际产量和资本的使用成本,边际产量大于使用成本,企业就会进行投资;反之则进行负投资;企业的重置资本支出取决于折旧率,折旧率越高,相应的重置资本支出就越大,反之就越小。

托宾 q 理论考察企业资产的股票市场价值和重置成本,提出如果资产的市场价值大于重置成本,企业应该进行投资,如果资产的市场价值小于重置成本,企业应该停止投资。

第二节　商品市场均衡与 IS 曲线

重要问题

1. IS 曲线的斜率受哪些因素的影响?
2. 哪些因素会引起 IS 曲线的移动?

商品市场的均衡是指总产出、总收入等于总支出。这种均衡可能受到利率变化的影响,利率的变化将导致投资波动,引起总支出水平的改变,进而影响经济中的总产出和总收入,实现新的经济均衡。在商品市场均衡的动态调整过程中,利率和总收入之间形成了一种联动的关系,把这种关系反映在图形上就是 IS 曲线。

一、利率、投资与国民收入

经济中的投资支出的变动主要受利率变动的影响,而利率的变动一般是由货币供给量变动引起的,中央银行增加货币供给会导致利率水平下降,减少货币供给则会导致利率水平提高。利率下降会增加经济中的投资支出,利率提高则会减少投资支出。

投资支出是总支出的重要组成部分,投资的变化将通过投资乘数的作用影响总支出水平。投资增加会导致经济中的总支出水平增加,投资减少将减少经济中的总支出水平。

商品市场均衡要求总产出等于总支出,总支出水平发生变化,必然要求总产出进行调整,与新的总支出水平相等,实现商品市场的新均衡。总支出水平提高,必然增加总产出,从而增加总收入;总支出水平下降,就会导致总产出和总收入水平的下降。

这样,在商品市场均衡的动态调整过程中,利率与收入之间产生了密切的联系,利率提高将导致收入减少,利率降低将导致收入增加。这种关系可以用图 5-2 表示。

$$r \downarrow \longrightarrow I \uparrow \longrightarrow AE \uparrow \longrightarrow Y \uparrow$$
$$r \uparrow \longrightarrow I \downarrow \longrightarrow AE \downarrow \longrightarrow Y \downarrow$$

图 5-2 利率与收入的关系

二、IS 曲线的推导

IS 曲线又称为商品市场均衡曲线,反映商品市场均衡时利率与收入的关系,我们可以借助于总支出等于总产出的 45°线图,从商品市场均衡出发推导 IS 曲线。

> **IS 曲线**
> 又称为商品市场均衡曲线,反映在货币市场均衡时,收入与利率之间的负相关关系。

如图 5-3(a)所示,经济中初始总支出曲线为 AE_1,对应的利率水平为

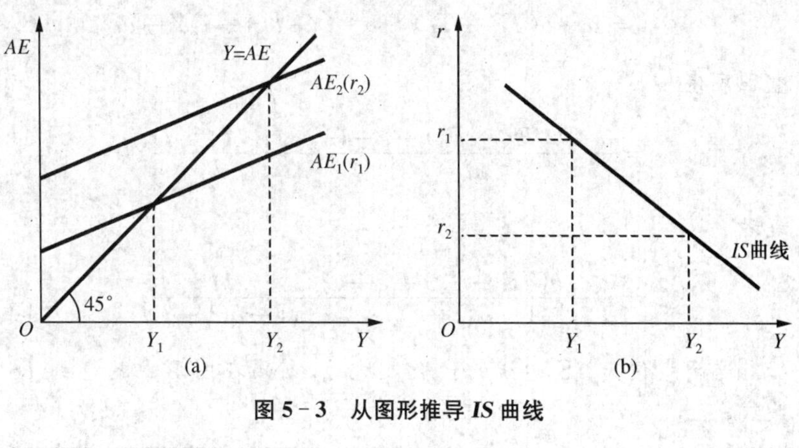

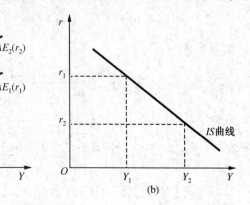

图 5-3 从图形推导 IS 曲线

r_1，总支出决定了与之相等的总收入 Y_1；假设中央银行增加货币供给量，使得利率从 r_1 降为 r_2，利率的降低增加了投资，从而增加了经济中的总支出水平，表现为总支出曲线向上平移至 AE_2 的位置。总支出增加，必然要求总产出、从而总收入相应增加，才能实现商品市场的均衡，表现为图中的均衡收入从 Y_1 增加至 Y_2。

(r_1, Y_1)、(r_2, Y_2) 这两对利率与收入的组合体现了商品市场均衡，把它们描绘在如图 5-3(b) 所示的空间里，并重复这个过程，可以得到一系列类似的点，用线把它们连接起来就得到了 IS 曲线。

参考资料　IS 曲线的推导

此前，我们在讨论总支出时，总是把投资作为一个常数来对待，考虑到投资的变化后，就需要修正我们的总支出函数，把投资函数列入其中，以三部门经济为例（其他部门经济的情况可以以此类推），新的总支出函数应该是：

$$\begin{aligned} AE &= C + I + G \\ &= a + b[(1-t)Y - T_0 + TR] + e - dr + G \\ &= [a + b(TR - T_0) + e + G] + b(1-t)Y - dr \\ &= A + b(1-t)Y - dr \end{aligned}$$

其中 $A = [a + b(TR - T_0) + e + G]$，这部分是不变的常量，既不受收入的影响，也不受利率的影响，为了分析的简便，把它们合并为一项内容。

我们可以借助总收入等于总支出的公式来得到 IS 曲线的代数表达式，也就是商品市场的均衡条件公式

$$\begin{aligned} Y &= AE = C + I + G \\ &= a + b[(1-t)Y - T_0 + TR] + e - dr + G \\ &= a + b(TR - T_0) + e + G + b(1-t)Y - dr \end{aligned}$$

整理可得

$$r = \frac{a + b(TR - T_0) + e + G}{d} - \frac{1 - b(1-t)}{d} Y$$

或者

$$Y = \frac{a + b(TR - T_0) + e + G}{1 - b(1-t)} - \frac{d}{1 - b(1-t)} r$$

这两式便是 IS 曲线的代数表达式，刻画在图形上就得到 IS 曲线。

三、IS 曲线的斜率

IS 曲线的斜率是负的,体现了利率和收入之间的负相关关系,而 IS 曲线的倾斜程度则体现在其斜率绝对值的大小上,斜率的绝对值越大,则 IS 曲线越陡峭,斜率的绝对值越小,则 IS 曲线越平坦。

首先,IS 曲线的倾斜程度取决于投资对利率的敏感程度。如果投资对利率比较敏感,对于一定的利率变动,将引起较大幅度的投资变动,即总支出水平出现较大的变动,这就要求总产出、从而总收入也要相应大幅变动才能与总支出相等,以达到商品市场的新均衡。在这种情况下,小幅的利率变动将引起总收入的较大幅度变动,体现在图形上就是 IS 曲线比较平坦。反之,如果投资对利率比较不敏感,一定的利率变动只能引起总收入的小幅变动,IS 曲线就比较陡峭。

其次,IS 曲线的倾斜程度还取决于投资乘数的大小。如果投资乘数比较大,对于一定的利率变化,相应的投资变动将引起较大的总支出变动,进而带来较大幅度的总收入变动,IS 就会比较平坦;反之,如果投资乘数比较小,对于一定的利率变化,相应的投资变动只会带来总收入较小幅度的变动,IS 曲线就比较陡峭。

图 5-4 中是两条斜率不同的 IS 曲线,曲线 IS' 要比曲线 IS 更平坦,表示投资对利率更敏感或者投资乘数更大。对于同样的利率变动,两条曲线揭示了不同的商品市场均衡。

对于利率从 r_1 下降为 r_2,曲线 IS 揭示了均衡产出将从 Y_1 增加到 Y_2,曲线 IS' 则表示均衡产出将提高为 Y_3,可以看出,Y_3 显然大于 Y_2,这是因为 IS' 代表投资对利率更敏感或者更大的投资乘数,同样的利率下降能够引起总产出更多的增加。

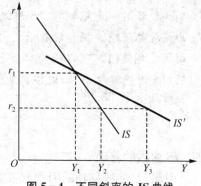

图 5-4 不同斜率的 IS 曲线

类似地,我们可以从图形中分析出,对于同样的利率提高,曲线 IS' 表示的均衡产出也比曲线 IS 所表示的均衡产出下降得更多。

参考资料 IS 曲线的斜率

IS 曲线的代数表达式为

$$r = \frac{a + b(TR - T_0) + e + G}{d} - \frac{1 - b(1-t)}{d} Y$$

可以看出,IS 曲线斜率的绝对值为 $\frac{1 - b(1-t)}{d}$,其中 d 表示投资对利率的敏感程度,$1-b(1-t)$ 是投资乘数的倒数。如果 d 越大,IS 曲线斜率的绝对值就越小,则 IS 曲线就越平坦;如果 d 越小,斜率的绝对值就越大,相应地 IS 曲线就越陡峭。

同样地,如果投资乘数 $\dfrac{1}{1-b(1-t)}$ 越大,则意味着 IS 曲线斜率的绝对值越小,IS 曲线就越平坦;如果投资乘数越小,斜率的绝对值就越大,IS 曲线就越陡峭。

由于投资乘数与边际消费倾向 b 正相关,与税率 t 负相关,可以很容易地进一步认识到,边际消费倾向越大,或者税率越低,IS 曲线就越平坦;边际消费倾向越小,或者税率越高,则 IS 曲线就越陡峭。

重要问题 1　IS 曲线的斜率受哪些因素的影响?

IS 曲线的斜率主要受投资对利率的敏感程度和投资乘数的影响。投资对利率越敏感,IS 曲线就越平坦;投资对利率越不敏感,IS 曲线就越陡峭。投资乘数越大,IS 曲线就越平坦;投资乘数越小,IS 曲线就越陡峭。可以进一步推得,边际消费倾向越大,或者税率越低,IS 曲线就越平坦;边际消费倾向越小,或者税率越高,IS 曲线就越陡峭。

四、IS 曲线的移动

引起 IS 曲线移动的因素有很多,其中主要的影响因素包括如下四个。

1. 自发消费

自发消费水平提高,意味着消费支出的增加,在其他条件不变的情况下,总支出水平得以增加,从而带来总收入的相应增加,这将导致 IS 曲线向右平移,右移的幅度等于自发消费增加乘以自发消费乘数,即 $\Delta Y = \Delta a \times \dfrac{1}{1-b(1-t)}$;如果自发消费水平降低,则 IS 曲线以相应的幅度向左平移。

2. 自发投资

自发投资水平提高,意味着在每一个利率水平上,投资支出都会增加,这会带来总收入相应增加,导致 IS 曲线向右平移,右移的幅度等于自发投资增加乘以自发投资乘数,即 $\Delta Y = \Delta e \times \dfrac{1}{1-b(1-t)}$;如果自发投资水平降低,则 IS 曲线以相应的幅度向左平移。

3. 转移支付和政府税收

如果政府增加转移支付或者减免税收,都会增加经济中的可支配收入,从而带来总收入增加,IS 曲线向右平移,右移的幅度取决于相应的乘数,即 $\Delta Y = \Delta TR \times \dfrac{1}{1-b(1-t)}$ 或者 $\Delta Y = \Delta T_0 \times \dfrac{1}{1-b(1-t)}$;反之,如果政府减少转移支付或者增加税收,都会减少经济中的总支出水平,导致 IS 曲线以相应幅度向左平移。

4. 政府购买支出

政府增加购买支出直接提高经济中的总支出水平,导致 IS 曲线向右平移,向右移动的幅度等于政府购买的增加乘以政府支出乘数,即 $\Delta Y = \Delta G \times \dfrac{1}{1-b(1-t)}$,政府减少购买支出将导致 IS 曲线以相应的幅度向左平移。

借助于图形,可以直观地分析这些因素变动导致 IS 曲线平移的过程。以政府购买支出变动为例,如图 5-5(a)所示,在其他条件不变的情况下,政府购买支出增加 ΔG,将导致均衡收入按照政府支出的乘数倍增加,在图上为表现总支出曲线向上平移 ΔG 个单位,Y_1 向右平移 $\dfrac{\Delta G}{1-b(1-t)}$ 个单位至 Y_2;总支出的这种增加将导致包括 $\bar{r}$ 在内的每一个利率水平上的均衡收入增加,反映在(b)图上,也就是 IS 曲线向右平移了 $\dfrac{\Delta G}{1-b(1-t)}$ 个单位。

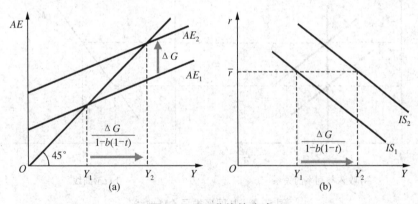

图 5-5 IS 曲线的移动

重要问题 2　哪些因素会引起 IS 曲线的移动?

能够引起 IS 曲线移动的因素很多,包括自发消费、自发投资、转移支付、政府支出和政府税收,其中前四项增加都将使 IS 曲线以相应乘数倍的幅度向右移动,减少则会使 IS 曲线以相应乘数倍的幅度向左移动;政府税收增加会使 IS 曲线以税收乘数倍的幅度向左移动,减少则会使 IS 曲线向右移动。

第三节 LM 曲 线

重要问题

1. LM 曲线代表什么含义？
2. LM 曲线的斜率受哪些因素的影响？
3. 哪些因素会引起 LM 曲线的移动？

一、LM 曲线的推导

📖 **LM 曲线**
又称为货币市场均衡曲线，反映在既定的货币供给水平上，货币市场均衡时收入与利率的关系。

LM 曲线又称为货币市场均衡曲线，反映在货币市场均衡时利率与收入之间的关系，因此，LM 曲线可以从货币市场均衡中推导得到。

货币需求与收入正相关，与利率负相关。收入的增加使得货币需求上升，在货币供给量不变的情况下，为了维持货币市场的均衡，利率必然要上升以平衡收入增加给货币需求带来的影响，使货币需求回归到原来的水平，保持货币市场的均衡。

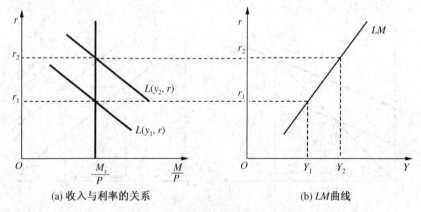

(a) 收入与利率的关系　　　　　　(b) LM 曲线

图 5-6　从图形推导 LM 曲线

具体地，从图 5-6 来看，初始货币需求曲线为图 5-6(a)中的 $L(Y_1, r)$，当收入从 Y_1 上升到 Y_2 时，引起各个利率水平上的货币需求增加，将使货币需求曲线右移至 $L(Y_2, r)$，均衡利率从 r_1 上升到 r_2。把这两对利率与收入的组合 (r_1, Y_1)、(r_2, Y_2) 描绘在图 5-6(b)中，重复这样的过程，就能够在图 5-6(b)中得到一系列类似的组合点，用线连接起来就得到 LM 曲线。

从推导的过程可以看出，LM 是使货币需求等于货币供给时所有利率与收入的组合，在 LM 上，每一点都代表着货币市场的均衡。

LM 曲线的斜率是正的，表示在货币供给固定的情况下，货币需求必须保持与货币供给相等，货币需求与收入正相关，与利率负相关，如果收入的增加带来了货币需求的上升,则必须由利率的上升来抵消这种影响;如果收入减少带来货币需求的下降,则必须由利率的下降来弥补这种影响。

  参考资料　LM 曲线的推导和斜率

LM 曲线也可以从公式推导得到,货币市场的均衡条件为

$$M_s = M_d = (ky - rh)P$$

在货币市场均衡时,M_s 与 M_d 是相等的,我们可以把它们的下标去掉,用 M 表示均衡时的货币数量,这样,货币市场的均衡条件就可以表示为

$$\frac{M}{P} = ky - rh$$

进而可以得到货币市场均衡时收入与利率的关系,即 LM 曲线的代数表达式:

$$r = -\frac{M}{hP} + \frac{k}{h}y$$

按照 LM 的代数表达式,也能得到与上面完全相同的 LM 曲线。从表达式可以看出,LM 曲线的斜率取决于 k 和 h,如果 k 越小、或者 h 越大,则曲线斜率就越小,LM 曲线就越平坦;反之,如果 k 越大、或者 h 越小,则曲线斜率就越大,LM 曲线就越陡峭。具体的经济含义将在下文介绍。

  重要问题 1　LM 曲线代表什么含义?

LM 曲线又被称为是货币市场均衡曲线,反映的是货币市场均衡时收入与利率的关系。在货币供给既定不变的情况下,收入提高带来货币需求上升,为了平衡这个影响,利率必须也要上升,使货币需求回归至均衡的水平;反之,收入降低必然导致利率也出现下降。在 LM 曲线上,收入和利率就体现为一种正相关关系。

二、LM 曲线的斜率

LM 曲线的斜率取决于货币需求的收入系数和利率系数,这一点也可以从代数表达式中看出。具体来说,如果收入系数值比较大,就意味着货币需求对收入比较敏感,收入出现较小的变动就能引起货币需求产生较大的变动,对于利率发生改变所引起的货币需求变动,只需要收入作一个较

小的调整就能够使之回归平衡,表现在图形上就是 LM 曲线比较陡峭;反之,如果 k 值比较小,则 LM 曲线就比较平坦。

如果货币需求的利率系数比较大,就意味着货币需求对利率比较敏感,利率较小的变动将造成货币需求发生较大的变动,收入需要做出较大的调整才能平衡利率变动对货币需求的影响,表现在图形上就是 LM 曲线比较平坦;反之,如果 h 比较小,则 LM 曲线就相应比较陡峭。

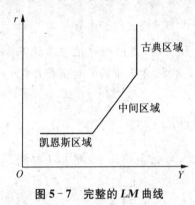

图 5-7 完整的 LM 曲线

如图 5-7 所示,完整的 LM 曲线还应该考虑投机性货币需求的两个极端情况,一种是利率很高的时候,投机性货币需求为零,货币需求对利率完全不敏感,即 h 接近于 0,此时 LM 曲线将接近于垂直状态,被称为是处于古典区域;另一种是处在流动性陷阱的时候,投机性货币需求无限大,货币需求对利率非常敏感,即 h 很大,此时 LM 曲线接近于水平状态,被称为是处于凯恩斯区域;在这两个极端情况之间,LM 曲线是向上倾斜的,处于中间区域。

> **重要问题 2** LM 曲线的斜率受哪些因素的影响?
>
> LM 曲线主要受货币需求的收入系数和利率系数的影响。货币需求的收入系数越高,意味着货币需求对收入变动越敏感,LM 曲线就越陡峭;货币需求的收入系数越低,LM 曲线就越平坦。
>
> 货币需求的利率系数越高,意味着货币需求对利率变动越敏感,LM 曲线就越平坦;货币需求的利率系数越低,LM 曲线就越陡峭。如果考虑投机性货币需求的两个极端情况,LM 曲线还包括近于平坦的凯恩斯区域和近于垂直的古典区域。

三、LM 曲线的移动

LM 曲线表示的是实际货币供给与实际货币需求相等时收入与利率之间的关系,对应着某个既定的实际货币供给量,如果实际货币供给量发生变化,LM 将相应地发生位移。

实际货币供给量是用名义货币供给量除以价格水平得到的,名义货币供给量由中央银行控制,当中央银行增加名义货币供给量或者价格水平下降时,实际货币供给量就会增加;当中央银行减少名义货币供给量或者价格水平上升时,实际货币供给量就会减少。

实际货币供给量增加,将降低货币的价格,即利率下降,使 LM 曲线向右移动。如图 5-8(a)所示，实际货币供给量从 $\left(\dfrac{M_s}{P}\right)_1$ 增加到 $\left(\dfrac{M_s}{P}\right)_2$，相应地，货币供给曲线发生右移，在收入 $\bar{y}$ 不变，从而货币需求曲线不变的情况下，均衡的利率水平从 r_1 下降为 r_2，这一变化反映在 5-8(b) 图中，就是曲线从 LM_1 右移到 LM_2。反之，如果实际货币供给减少，LM 曲线将向左移动。

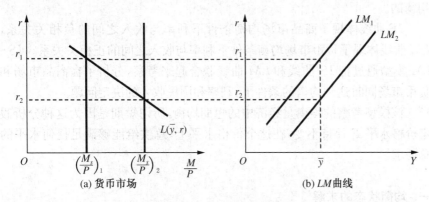

图 5-8 *LM* 曲线的移动

货币需求的变动也能够引起 *LM* 曲线发生位移，货币需求增加，均衡利率将上升，*LM* 曲线向左移动；货币需求减少，均衡利率将下降，*LM* 曲线向右移动。

> **重要问题 3** 哪些因素会引起 *LM* 曲线的移动？
>
> 在收入不变的情况下，实际货币供给增加会导致均衡利率水平的下降，从而使 *LM* 曲线向右移动；反之，实际货币供给减少将会使 *LM* 曲线向左移动。同样地，在货币供给不变的情况下，货币需求的增加将使均衡的利率水平上升，*LM* 曲线向左移动；货币需求的减少将使均衡的利率水平下降，*LM* 曲线向右移动。

第四节　*IS*-*LM* 模型

> **重要问题**
>
> 1. 均衡的利率和收入是怎样决定的？
> 2. 经济政策如何影响均衡状态？
> 3. 经济如何由失衡向均衡调整？

IS-LM 模型
通过把 IS 曲线和 LM 曲线联合起来考察,确定理想的利率和收入,以同时实现商品市场和货币市场的均衡。这个模型是进行短期宏观经济分析的核心工具。

利率与收入是相互作用的,一方面,在商品市场上,收入取决于支出,其中投资支出又取决于利率水平,利率决定了收入的大小;另一方面,在货币市场上,利率由货币的供求关系决定,在货币供给由中央银行控制的情况下,利率就取决于货币的需求,其中交易需求又取决于收入大小,收入决定了利率的高低。利率与收入正是在这种相互作用中实现均衡的。

IS 曲线体现了商品市场均衡条件下利率与收入之间的负相关关系,LM 曲线体现了货币市场均衡条件下利率与收入之间的正相关关系。IS-LM 模型通过把 IS 曲线和 LM 曲线联合起来考察,分析了在商品市场和货币市场同时达到均衡的条件下,利率和国民收入的决定问题。

该模型考察的均衡是经济中的短期均衡,所谓短期是因为这种分析假定价格水平 P 保持不变,在这个价格水平上,总供给能够满足任何水平的总需求。

一、均衡状态的求解

IS 曲线代表了商品市场均衡时利率与收入的关系,此时利率是决定性的变量,利率变动引起收入的变动,两者呈负相关关系;LM 曲线代表了货币市场均衡是利率与收入的关系,此时收入却是决定性的变量,收入变动引起利率变动,两者呈正相关关系。

可以看出,两个市场的均衡实际上是互为条件、互为前提的,收入和利率也是相互作用的,因此,只有把两条曲线结合起来,寻找它们的交点,才是两个市场同时达到均衡的状态,这个状态下的收入和利率能够同时满足两个市场的均衡条件。

如图 5-9 所示,把 IS 曲线和 LM 曲线放在同一个空间里,它们的交点 E 就代表商品市场和货币市场同时均衡的状态,对应的均衡利率和均衡收入分别为 r^* 和 Y^*。

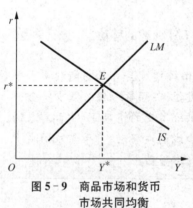

图 5-9 商品市场和货币市场共同均衡

> **参考资料 双市场均衡状态的求解**
>
> 均衡状态也可以通过 IS 曲线和 LM 曲线的代数表达式进行求解,也就是利用两个市场的均衡条件求解。我们已知 IS 曲线和 LM 曲线的代数表达式分别是
>
> $$IS: r = \frac{a+b(TR-T_0)+e+G}{d} - \frac{1-b(1-t)}{d}Y$$

$$LM: r = -\frac{M}{hP} + \frac{k}{h}Y$$

联立起来便可以求解得均衡的利率和收入。

在实际的求解过程中,只要从商品市场和货币市场的均衡条件出发,即从总收入等于总支出、实际货币供给等于实际货币需求出发,根据具体的条件构建具体的方程,然后就进行求解。

例如,已知经济中 $C = 50 + 0.8Y$,$I = 600 - 50r$,$G = 350$,$L = 0.25Y - 37.5r$,$\frac{M}{P} = 800$,求 IS 曲线和 LM 曲线的方程,并求解均衡的利率与收入。

首先根据总收入等于总支出,求解 IS 曲线方程

$$Y = C + I + G = 50 + 0.8Y + 600 - 50r + 350$$

整理得到 $\quad\quad\quad Y = 5\,000 - 250r \quad\quad\quad\quad (1)$

再根据实际货币供给等于实际货币需求,求解 LM 曲线方程:

$$800 = 0.25Y - 37.5r$$

整理得到 $\quad\quad\quad Y = 3\,200 - 150r \quad\quad\quad\quad (2)$

联立方程(1)和(2),可解得均衡的利率和收入分别为

$$r = 4.5 \quad\quad\quad Y = 3\,875$$

重要问题 1　均衡的利率和收入是怎样决定的?

两个经济变量在两个市场上相互作用的过程中实现均衡。这种相互作用表现在两条曲线上,IS 曲线表示商品市场均衡条件下利率与收入之间的负相关关系,LM 曲线表示货币市场均衡条件下利率与收入之间的正相关关系。这样两条曲线相交决定的利率和收入,必然能够同时使商品市场和货币市场达到均衡。

二、均衡状态的变动

商品市场和货币市场的均衡状态对应于特定的 IS 曲线和 LM 曲线,如果曲线发生了移动,则均衡状态也将相应变动。下面将结合图形,讨论不同情况下均衡状态的变动过程。

1. LM 曲线固定不变,IS 曲线移动

前面我们讨论过,自发消费、自发投资、政府税收、转移支付和政府支出的变化都能够改变 IS 曲线的截距,引起 IS 曲线相应乘数倍的移动。其

中政府税收和政府支出的影响尤其重要,这两项为政府直接控制,政府可以通过调整支出和税收来影响经济的运行。

如果政府实行扩张性的财政政策,即增加支出或减免税收,将增加经济中的总支出水平,进而引起总收入的增加,表现为 IS 曲线向右移动;如果政府实行紧缩性的财政政策,即减少支出或增加税收,将减少经济中的总支出水平,引起总收入的减少,表现为 IS 曲线向左移动。

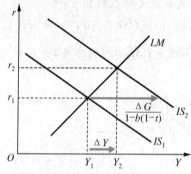

我们以政府增加支出为例来具体分析,如图 5-10 所示,政府增加 ΔG 单位的支出,将导致曲线从 IS_1 的位置向右移动到 IS_2,总支出的增加必然使总产出和总收入相应增加,在图形上表现为均衡收入从 Y_1 增加到 Y_2 的水平。

图 5-10 IS 曲线移动影响经济均衡

然而,比较 IS 曲线移动的幅度 $\frac{\Delta G}{1-b(1-t)}$ 和收入增加的幅度 ΔY,我们就会发现收入增加的幅度明显小于 IS 曲线平移的幅度,政府支出增加对总收入的放大作用没有完全体现出来,收入增加少于政府支出与相应乘数的乘积,这是为什么呢?

这是因为货币市场发挥了影响。政府支出增加使得总收入相应增加,在货币市场上,总收入增加将引起货币需求的上升,在货币供给不变的情况下,货币需求上升将带来利率水平的提高,在图形上表现为均衡利率从 r_1 提高到 r_2;在商品市场上,利率提高会导致投资支出减少,这就部分抵消了政府支出增加的效力,使得总收入增长幅度降低为 ΔY。这其实是政府支出对私人投资的挤出效应,我们在后面介绍经济政策的时候会详细讨论。

如果政府实行紧缩性的财政政策,使总支出减少,IS 曲线就向左平移,带来均衡利率和均衡收入的共同下降。

2. IS 曲线固定不变,LM 曲线移动

货币供给量的变动将引起 LM 曲线的移动,如果中央银行实现扩张性的货币政策,增加货币供给量,会导致 LM 曲线向右平移;如果中央银行实行紧缩性的货币政策,减少货币供给量,就会导致 LM 曲线向左平移。

如图 5-11 所示,中央银行增加货币供给,使曲线从 LM_1 的位置向右平移至 LM_2 的位置,货币供给的增加将降低利率水平,这将增加投资支出,带来总收入水平的相应提高,在图形上表现为均衡利率从 r_1 下降为 r_2,

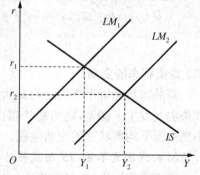

图 5-11 LM 曲线移动影响经济均衡

均衡收入从 Y_1 增加到 Y_2。

如果中央银行实行紧缩性的货币政策,减少货币供给,LM 曲线就向左平移,这将带来均衡利率的上升和均衡收入的减少。

3. IS 曲线和 LM 曲线共同移动

如果政府的财政政策和中央银行的货币政策同时实施,就导致 IS 曲线和 LM 曲线一起移动,达到新的均衡状态。具体会产生怎样的变化,需要看各种政策的力度和方向,可以利用上面介绍的知识具体推导得到。

重要问题 2　经济政策如何影响均衡状态?

财政政策影响 IS 曲线,货币政策影响 LM 曲线。扩张性的财政政策会导致收入增加和利率上升,紧缩性的财政政策会导致收入减少和利率下降;扩张性的货币政策导致收入增加和利率下降,紧缩性的货币政策导致收入减少和利率上升。

三、市场失衡及其调整

IS 曲线和 LM 曲线的交点是商品市场和货币市场的唯一均衡点,也就是说,除了这一点之外的所有点,都不能表示两个市场同时均衡的状态。下面,我们就市场失衡及其调整的问题进行分析。

首先,我们介绍单个市场的情况,在此基础上,再讨论双市场情况下的失衡及调整问题。

1. 商品市场的失衡

IS 曲线是商品市场达到均衡时所有利率与收入的组合点连线,在 IS 之外的所有点,都表示商品市场失衡的情况。

如图 5-12 所示,A 点为 IS 曲线左边的任意一点,B 点为 IS 曲线右边的任意一点,都表示商品市场处于失衡的状态。在 IS 曲线的左边,商品需求大于商品供给,在 IS 曲线的右边,商品供给大于商品需求。

利率决定投资水平,反映了对商品的需求。A 点表示当利率为 r_A 时,收

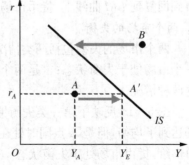

图 5-12　商品市场失衡

入水平为 Y_A,从图 5-12 中可以看出,对于 r_A 所代表的需求水平,需要 Y_E 的收入(产出)水平才能平衡,而 Y_A 明显小于 Y_E,因此,在 A 点,经济中的商品需求大于商品供给,也可以说是投资大于储蓄。

在这种情况下,商品供不应求,产出水平将不断提高,直到运动到 IS

曲线上的 A' 点为止，在 A' 点，产出能够满足 r_A 代表的商品需求。

同样的道理，B 点在 IS 曲线的右边，表示经济中的商品供给大于商品需求，储蓄大于投资，产出水平将下降，经济状态由 B 点向 IS 曲线回归，直到均衡为止。

2. 货币市场均衡

LM 曲线是货币市场均衡时所有利率和收入的组合点连线，在 LM 之外的点，都表示货币市场处于失衡的状态。

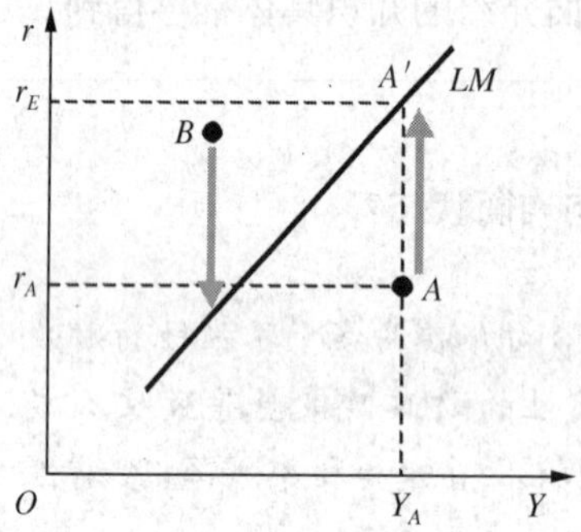

如图 5-13 所示，A 点和 B 点分别处于在 LM 曲线的右边和左边，分别表示货币市场处于两种不同的失衡状态。其中 A 点在曲线的右侧，表示货币需求大于货币供给的状态；B 点在曲线的左侧，表示货币需求小于货币供给的状态。

在货币市场上，货币供给是外生给定的，市场均衡是通过货币需求的调节来实现的。A 点对应的利率和收入水平分别为 r_A 和 Y_A，从图 5-13 中可以看出，对于 Y_A 的收入水平，需要 r_E 的利率水平才能平衡。而显然 r_A 小于 r_E，在 A 点，利率是偏低的，此时经济中的投机性货币需求过大，从而导致总量上的货币需求大于货币供给。

图 5-13 货币市场失衡

货币需求大于货币供给，将导致货币市场的利率上升，一直达到均衡为止。表现为 A 点向 LM 曲线运动，直到处于 A' 的位置。在 A' 点，利率水平足够高，能够使得投机需求足够小，以使货币需求与货币供给相等。

同理可以得出，在 B 点，货币需求小于货币供给，利率水平不断下降，直到回复到 LM 曲线上，货币市场达到均衡为止。

3. 两个市场的失衡

两个市场的失衡包括两类情况：一是其中一个市场达到了均衡，而另一个市场处于失衡状态；二是两个市场同时处于失衡状态，下面分别讨论这两种情况。

图 5-14 反映了第一类失衡情况，比如 A 点在 IS 曲线上，表示商品市场达到了均衡，但是 A 点同时处在 LM 曲线的左边，表示货币需求小于货币供给，货币市场处于失衡状态。

同理可知，在 B 点货币市场均衡，商品需求小于商品供给；在 C 点货币市场达到了均衡，商品需求大于商品供给；在 D 点商品市场均衡，货币需求大于货币供给。

另一类失衡情况是两个市场同时失衡，如图 5-15 所示，IS 曲线和 LM 曲线把整个坐标平面分成了四个部分，每个部分分别代表了两个市场同时失衡的四种情形。

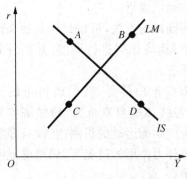 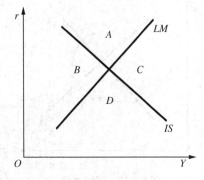

图 5-14　两个市场的失衡　　　　图 5-15　两个市场的失衡

区域 A 在 IS 曲线的右边、在 LM 曲线的左边，根据前面的分析，可知此时经济处于商品需求小于商品供给、货币需求小于货币供给的状态。

同理可知，在区域 B，商品需求大于商品供给，货币需求小于货币供给。

在区域 C，商品需求小于商品供给，货币需求大于货币供给。

在区域 D，商品需求大于商品供给，货币需求大于货币供给。

无论处于哪一种失衡情况，经济都将做出调整，向均衡状态回归。现在我们就讨论一下失衡的调整过程，并总结经济由失衡向均衡回归的路径。

如图 5-16 所示，假设经济的初始状态为 a 点，商品需求大于商品供给，货币需求小于货币供给，存在着两个方向的运动趋势。一是商品需求大于供给，产出水平增加，表现为水平向右的运动趋势；二是货币需求大于货币供给，利率水平下降，表现为垂直向下的运动趋势。在这两个不同方向的动力作用下，经济沿着两个趋势的对角线方向运动，即由 a 点运动到 b 点。

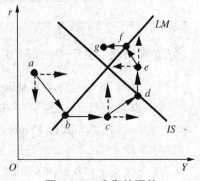

图 5-16　失衡的调整

b 点位于 LM 曲线上，但是在 IS 曲线左边，商品市场还没达到均衡，商品需求大于商品供给，产出继续提高，这将形成水平向右的运动趋势，经济状态由 b 点运动到 c 点。

在 c 点，商品需求大于商品供给，存在水平向右的运动趋势，货币需求大于货币供给，存在垂直向上的运动趋势，经济沿着对角线方向，由 c 点运动到 d 点。

以同样的运动方式，经济将进一步由 d 点运动到 e 点，进而运动到 f 点、g 点……直到抵达 IS 和 LM 曲线的交点为止。

如果用一条平滑的曲线把 a、b、c、d、e、f、g 等点连接起来，就是经济由失衡向均衡回归的一条路径，可以看出，回归路径是一条螺旋型的曲线，逐

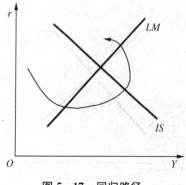

图 5-17 回归路径

渐向均衡点逼近。

用同样的方法,可以分析其他失衡情况下,经济如何进行调整,并回复到均衡状态。

需要指出的是,我们所讨论的调整,是经济体的自发行为,即经济本身存在着向均衡运动的机制,在没有经济政策等外力作用的情况下,仍然可能实现均衡。

> **重要问题 3　经济如何由失衡向均衡调整?**
>
> 经济体存在着自发调节的机制,能够在市场失衡的时候自动进行调节,向均衡状态回归。产出和利率能够对失衡状态做出反映,并通过彼此间在两个市场上的相互作用,逐步实现经济的均衡状态。

网络资源

希克斯是牛津大学的教授,1972 年诺贝尔经济学奖获得者,要想进一步了解,可以登录：
http://www.nobel.se/economics/laureates/1972/index.html

> **参考资料　关于 IS-LM 模型**
>
> IS-LM 模型是商品市场和货币市场同时均衡的分析模型,其中 IS 是取投资(Investment)和储蓄(Saving)的首字母而得,LM 是取流动性偏好(Liquidity Preference)和货币存量(Money Stock)的首字母而得。
>
> 这个模型是以凯恩斯的有效需求利率为基础的,被认为是对凯恩斯经济理论最经典的诠释,但是这个模型却不是由凯恩斯本人提出来的。
>
> 凯恩斯在讨论商品市场均衡时,以利率为主导变量,利率变动通过投资影响收入;在讨论货币市场均衡时,以收入为主导变量,收入变动透过货币需求影响利率。实际上,凯恩斯陷入了逻辑上的循环推论的陷阱,而他自己未能提供解决方案。
>
> 完成这项任务的是后来的经济学家希克斯和汉森。1937 年,汉森发表《凯恩斯先生与古典学派》一书,首次提出 IS-LM 模型;汉森在 1948 年发表的《货币理论与财政政策》、1953 年发表的《凯恩斯学说指南》中进一步完善了 IS-LM 模型。
>
> 该模型把两个市场的均衡放在同一个框架内分析,很好地解决了凯恩斯的逻辑问题,又称为"希克斯-汉森"模型。

> 需要指出的是,有些经济学家认为,该模型可能违背了凯恩斯先生的本意,但是由于 IS-LM 模型简捷明了、适用性强,这些争论丝毫不能妨碍其成为短期经济分析的核心工具。

本章小结

1. 投资是总需求中活跃的经济变量,影响投资的主要因素是利率,两者之间是负相关关系。

2. 主要的投资理论包括新古典投资理论和托宾 q 理论。其中新古典投资理论认为投资取决于资本边际产量和边际成本,托宾 q 理论认为投资取决于资本的市场价值和重置成本。

3. 利率通过投资影响总需求,进而影响总产出和总收入。IS 曲线又称商品市场均衡曲线,反映商品市场均衡条件下利率与收入负相关关系。IS 曲线的斜率取决于投资对利率的敏感程度和投资乘数大小。自发消费、自发投资、政府转移支付、税收和政府支出等变化都会引起 IS 曲线的移动。

4. LM 曲线又称货币市场均衡曲线,反映货币市场均衡条件下利率与收入的正相关关系。LM 曲线的斜率取决于货币需求的收入系数和利率系数大小。实际货币供给和货币需求的变化会引起 LM 曲线的移动。

5. IS-LM 模型是分析商品市场和货币市场同时均衡的有效工具,通过曲线相交、方程联立可以得到均衡条件下的收入和利率。借助 IS-LM 模型分析可以得出,扩张性的财政政策使收入增加、利率提高,紧缩性的财政政策使收入减少、利率下降;扩张性的货币政策使收入增加、利率下降,紧缩性的货币政策使收入减少、利率上升。当经济出现失衡时,市场将发挥自我调节作用,引导经济逐渐实现均衡。

本章练习题

1. 简述托宾 q 理论的内容。
2. 什么是 IS 曲线,试结合图形进行推导。
3. IS 曲线的斜率取决于哪些因素?为什么?
4. 哪些因素能够引起 IS 曲线的移动?
5. 从货币市场均衡出发,推导 LM 曲线。
6. 完整的 LM 曲线应该是怎样的,为什么?
7. 货币供给改变如何使 LM 曲线移动?
8. 结合图形分析,政府同时实行扩张性的财政政策和紧缩性的货币政策,IS-LM 模型的均衡将如何变动。
9. 经济如何自发地由失衡向均衡调整?
10. 假设经济中的消费函数为 $C=150+0.6Y$,投资函数为 $I=100-6r$,政府支出为 50;货币需求函数为 $L=0.2Y-2r$,实际货币供给为 100。

(1) 推导 IS 曲线和 LM 曲线方程,并画出相应曲线。
(2) 求解双市场同时均衡条件下的产出水平和利率水平。
(3) 如果实际货币供给增加为 125,均衡收入和利率会怎样变化?
(4) 如果政府支出增加为 100,经济中的均衡如何变化?

网络学习导引

网络地址:国家统计局网站http://www.stats.gov.cn/。

检索路径:国家统计局网站→统计数据→年度统计数据→"综合"+"2002 年"→第六章"固定资产投资"→"6-2 全社会固定资产投资(按经济类型分)"。

网络应用:综合比较表中各类型经济(国有、集体、个人、其他)1986 年以后的固定资产投资增长速度,看看哪种经济增长较快,观察的结果是否与你先前的认识相符合?

分组讨论:观察全社会固定资产投资 1986 年以后的历年增幅,哪些年份增长得比较快?当时的经济形势是怎样的?

第六章

AS-AD 模型

学习目标
- 掌握总需求曲线的推导,熟悉引起总需求曲线斜率变化和位置移动的因素
- 掌握劳动力市场均衡的条件,并能够在此基础上,推导短期和长期总供给曲线
- 熟练运用 AS-AD 模型分析经济一般均衡,以及短期经济波动现象

基本概念

总需求曲线 社会生产函数 劳动力市场 总供给曲线 AS-AD 模型 短期波动

参考资料
- 一个简单的例子
- 向后弯曲的劳动供给曲线
- 总供给曲线——长期与短期的统一
- 美国 20 世纪 60—70 年代滞胀的形成和发展

在第五章里，我们利用 IS-LM 模型，讨论了商品市场和货币市场共同均衡的问题，由于没有考虑劳动力市场的情况，因此这只是宏观经济的局部均衡；此外，我们在分析中，实际上假设了价格水平是不变的。

在这一章里，我们将放宽价格水平不变的假设，并引入劳动力市场，建立总供给(AS)-总需求(AD)模型，来分析宏观经济一般均衡的情况。

我们将从 IS-LM 模型出发，考察价格变化对总需求的影响，得到总需求曲线；并利用社会生产函数，从劳动力市场均衡出发，考察价格变动对总供给的影响，得到总供给曲线；然后把总需求曲线和总供给曲线联合起来分析，考察三个市场同时达到均衡的条件。

第一节 总需求曲线

重要问题

1. 总需求曲线表达了怎样的经济意义？
2. 哪些因素改变总需求曲线的斜率和位置？

一、总需求与价格水平的关系

总需求曲线

总需求曲线是反映价格水平与总产出之间负相关关系的曲线，表示价格水平越高，总产出就越低，价格水平越低，总产出就越高。

总需求曲线反映的是商品市场和货币市场同时均衡的条件下，价格水平与总产出之间的关系。我们知道，总需求包括消费、投资、政府支出和净出口，反映一个经济体的商品和劳务在多大程度上为人们所需要；价格水平是指所有商品和劳务价格的加权平均，反映总体物价水平的高低。

某个商品的价格提高，就会导致对这种商品需求的减少，价格和需求之间是一种负相关关系，同样的，价格水平与总需求之间也是一种负相关关系，价格水平提高会降低经济中的总需求水平，价格水平降低会提高经济中的总需求水平，一定的价格水平对应着一定的总需求水平。价格水平的变化能够影响到总需求的每一个组成部分。

1. 消费需求

在以货币衡量的名义收入不变的情况下，价格水平提高意味着以实物衡量的实际收入下降，这将导致人们减少消费支出；反之，价格水平下降意味着实际收入提高，人们将因此增加消费支出。

2. 投资需求

在名义货币供给不变的情况下，价格水平的上升将导致实际货币供给的减少，带来利率水平的提高，增加投资的成本，投资需求会因此而下降；价格水平的降低将导致实际货币供给的增加，使利率水平下降，从而增加经济中的投资需求。

3. 政府支出

价格水平的提高是经济中每个部门都要面对的问题。对政府部门来说,价格水平提高也会降低其实际收入水平,从而减少政府部门的支出;反之,价格水平下降则会增加政府部门的支出。

4. 净出口

一国价格水平的提高,使得本国产品相对于外国产品来说变得更贵了,在这种情况下,一方面,本国居民减少对本国产品的需求,转而购买外国的产品,导致进口增加;另一方面,外国居民也减少对本国产品的需求,导致出口减少,两方面的因素造成了净出口需求的下降;如果价格水平下降,则会通过减少进口、增加出口来提高净出口需求。

二、总需求曲线的推导

价格的变化通过商品市场和货币市场的作用来影响总需求,进而影响到均衡的产出水平,因此,我们可以从 $IS-LM$ 模型出发,分析价格变化与总产出水平的关系,从而得到总需求曲线。

如图6-1(a)所示,初始状态的货币市场均衡曲线处于 LM_1 的位置,对应的价格水平是 P_1,此时实际货币供给为 $\frac{M}{P_1}$,均衡的利率和收入分别是 r_1 和 Y_1;价格水平从 P_1 下降为 P_2,导致实际货币供给增加为 $\frac{M}{P_2}$,货币市场均衡曲线由 LM_1 向右平移至 LM_2 的位置,在新的均衡状态下,利率下降为 r_2,而收入增加至 Y_2。

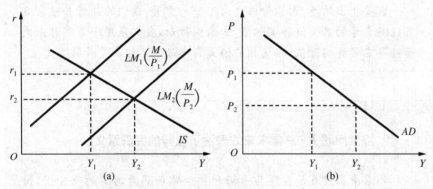

图6-1 从 $IS-LM$ 模型推导 AD 曲线

如图6-1(b)所示,把 (P_1,Y_1)、(P_2,Y_2) 描绘在横轴表示价格、纵轴表示产出或收入的图形中,并重复这个过程,得到一系列类似的点,用直线连接起来就得到了总需求曲线。

从推导过程可以看出,总需求曲线上每一点所表示的价格与收入的组合,都能够使商品市场和货币市场同时达到均衡,因此,如果知道了经济中 IS 曲线和 LM 曲线的表达式,就可以把它们联立起来,从中解得总需求曲线的表达式。

> **参考资料 一个简单的例子**
>
> 例如,已知经济中 $c=100+0.6y$, $i=600-1000r$, $g=300$,名义货币需求 $M_d=(0.4y-3000r)P$,名义货币供给 $M_s=800$,则可以求解该经济中总需求曲线的表达式。
>
> 首先,商品市场均衡要求有
>
> $$y=c+i+g=100+0.6y+600-1000r+300$$
>
> 整理得到 IS 曲线表达式
>
> $$y=2500-2500r$$
>
> 根据货币市场均衡的要求,有
>
> $$800=(0.4y-3000r)P$$
>
> 整理得到 LM 曲线的表达式
>
> $$y=7500r-\frac{2000}{P}$$
>
> 联立 IS 曲线和 LM 曲线的表达式,就可以解出总需求曲线的表达式:
>
> $$y=1875+\frac{500}{P}$$
>
> 需要指出的是,由于价格成为了一个变量,我们的分析必须区分各经济变量的名义值和实际值,如本例所示,我们采用小写字母来表示经济变量的实际值,而用相应的大写字母表示经济变量的名义值。

> **重要问题 1 总需求曲线表达了怎样的经济意义?**
>
> 总需求曲线表示在商品市场和货币市场同时均衡的条件下,价格水平与总产出之间的关系,在图形中,总需求曲线表现为一条向下的直线,反映了价格水平与总需求是负相关关系:价格水平下降,增加实际货币供给,使得利率水平下降,促进投资增长,提高总需求水平,进而增加总产出;反之,价格水平上升,就会降低总需求水平,减少总产出。

三、总需求曲线的斜率

总需求曲线反映的是价格水平变化对均衡产出的影响,对于一定的价格水平变化,如果均衡产出发生了较大的变化,则总需求曲线就比较平坦;如果相应的均衡产出变化较小,则总需求曲线就比较陡峭。

价格水平变化是通过商品市场和货币市场影响均衡产出的,其作用过程可以用图 6-2 表示。价格水平变化首先影响实际货币供给,再影响利率,然后通过利率影响投资支出,进而影响均衡产出。

$$P \xrightarrow{①} \frac{M_s}{P} \xrightarrow{②} r \xrightarrow{③} I \xrightarrow{④} Y$$

图 6-2　价格水平影响均衡收入的作用过程

把这个作用过程分解为如图 6-2 所示的四个阶段。第一阶段,价格水平的下降引起实际货币供给同比例增加;第二阶段,实际货币供给增加使利率水平下降,其作用大小取决于货币需求对利率的敏感程度,如果货币需求对利率越不敏感,则利率需要更大幅度的下降,才能使货币需求达到与货币供给平衡的水平;第三阶段,利率下降导致投资增加,其作用大小取决于投资对利率的敏感程度,如果投资对利率越敏感,则一定的利率下降能够引起投资支出更多的增加;第四阶段,投资增加使总支出水平提高,进而增加总产出,其作用大小取决于投资乘数,投资乘数越大,一定的投资增加就能够引起总产出更多的增加。

综合来说,价格水平变化能够在多大程度上影响均衡产出,主要取决于货币需求对利率的敏感程度、投资对利率的敏感程度和投资乘数,货币需求对利率的敏感程度越低、投资对利率的敏感程度越高或者投资乘数越大,都会使得总需求曲线越平坦。其中货币对利率的敏感程度越低,体现为 LM 曲线越陡峭;投资对利率越敏感、投资乘数越大,体现为 IS 曲线越平坦。因此,我们也可以总结说,如果 LM 曲线越陡峭,或者 IS 曲线越平坦,则总需求曲线就越平坦;反之,如果 LM 曲线越平坦,或者 IS 曲线越陡峭,则总需求曲线就越陡峭。

四、总需求曲线的移动

总支出的任何一项——消费、投资、政府支出和净出口出现增加,都将使总需求曲线向右平行移动;反之,如果总支出减少,将导致总需求曲线向左平行移动。

如图 6-3 所示,假设政府实行扩张性的财政政策,增加政府支出,使得商品市场均衡曲线从 IS_1 的位置移动到 IS_2 的位置,此举将增加每一个价格水平上的总产出,使得总需求曲线从 AD_1 向右平行移动到 AD_2 的位置,假设价格水平固定在 $\overline{P}$ 不变,扩张性财政政策将使均衡收入从 Y_1 增加到 Y_2。如果政府实行紧缩性的财政政策,总支出减少,将使总需求曲线向左平行移动。

如果中央银行实行扩张性的货币政策,增加名义货币供给,从而增加实际货币供给,也将增加每一个价格水平上的总产出水平,使总需求曲

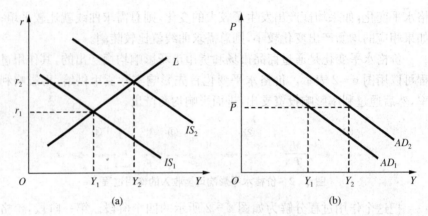

图 6-3 财政政策使 AD 曲线移动

向右移动。

如图 6-4 所示,在价格水平不变的情况下,名义货币增加导致实际货币供给增加,货币市场均衡曲线从 LM_1 的位置向右移动到 LM_2 的位置,总需求曲线相应地从 AD_1 向右移动到 AD_2 的位置。如果中央银行减少货币供给,则会使总需求曲线向左移动。

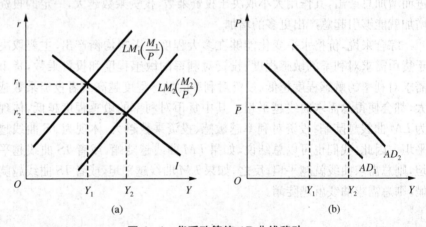

图 6-4 货币政策使 AD 曲线移动

重要问题 2   哪些因素改变总需求曲线的斜率和位置?

AD 曲线的斜率取决于货币需求对利率的敏感程度、投资对利率的敏感程度和投资乘数。扩张性的财政政策和货币政策都能提高经济中的总支出水平,使 AD 曲线向右移动,反之,如果实行的是紧缩性的政策,则 AD 曲线向左移动。

第二节 总供给曲线

重要问题

1. 劳动力市场的均衡是如何实现的？
2. 为什么短期总供给曲线是平缓向上的？
3. 为什么长期总供给曲线是垂直的？

总供给曲线反映的是在各个不同的价格水平上，厂商愿意提供的总产出水平，总供给曲线体现了价格水平通过劳动力市场来影响总产出。我们将从社会生产函数和劳动力市场均衡条件出发，推导总供给曲线。

经济中的总供给是指所有可供人们消费、投资、出口的产品和劳务，这些产品和劳务是由这个经济体中的劳动、资本和技术创造的，如果用 L 表示劳动、用 K 表示资本，则它们之间的关系可以表示为如下的函数关系

$$Y = F(L, K)$$

这个函数被称为社会生产函数。一般来说，社会生产函数都是递增的，即投入的劳动和资本越多，相应的产出就越多；这个社会的技术水平体现在函数形式 F 上，技术水平决定了投入与产出的转换比例，对于一定的劳动和资本投入，如果技术水平提高了，则能够生产出比以前更多的产品和劳务。

在一定时期内，一个经济体的技术水平、资本投入都是相对稳定的，而投入的劳动却会有较大的波动，是影响总产出的主要因素，因此，在一个较短的时期内，社会生产函数可以表示写成

$$Y = F(L, \overline{K})$$

$\overline{K}$ 表示资本投入不变，总供给主要受到劳动变化的影响，社会生产函数可以用图6-5来表示。

☞ **总供给曲线**
总供给曲线反映了价格水平与厂商所愿意提供的产出水平之间的正相关关系。表示价格水平越高，厂商愿意提供的产出越多，价格水平越低，厂商提供的产出就越少。

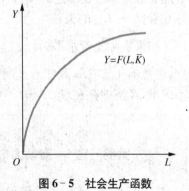

图6-5 社会生产函数

一、劳动力市场均衡

价格水平的变化将影响劳动力市场上的供给和需求，引起均衡就业量的变化，进而影响到经济的产出水平，因此，要考察价格变化与总产出的关系，就要分析劳动力市场的均衡状况。

网络资源

MIT 经济学教授布兰查德致力于研究宏观经济学，其中包括劳动力市场问题，其个人主页为：
http://econ-www.mit.edu/faculty/blanchar/papers.htm

劳动力市场均衡要求劳动的供给等于劳动的需求，而劳动的供给和劳动的需求都取决于实际工资水平。实际工资是以实物衡量的工资水平，从以货币衡量的名义工资中扣除了价格因素，我们通常用 W 来表示名义工资，而把实际工资表示为 $\frac{W}{P}$。

实际工资越低，企业倾向于雇用更多的工人；实际工资越高，企业就会减少劳动的投入，劳动需求与实际工资之间是负相关关系，相应地，劳动需求函数可以表示为

$$N^d = N^d\left(\frac{W}{P}\right)$$

从劳动供给的角度来看，实际工资越高，工人们愿意提供更多的劳动；实际工资越低，工人们就越多地选择闲暇，放弃劳动，劳动的供给与实际工资之间是正相关关系。劳动供给函数可以表示为

$$N^s = N^s\left(\frac{W}{P}\right)$$

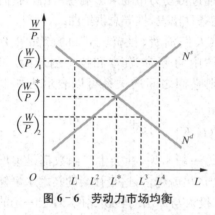

图 6-6 劳动力市场均衡

如图 6-6 所示，劳动力市场的均衡状态位于劳动供给曲线和劳动需求曲线的交点，此时劳动的供给等于劳动的需求，均衡的实际工资和就业水平分别为 $\left(\frac{W}{P}\right)^*$ 和 L^*。

如果实际工资水平为 $\left(\frac{W}{P}\right)_1$，对应的劳动需求为 L^1，而劳动供给为 L^4，显然有 $L^4 > L^1$，表明此时实际工资过高，劳动力市场上供大于求，经济中存在着 $(L^4 - L^1)$ 的失业。

如果实际工资水平为 $\left(\frac{W}{P}\right)_2$，对应的劳动需求和劳动供给分别为 L^3 和 L^2，显然有 $L^3 > L^2$，意味着此时实际工资低于均衡水平，劳动力市场上供不应求，经济中存在着 $(L^3 - L^2)$ 的就业缺口。

重要问题 1　劳动力市场的均衡是如何实现的？

劳动力市场的均衡指劳动的供给等于劳动的需求，劳动的供给和需求都取决于实际工资水平，其中劳动供给与实际工资正相关，劳动需求与实际工资负相关，实际工资发挥调节作用，使劳动供给与劳动需求相等，确定均衡的实际工资水平和就业量。

参考资料　向后弯曲的劳动供给曲线

　　一个人拥有的时间是有限的,可以简单地把时间分为劳动和闲暇两部分。如果某人选择把更多的时间用于劳动,就必然会减少闲暇的时间。

　　劳动和闲暇对一个人来说,都是能够带来效用的,劳动可以挣钱,从而能够购买其他需要的物品;闲暇则可以使人们得到休息、放松。一个人在决定劳动多少时间,即提供多少劳动供给时,他也就是在比较劳动和闲暇的边际效用。如果劳动的边际效用比较大,他就把更多的时间用于劳动而放弃闲暇,如果闲暇的边际效用比较大,就会把更多的时间用于休息而放弃劳动。

　　一般来说,如果工资越高,劳动的边际效用就越大,人们就越愿意选择劳动而放弃闲暇,这就是上文介绍的劳动供给曲线所揭示的内容。然而,当工资高到一定程度时,人们付出了很多的时间去劳动,闲暇的时间很少,其边际效用超过劳动的边际效用,人们就会把更多的时间用于休息而放弃工作。也就是说,达到一定程度后伴随工资的增长,劳动供给会不断减少,劳动供给曲线向后弯曲。

　　如右图所示,在工资水平达到 W_0 之前,劳动供给与工资水平是正相关的,当工资水平达到 W_0 之后,劳动供给为 L_0,此时闲暇的边际效用超过了劳动的边际效用,随着工资进一步提高,人们将减少劳动供给,选择更多的时间来享受闲暇。

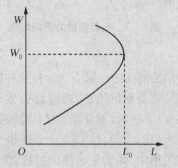
图　向后弯曲的劳动供给曲线

二、短期的总供给曲线

　　短期的总供给曲线又称为凯恩斯主义的总供给曲线,在图形上表现为一条平缓的、向上倾斜的直线。在短期内,存在劳动合同的约束,名义工资和价格都具有向下刚性,可以向上增加,但是很难向下减少。工人与企业签订的劳动合同一般都要跨越较长的时期,可能是一年,也可能是数年。工人的工资待遇、劳资双方的雇佣关系都以合同条款的形式约定下来,在合同期内,双方都不能更改。

　　在这种情况下,当劳动力市场上出现供大于求时,厂商不能降低名义工资,也不能任意更换工人;在劳动力市场出现供不应求时,工人不能随便跳槽,也不能要求增加名义工资,即使发现价格水平上涨、实际工资下降,工人也只能等到合同结束才能提出增加工资的要求。由于工资是产品成本的主要部分,产品成本又是制定产品价格的依据,短期内,工资的变动是很缓慢的,使得价格水平的变动也很平稳,相应地,短期总供给曲线就表现为一条平缓向上的直线。

在短期内,价格水平上升,则实际工资下降,这必然会导致劳动供给的减少和劳动需求的增加。然而在短期内,存在劳动合同的制约,工人们不能因为实际工资下降而退出工作,因此劳动的供给是不会减少的;但是对于厂商来说,他可以在原有工人的基础上继续雇佣新的工人,所以劳动的需求还是可以增加的。

这一点体现在图 6-7 上。经济中初始的劳动需求曲线是 $N^d\left(\frac{W}{P_1}\right)$,劳动供给曲线是 $N^s\left(\frac{W}{P}\right)$,此时均衡的实际工资和就业量分别是 $\frac{W}{P_1}$ 和 L_1。短期内,价格水平从 P_1 上升到 P_2,实际工资从 $\frac{W}{P_1}$ 下降为 $\frac{W}{P_2}$,劳动需求增加,使劳动需求曲线从 $N^d\left(\frac{W}{P_1}\right)$ 向右移动到 $N^d\left(\frac{W}{P_2}\right)$;劳动供给不能减少,劳

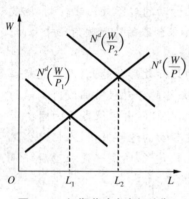

图 6-7 短期劳动力市场均衡

动供给曲线的位置不变。在这种情况下,均衡的就业量从 L_1 增加到 L_2。

就业量的增加,通过社会生产函数的作用,转化为总产出的增加。如图 6-8 所示,就业量从 L_1 增加到 L_2,使得总产出从 Y_1 增加到 Y_2。

(P_1, Y_1)、(P_2, Y_2) 分别是变化前后的价格与产出组合,把它们描绘在图形中,并重复这样的过程,得到一系列类似的点,用线连接起来就是短期的总供给曲线,见图 6-9。

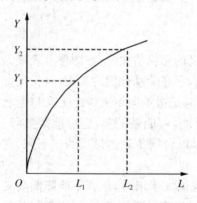

图 6-8 总产出的增加

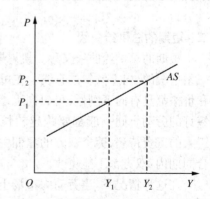

图 6-9 短期总供给曲线

短期内总供给曲线是一条平缓的、向上倾斜的直线,反映了价格水平越高,厂商越愿意提供更多的产出。

> **重要问题 2 为什么短期总供给曲线是平缓向上的?**
>
> 在短期内,存在劳动合同的制约,名义工资的变化比较缓慢,价格水平上升使得实际工资下降,名义工资不能充分上涨以抵消这个影响,导致就业增加,总产出水平提高,反映在图形上,短期总供给曲线就是一条平缓向上的直线。

三、长期的总供给曲线

长期的总供给曲线又被称为古典的总供给曲线,表现为一条垂直于横轴的直线。在长期内,名义工资和价格水平能够对经济形势的变化做出充分的调整,在劳动力市场供大于求的时候,名义工资能够下降;在劳动力市场供不应求时,名义工资能够提高。在名义工资和价格水平灵活调整的作用下,经济始终处于充分就业的状态,总产出也就稳定在充分就业的水平上,完全不受价格水平变动的影响。

如图 6-10 所示,假设经济中初始的劳动需求曲线是 $N^d\left(\frac{W_1}{P_1}\right)$,初始的劳动供给曲线是 $N^s\left(\frac{W_1}{P_1}\right)$,此时均衡的实际工资和就业水平分别是 $\frac{W_1}{P_1}$ 和 L_1。随着价格水平从 P_1 上升到 P_2,实际工资从 $\frac{W_1}{P_1}$ 下降为 $\frac{W_1}{P_2}$,导致劳

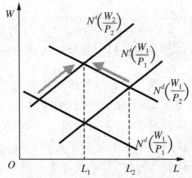

图 6-10 长期劳动力市场均衡

动需求增加,劳动需求曲线从 $N^d\left(\frac{W_1}{P_1}\right)$ 向右移动到 $N^d\left(\frac{W_1}{P_2}\right)$;短期内,劳动供给不能够减少,劳动供给曲线固定在 $N^s\left(\frac{W_1}{P_1}\right)$ 的位置不能移动,均衡就业从 L_1 增加到 L_2。

长期内,名义工资能够随着劳动供求关系的变化作充分的调整,按照价格水平上升的比例从 W_1 上升到 W_2,$\frac{W_1}{P_1} = \frac{W_2}{P_2}$,刚好抵消价格水平上升的影响。实际工资和均衡就业量都回复到原来的水平,只有名义工资从 W_1 上升到 W_2。

从图形上来看,劳动供给曲线 $N^s\left(\frac{W_1}{P_1}\right)$ 向左移动到 $N^s\left(\frac{W_2}{P_2}\right)$,与移动后的劳动需求曲线相交,它们的交点对应了劳动力市场长期的均衡状态,此时,名义工资为 W_2,价格水平为 P_2,而实际工资和就业量均回复到初始

水平,分别为 $\frac{W_1}{P_1}$ 和 L_1。

从分析的过程中可以看出,经济中初始就业量为 L_1,短期因素的影响使得均衡就业量暂时增加到 L_2,经过进一步的调整,最终回复到初始水平 L_1。从长期来看,经济中的就业量始终是比较稳定的,这个稳定的就业量就是一个经济体处于充分就业时的水平,相应地,长期的总产出也稳定在充分就业的水平,也可称为是潜在的产出水平。

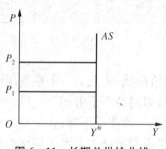

图 6-11 长期总供给曲线

在这里,充分的就业水平就是 L_1,相应的总产出为 Y^*,把变化前后的价格水平和总产出组合 (P_1, Y^*)、(P_2, Y^*) 描绘在图形中,重复这个过程,得到一系列类似的点,连接起来就得到如图 6-11 所示的长期总供给曲线。长期总供给曲线是一条垂直于横轴的直线,总产出稳定在充分就业时所实现的水平上,不受短期内价格水平变化的影响。

 参考资料　总供给曲线——长期与短期的统一

短期的总供给曲线又称凯恩斯主义的总供给曲线,其产生的背景是19世纪30年代的大萧条,生产能力严重过剩,大量的资本和劳动力闲置,在当时的情况下,只要有足够的需求,总产出可以无限扩张而价格水平保持不变,相应得出的总供给曲线就是非常平缓的,在很短的时间内,甚至是完全平坦的。

长期的总供给曲线又称古典的总供给曲线,那个时代人们信奉供给创造需求,崇尚经济自发调节的能力,认为价格水平的变化能够保证经济始终处于充分就业的状态,从而实现潜在的产出水平,相应得出的总供给曲线就是垂直的。

这两种总供给曲线并不是对立的,它们分别解释了经济中较短时期和较长时期所发生的情况,可以把它们统一起来。右图把短期和长期的总供给曲线统一了起来,并且分成三个阶段。第一个阶段,总供给曲线是完全平坦的,表明此时资源大量闲置,在给定的价格水平上,厂商愿意提供任何数量的总产出,这种情况只会短暂存在;第二个阶段,总供给曲线向上倾斜,但比较平坦,这是我们面对

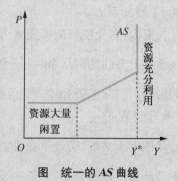

图　统一的 AS 曲线

的大多时候的情况,在需求的拉动下,价格水平和产出一起增长;第三个阶段,总供给曲线处于垂直状态,此时经济中所有的资源被充分地利用起来,总产出达到了潜在的水平,这是长期中的状态。

当生产技术取得进步,或者资本存量增加,则会使整个总供给曲线向右移动,全面提高总产出水平,这属于经济增长的内容,我们将在第九章进一步介绍。

重要问题 3 为什么长期总供给曲线是垂直的?

在长期中,名义工资和价格水平是可以充分调整的,使得经济始终处于充分就业的均衡状态,总产出实现了潜在的水平,需求的增加不能带来产量的任何增长,只能够拉动价格水平的上升。因此,长期的总供给曲线是垂直的。

第三节 总供给-总需求模型

重要问题

1. 短期 AS-AD 模型如何实现均衡?
2. 长期 AS-AD 模型如何实现均衡?
3. 经济波动是怎样产生的?

总需求曲线反映的是价格水平与总需求水平之间的关系,是一条向下倾斜的直线,表示价格水平越高,经济中对产品和劳务的需求就会下降。总需求曲线上每一个价格水平与收入的组合都能满足商品市场和货币市场的同时均衡。总供给曲线反映的是价格水平与总产出水平之间的关系,曲线上每一个价格水平与收入的组合都代表了劳动力市场的均衡。总供给-总需求模型通过把总需求曲线和总供给曲线放在一起分析,考察了三个市场同时达到均衡的情形,并由此得出均衡的价格水平和总产出水平。

一、短期的总供给-总需求模型

如图 6-12 所示,短期的总供给-总需求模型把总需求曲线和短期总供给曲线放在一起考察,短期总供给曲线与总需求曲线的交点代表了经

总供给-总需求模型

通过把总需求曲线和总供给曲线结合起来,分析商品市场、货币市场和劳动力市场同时达到均衡时价格水平与总产出水平的关系。该模型是分析宏观经济一般均衡的工具。

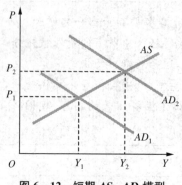

图 6-12 短期 AS-AD 模型

济的均衡状态,对应的价格水平和产出水平能够使三个市场同时达到均衡。

在短期内,总产出水平取决于总需求的变化,总需求水平提高能够增加经济中的总产出,总需求水平降低则会导致总产出减少。由于总供给曲线是一条比较平坦的直线,总需求增加在带来产出的增加的同时,也会使价格水平出现比较平缓的上升。

如图 6-12,初始的总需求曲线为 AD_1,假设政府增加购买支出,使总需求水平提高了,总需求曲线向右移动到 AD_2 的位置,这将使价格水平从 P_1 上升到 P_2,均衡总产出从 Y_1 增加到 Y_2。反之,如果总需求水平降低,则会导致价格水平和总产出的下降。

认识到这一点具有重要的政策意义:政府可以在必要的时候,采取扩张性的财政政策或货币政策,提高总需求水平,虽然可能会带来轻微的通货膨胀压力,但是能够有力地促进经济增长。

如图 6-13 所示,凯恩斯主义总供给曲线存在一个极端情况:在很短的时期内,资源大量被闲置,此时,均衡产出完全由总需求水平决定,不受总供给的制约,总需求的提高完全体现为均衡产出的增加,价格水平不能发生变化,总供给曲线表现为一条平行于横轴的直线——其实这也就是我们在讨论 IS-LM 模型时,假设价格水平不变的情形。

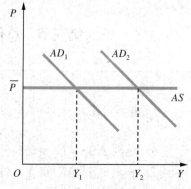

图 6-13 极端情况下的 AS-AD 模型

 重要问题 1 短期 AS-AD 模型如何实现均衡?

短期内,总供给曲线为一条平坦向上的曲线,总需求的增加将带来产出水平和价格水平的同时上升,总需求的下降使产出水平和价格水平同时下降;再极端情况下,总供给曲线完全平坦,总需求的增加只会带来产出水平的提高,而价格水平得以保持不变。

二、长期的总供给-总需求模型

在长期中,总产出完全不受价格水平变化的影响,稳定在充分就业时的水平,总需求水平提高只能带来价格水平的相应上升,而产出水平不会改变。长期 AS-AD 模型可以图示如图 6-14。

如图 6-14,初始的总需求曲线为 AD_1,总需求水平提高,使曲线向右平移到 AD_2 的位置,短期内,价格水平来不及调整,经济中的总需求增加到 Y_1 的水平,产量已到潜在水平,无法再增加以满足总需求的要求,总需求的增加只会带来价格水平的提高;这又会导致实际工资下降,劳动需求增加,但已经是充分就业,劳动供给不变;长期内,劳动供求关系的这种变化引起名义工资的增加,抵消价格水平上升的影响,使

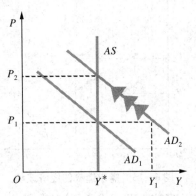

图 6-14 长期的 AS-AD 模型

得实际工资和就业量回复到期初充分就业的水平,因而产出水平也保持为 Y^* 不变。

在图形上表现为,经济沿着 AD_2 向上移动,直到产出回复到充分就业的水平,价格水平上升为 P_2。反之,如果总需求水平降低,只能带来价格水平的降低,而不能改变总产出水平。

在长期,总需求的增加不能促进经济的增长,总需求的水平取决于经济中的总供给水平,生产了多少产品和劳务,就能形成相应的收入,这些收入将用来购买生产出来的产品和劳务,形成对它们的需求,从这个意义上说,供给创造了需求,这是古典学派的一个主要观点。

 重要问题 2 长期 AS-AD 模型如何实现均衡?

在长期中,产出稳定在充分就业的水平上,总需求的增加不能带来产出水平的改变,只能使价格水平上升;总需求的减少不能降低产出水平,只能使价格水平下降。供给创造了对自己的需求,使经济实现均衡。

三、短期经济波动分析

从长期来看,产出水平比较稳定,经济发展的长期趋势是平稳的,在短期中,由于种种原因,冲击经济中总需求或总供给,使得经济发展暂时偏离平稳的发展轨道,出现不稳定的波动,这些波动包括经济萧条、过度繁荣和滞胀。

短期的经济波动是对经济长期均衡的背离,在长期中,价格水平能够充分调整,经济发展能够回复到充分就业的稳定状态。我们可以借助总供

给-总需求模型,对各种经济波动进行分析。

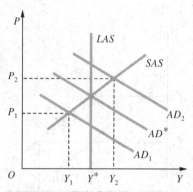

图 6-15 需求造成的经济波动

如图 6-15 所示,我们将把长期总供给曲线(LAS)、短期总供给曲线(SAS)和总需求曲线放在一个框架内,初始的总需求曲线 AD^*、短期总供给曲线 SAS 和长期总供给曲线 LAS 相交于一点,表明初始的短期经济均衡是与长期均衡相一致的,此时经济运行处于稳定状态。

我们首先来分析总需求变化造成的经济波动。如图所示,由于某种原因,经济中总需求水平下降,总需求曲线向左移动到 AD_1,在短期内,这将导致价格水平下降为 P_1,均衡总产出减少为 Y_1,低于充分就业时的水平 Y^*。这种情况就是经济萧条,是由总需求不足造成的。

另一种情况是,由于某种原因,总需求水平上升,总需求曲线向右移动到 AD_2,短期内,价格水平上升为 P_2,均衡总产出增加为 Y_2,高于充分就业时的水平。这种情况就是过度繁荣,往往伴随着通货膨胀,这是由于需求过度造成的。

经济波动也可能来自总供给的变动。如图 6-16 所示,短期内,由于某种原因,比如石油涨价、农业歉收,使得经济中的总供给水平下降,总供给曲线向左移动至 SAS_1 的位置,总供给减少会导致价格水平上升至 P_1,均衡产出下降为 Y_1,低于充分就业时的水平。这种通货膨胀和经济萧条同时并存的情况被称为滞胀,是由于总供给不足造成的。

 滞胀
指由于总供给不足,造成经济中通货膨胀和经济萧条同时出现的情况。

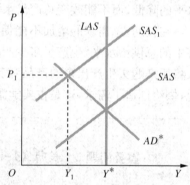

图 6-16 供给造成的经济波动

参考资料 美国 20 世纪 60—70 年代滞胀的形成和发展

第一阶段(1961—1967 年):越南战争与肯尼迪的经济增长政策。1960—1961 年美国的失业率超过 6%,经济增长率为 2%,1961 年 CPI 为 0.67%。在国际环境方面,越南战争处于僵持状态,美元因国际收支恶化濒临危机。

第二阶段(1968—1970 年):滞胀的开始与尼克松的"双紧政策"。1968 年美国的物价指数接近 5%,国际收支的恶化强化了美元危机。1969 年美国的通货膨胀率达到了 1960 年代以来的最高点,为5.9%;经济增长率由1968年的4.66%陡降至1970年的0.12%;失业率由1969年的3.5%上升到1970年的5.6%,美国经济陷入通货膨胀与经济衰退伴生的经济危机。

第三阶段(1971—1975年):尼克松的"新经济政策"、石油危机与滞胀的迅速发展。1970年11月—1971年2月,在短短的四个月内,联储连续五次降息,从6%降至4.75%,导致货币供给量的快速增长。但是,物价依然居高不下,生产继续下降,经济仍然停滞不前。1973年,经济滞胀局面迅速扩大,通货膨胀率接近9%,财政盈余变为赤字。1974年美国的通货膨胀率在战后首次超过两位数,达到12.1%,而经济增长率则首次跌到零增长以下,为—0.64%;1975年美国经济连续负增长,失业率达到了8.2%。

第四阶段(1976—1980年):卡特的高利率政策、第二次石油危机与经济滞胀的高峰。1979年再次出现的石油危机与全球粮食歉收冲击了美国经济,加上布雷顿森林体系解体对国际收支的影响,当年美国的CPI达到20年中的最高值,为13.3%;1980年经济增长率再次降为负增长,同年的失业率为7.2%。这次滞胀周期达到了历史的高峰。

 重要问题3 经济波动是怎样产生的?

经济波动包括经济萧条、过度繁荣和滞胀。其中经济萧条指价格水平和产出水平都低于潜在水平,这是由总需求不足造成的;过度繁荣是指产出高于潜在水平,伴随着通货膨胀,是由总需求过度引起的;滞胀指经济萧条与通货膨胀同时出现,这是总供给不足的后果。

本章小结

1. 总需求与价格水平之间是负相关关系。价格水平提高将影响总需求的各个组成部分,使消费需求、投资需求、政府支出和净出口下降,反之,价格水平下降将使总需求水平提高。

2. 总需求曲线反映的是商品市场和货币市场同时均衡的条件下,价格水平与总产出水平之间的负相关关系。总需求曲线的斜率取决于货币需求对利率的敏感程度、投资对利率的敏感程度和投资乘数的大小。如果LM曲线越陡峭,或者IS曲线越平坦,则总需求曲线就越平坦;如果LM曲线越平坦,或者IS曲线越陡峭,则总需求曲线就越陡峭。

3. 总需求任何部分的增加都会使总需求曲线向右移动,总需求减少使总需求曲线向左移动。扩张性的财政政策或货币政策使总需求曲线向右移动,紧缩性的财政政策或货币政策使总需求曲线向左移动。

4. 短期内,资本投入相对稳定,社会产出水平取决于劳动投入的多少。劳动力市场均衡要求劳动的供给等于劳动的需求,劳动力市场失衡通过实际工资水平来调节。

5. 总供给曲线反映价格水平与厂商愿意提供的产出水平之间的正相关关系。短期内,名义工资难以变动,价格水平提高,会降低实际工资,增加劳动雇佣,使产出水平提高,短期总供给曲线表现为一条平缓向上的直线。长期内,名义工资可以进行调整,抵消价格水平变化的影响,使实际工资不变,产出水平稳定在充分就业的水平,长期总供给曲线变现为一条垂直的直线。

6. AS-AD 模型通过把通过把总需求曲线和总供给曲线结合起来,分析商品市场、货币市场和劳动力市场同时达到均衡时价格水平与总产出水平的关系,是分析宏观经济一般均衡的工具。短期内,总需求水平提高会使总产出增加、价格水平上升,总需求水平下降会使总产出减少、价格水平下降。长期内,总需求变化不能引起产出水平的改变,只能引起价格水平的变化。

7. 短期经济波动包括经济萧条、过度繁荣和滞胀。经济萧条是由总需求水平不足造成的,过度繁荣是由总需求水平过高引起的,总供给水平不足则会产生滞胀。

本章练习题

1. 为什么价格水平与总需求水平是负相关关系?
2. 总需求曲线的斜率取决于什么因素?
3. 财政政策和货币政策如何使总需求曲线移动?
4. 为什么总供给曲线在短期内是倾斜的,而在长期内是垂直的?
5. 结合图形分析,短期内总需求增加如何影响经济运行?
6. 古典学派为什么认为"供给创造需求"?
7. 什么是滞胀?滞胀是如何形成的?
8. 已知经济中的消费函数为 $c=150+0.5y$,投资函数为 $i=500-1000r$, $g=250$;名义货币需求为 $M_d=(0.5y-2000r)P$,名义货币供给为 $M_s=1500$。

(1) 推导总需求函数,并指出 $P=1$ 和 $P=2$ 时,总产出水平各为多少。
(2) 假设 g 增加为 400,总需求函数如何变化?
(3) 如果名义货币供给增加为 3000,对总需求函数有何影响?

9. 假设总需求函数为 $y=4500-1500P$,总供给函数为 $y=1500+500P$。

(1) 求解均衡状态下的价格水平和产出水平。
(2) 如果总供给函数变为 $y=1000+500P$,则均衡状态如何变化?

(3) 如果总需求函数变为 $y = 5\,000 - 1\,500P$,将如何影响均衡状态?

网络学习导引

网络地址:国家统计局网站http://www.stats.gov.cn/。

检索路径:首页→统计数据→年度统计数据→"综合"+"最近年份"→第五章"就业人员和职工工资"→"5-22 分行业职工平均工资"。

网络应用:现在大家来作一个很有意义的比较,因为这与我们每个人密切相关:从表中观察,哪些行业的工资比较高?这个信息会不会影响到你的就业计划?

分组讨论:从表里还可以看到不同地区的工资水平是不一样的,讨论一下为什么会有这样的差异?你认为随着经济的发展,这些差异会消除吗?为什么?

第三部分

宏观经济动态

宏观经济维持在一个稳定的状态是少见的,处于不断的动态调整中则是常态。本部分介绍宏观经济在运行中如何进行动态调整,包括宏观经济的短期波动以及相应的宏观经济政策调控问题、宏观经济的长期增长、宏观经济在开放状态下的运行调整等问题。

第三部分

实际应用研究

第七章

短期波动:失业与通货膨胀

学习目标
- 了解失业的定义、类型及其造成的代价,掌握治理失业的方法措施
- 了解通货膨胀的定义和类型,掌握通货膨胀的原因、造成的危害和治理方法
- 了解通货紧缩的定义和原因
- 熟练掌握菲利普斯曲线,能够加以运用来说明失业与通货膨胀的关系

基本概念

自然失业率 奥肯定律 通货膨胀 通货紧缩 通货膨胀税 菲利普斯曲线

参考资料
- 奥肯定律
- 我国的下岗问题
- 经济体制改革后我国物价变动情况

从长期来看，经济应该处于充分就业、物价稳定的均衡状态，但是在短期内，经济往往处在不平衡的状态，伴随着暂时性的波动。这些短期波动深刻地影响着经济运行，是非常重要的经济现象。其中最常见的就是失业和通货膨胀问题，经济学家对此作了很多的研究，政府的很多经济政策也是围绕这两个问题制定的。

本章将介绍失业和通货膨胀的类型、成因、危害以及应对之策，并借助菲利普斯曲线，分析失业和通货膨胀之间的关系。

第一节　失　业

重要问题

1. 失业可以分为哪些类型？
2. 失业会带来什么代价，应该如何进行治理？

我国目前面临着很大的就业压力，就业形势在今后几年内仍然严峻，2001年城镇登记失业率达到3.6%，2002年，我国城镇登记失业率为4.0%，而在2003年城镇登记失业率达到了4.3%。

最近几年，城镇中每年大约需要为2 400万人安排工作，包括800万的失业人员，600万的各类企业下岗人员，另外每年新增劳动力1 000万。此外，从农业中转移出来从事二产、三产或者进城务工的接近1亿人，农业生产大约还有1.5亿人的富余劳动力需要分流。有鉴于此，2004年年初召开的两会，把"城镇新增就业900万人，城镇登记失业率4.7%"作为我国2004年四大宏观调控目标之一。

就业问题是世界各国共同面对的重要问题，我们在本节中对之进行简单介绍。

一、失业的类型和原因

根据标准的定义，判断某人处于失业状态需要同时具备三个条件：一是处于劳动年龄、具有劳动能力；二是没有参加工作；三是目前正在积极寻找工作。根据失业的具体原因，可以把失业分为不同的类型。

1. 摩擦性失业

现实中，总有一部分人在不断地变换他们从事的工作，这可能是出于自愿，比如对原来单位的工资待遇不满意，想跳槽到另一家更好的企业；也可能是被辞退，比如波音公司和麦道公司合并，导致一部分职能重合的员工被辞退。这部分人能够而且可以找到满意的工作，社会上存在适合他们的工作岗位，只是由于劳动力市场上的信息不对称，暂时还没有进入就业

摩擦性失业
由于劳动力市场上的信息不对称，工人暂时不能找到合适的工作。这种情况称为摩擦性失业。

状态。这类失业被称为摩擦性失业,毕业的大学生暂时没有找到合适的工作也属于这种情况。

摩擦性失业在任何时候都是存在的,随着经济的发展,还表现出不断扩大的趋势,客观地说,经济中存在适当的摩擦性失业,有利于人才的流动,有利于实现人力资源的最优配置。

2. 结构性失业

随着经济的发展,技术水平的提高,人们需求的层次和结构不断发生变化。随着人们对某类产品需求增加,相应行业获得较快发展,成为朝阳产业;同时降低对另一类产品的需求,使生产这些产品的行业日渐没落,成为夕阳产业。比如,随着信息技术的普及,人们普遍采用电话、传真等方式联系,取代了一度风光的电报业务,使得电讯行业蒸蒸日上,而电报行业走向衰落。

一方面,朝阳行业不断发展,需要吸收更多的劳动力;另一方面夕阳产业逐渐衰落,分流出大量的劳动力。遗憾的是,由于技能要求存在差异,即使朝阳产业需要雇佣这么多数量的人,夕阳产业分流的劳动力也不能完全转入朝阳产业,势必会有一部分人失业。我们把这种即使劳动力供需总量大致平衡,而供需结构不一致所造成的失业称为结构性失业,这种情况的失业也是经济发展中不可避免的。

☞**结构性失业**
由于劳动者的技能与空闲的工作岗位不匹配造成的失业。

摩擦性失业和结构性失业所对应的失业率合称为自然失业率,这是经济实现充分就业、产出达到潜在水平时候的失业率。之所以说是自然失业率,是因为这部分失业是经济中不可避免的,即使经济资源全部得到充分利用,产出达到潜在的水平,经济实现充分就业也不意味着失业率为零。现实经济中的实际失业率一般都高于自然失业率的水平。

☞**自然失业率**
经济处于充分就业时的失业率,是与摩擦性失业和结构性失业相对应的失业率水平。

3. 需求不足型失业

这种类型的失业与经济周期相联系,当经济处于繁荣时期,总需求水平提高,促使企业增加雇佣工人,提高产出水平,这时候失业率比较低;当经济处于萧条时期,总需求不足,企业降低产量,解雇工人,由此造成的工人失业被称为需求不足型失业。

☞**需求不足性失业**
由于总需求水平不足,导致企业生产减少,开工不足,由此带来的失业称为需求不足型失业。

如图 7-1,在图形上把短期总供给-总需求模型和社会生产函数组合在一起,就能够刻画出需求不足型失业的情况。假设 Y_1 为潜在的产出水平,对应的就业量 L_1 为充分就业的水平;现在经济中总需求水平下降,总需求曲线向左移动到 AD_0,导致产出水平下降为 Y_0,企业减少产出,解雇工人,就业量下降到 L_0,即总需求水平下降,导致经济中产生了数量为 L_1-L_0 的失业。

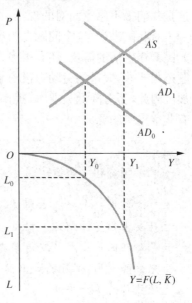

图 7-1 需求不足型失业

📶**网络资源**
美国经济学会赞助的网页,是目前对互联网上经济学资源的比较好的分类索引,尤其是其中的教学资料部分。网址:http://rfe.wustl.edu/EconFAQ.html

需求不足型失业产生于经济萧条时期,导致实际失业率高于自然失业率;当经济处于繁荣时期,实际失业率就比较低,接近于自然失业率的水平。

重要问题 1　失业可以分为哪些类型?

根据具体的原因,失业可以分为摩擦性失业、结构性失业和需求不足型失业三种。其中摩擦性失业指信息不对称造成的暂时性失业状态;结构性失业指由于工人的技能与空缺的工作岗位不匹配造成的失业;需求不足型失业指由于需求水平过低,导致企业开工不足造成的失业。摩擦性失业和结构性失业所对应的失业率称为自然失业率,是一个经济体处于充分就业状态时的失业率。

二、失业的代价

失业率过高,会带来一系列经济、社会、个人和家庭问题,影响经济正常发展,严重的甚至引发社会动荡,因此,无论是哪国政府,都非常重视失业问题,都把增加就业作为最主要的政策目标。

1. 经济代价

劳动力是最宝贵的经济资源,而且这种资源具有时效性,不能够存储,如果不能及时利用,就会永远地丧失掉。失业意味着一部分宝贵的劳动力资源被浪费了,这会减少经济中的产出,降低社会公众的福利水平,举例来说,2002 年我国失业率为 4%,2003 年为 4.3%,上升了 0.3%,根据奥肯定律,失业率上升 0.3%,经济增长率将损失 0.6%,2003 年我国 GDP 为 11.67 万亿元,0.6% 意味着失业增加使我们大约损失了 7 百亿元的产出,这是我们很不愿意面对的现实。

对我国来说,这个问题尤为严重,一方面,我们生产的产品远没有满足人民群众生活的需要,还有很多人处于贫困状态;另一方面,我国的失业问题还很严峻,大量的劳动力没有被充分利用,总产出水平还可以大幅地增加。因此,努力降低失业率,提高就业水平,对我国经济、社会的健康发展有非常重要的意义。

参考资料　奥肯定律

对任何一个经济体来说,理想的状态是包括劳动力在内的所有生产要素都能得到充分利用,由此取得的产出水平将是最大的,被称为是潜在的产出水平或是潜在国民收入。而实际中,资源往往得不到充分的利用,实际的产出水平也比潜在的产出水平低,它们之间的差距被称为是产出缺口。

> 我们知道,一国经济的就业水平决定着产出水平,就业的变化会影响到产出的变化。可以肯定的是,失业率的上升意味着参加工作的人更少了,必然造成实际的产出降低,失业率与实际GDP之间存在负相关关系。
>
> 美国的阿瑟·奥肯是第一个研究这种关系的经济学家,他通过分析美国的数据,发现实际GDP变动率与失业率的变化存在如下关系
>
> 实际GDP变动率＝3%－2×失业率变动
>
> 失业率与实际GDP之间存在的这种负相关关系就是奥肯定律。它揭示出,如果失业率不发生变化,GDP将保持3%的增长速度;如果失业率变化1个百分点,实际GDP增长率将相应增加或减少2个百分点。
>
> 假设失业率由4%下降为2%,那么实际GDP将增长
>
> $$3\% - 2 \times (2\% - 4\%) = 7\%$$
>
> 奥肯定律以简明的方式,揭示出失业率和实际GDP增长之间存在的关系,对政府制定经济政策有非常重要的意义:比如当失业率为3%时,根据奥肯定律,需要实际GDP增长9%,才能提供足够的就业岗位,实现充分就业。

2. 个人和家庭代价

失业问题还可能给个人造成心理伤害,带来家庭关系的恶化。失业不仅会减少当事人的收入,还会给他们造成很大的心理伤害,使他们承受沉重的精神压力;这种情绪会影响到家庭关系,造成家庭成员之间关系紧张,甚至会导致家庭的破裂。

失业是社会问题,应该由全社会共同解决,然而,对于失业者个人及其家庭为此承受了的损失,其他人是难以分担的,因此,我们对待失业者,不仅应该从经济上支持,还要从精神上给予鼓励,使他们能够以积极的心态去寻找新的工作。

3. 社会代价

失业问题还可能造成严重的社会问题。如果一个社会收入分配悬殊、失业问题突出,则会给失业者带来很大的心理不平衡,他们会采取游行示威、公开抗议等形式表达自己要求就业的愿望,严重的时候,可能会引起大规模的社会动荡。

三、失业的治理

失业问题如此重要,这个社会都应该为之行动起来,虽然我们不能绝对地做到每个人都有工作,但还是可以通过努力,来最大限度地缓解失业问题。

对于结构性失业问题,我们要从劳动力供给方面着手,开展各种技能培训,

网络资源

美国白宫网站上有重要的经济数据和各种图表,是了解美国经济的好途径。网址:

http://www.whitehouse.gov/fsbr/esbr.html

网络资源

亚太经合组织的网站上有丰富的信息，可以了解到相关国家的经济发展状况，网址：

http://www.apecsec.org.sg

提高劳动者的素质，增强他们的适应能力，减少结构性因素造成的失业问题。

我国失业问题严峻，很大程度上是由于结构性因素造成的，一方面，各种新兴产业的发展需要大量高素质的人才；另一方面，大量的闲置劳动力不具备必要的技能，难以胜任这样的工作，因此，提高我国的教育水平，加强人口素质，改善劳动力供给状况，能够很好地缓解我国的结构性失业问题。

对于需求不足性失业问题，在劳动力需求方面，我们应该积极地扩大总需求，为企业增加产出，多雇佣工人提供内在的动力。对我国来说，重要的是支持各类民营企业的发展，创造更多的就业机会；鼓励外国来华投资办厂，吸纳更多的劳动力；合理发展劳动力密集型产业，缓解失业的压力。

此外，要彻底消除失业是很难的，对于失业人员，我们还要做到失业有保障、再就业有出路。一方面，提供足够的生活保障，并从精神上关心他们，树立他们的自信心；另一方面，为失业人员提供各种再就业服务，包括再就业培训、介绍工作机会和信息咨询等。

参考资料　我国的下岗问题

下岗问题是我国在特殊时期出现的特殊劳动经济现象，我国正处于体制转轨时期，传统的计划体制正在被打破，社会主义市场经济新体制正在建立。在计划经济体制下，不存在下岗问题。在市场经济体制下，劳动者的失业、退休养老、医疗等项保险都社会化了，也不存在单位给职工分配住房的情况，企业生产任务不饱满就可以相应辞退职工，企业停产破产职工就应另谋职业，劳动者只是在就业和失业这两种状态下转换。但目前我国的养老、医疗、失业、住房都没有达到社会化的程度，而主要是与职工所在单位联系着。很多职工在企业工作了多年甚至几十年，他们应当在养老、住房、医疗等方面有一定的积累。如果不是职工个人的原因，单位简单地将他们辞退显然有不合理的一面。因此就采取了目前这种下岗的形式。

根据规定，下岗工人指由于用人单位生产和经营状况等原因，已经离开本人的生产或工作岗位，并已不在单位从事其他工作，但仍与用人单位保留劳动关系的职工。上述定义表明，下岗人员必须同时具备三条标准：第一是下岗的原因不是个人而是单位；第二是本人已完全离开单位；第三是与原单位仍保留劳动关系，这种劳动关系在企业一般是劳动合同，在机关事业单位一般是保留档案或"在册"。

下岗问题是一个特殊的劳动经济现象，不完全等同于失业人员；也是一个暂时性的劳动经济现象，它将随着社会主义市场经济新体制的建立而逐渐消亡。新体制下的状态应当是：劳动者失业、养老、医疗保险均社会化，住房也完全商品化，劳动者在上述四个方面与单位并不发生直接联系，劳动者可以在就业和失业两种状态下自由转换。

对下岗人员需要采用特殊的统计方法:从劳动管理的角度看,下岗人员仍是原单位的职工,在现行劳动报表中仍应统计在单位职工中;从市场就业的角度看,下岗人员应按他们实际所处的就业状态来认定。下岗人员如已再就业,不论其就业形式如何,均应统计为就业人员;下岗人员如无业并正在寻求就业,就应统计为失业人员;下岗人员中如有的当前确无就业愿望,即应统计为非经济活动人口。

一段时期以来,下岗人员数量不断增加,如何解决他们的再就业问题成为解决就业问题的难点。总的来说,市场发育不全、就业观念陈旧和职业技能单一是影响再就业的三个主要障碍,应该有针对性地采取措施。

首先应该完善市场体系和产业结构,兴办劳动密集型的企业,提供更多的就业岗位;其次是改变"等靠要"的陈旧观念,拓宽就业渠道,积极主动地寻找就业机会;另外,我们应该充分发挥政府、企业和社会力量,对岗位空缺和需求进行调查预测,并组织下岗人员的转业培训,使他们具备从事新工作所需的知识和技能,为再就业做好必要的准备。

重要问题2 失业会带来什么代价,应该如何进行治理?

失业所带来的最大代价是浪费了宝贵的劳动力资源、减少了经济中的总产出,失业者及其家庭还为此承受经济上和精神上的巨大损失,严重的情况下,失业能够引起社会动荡。

失业的代价如此沉重,以至于我们必须致力于治理失业问题。从劳动力供给方面,通过提高教育水平、进行职业培训,提高劳动者的技能,增强他们的适应能力;在劳动力需求方面,积极扩大经济中的需求,为企业增加雇佣工人提供内在动力;对于一时难以解决的失业问题,应该从经济和精神上为失业者提供保障,并积极为再就业创造条件。

第二节 通货膨胀

重要问题

1. 通货膨胀如何进行分类?
2. 通货膨胀会产生哪些危害,应该如何进行治理?
3. 为什么会形成通货紧缩?

2004年一季度,我国CPI累计同比上涨2.8%,比上年一季度高2.3个百分点,比上年四季度高0.1个百分点。3月份原材料购进价格和农业生产资料的价格上涨继续加快,达到8%左右,3月份企业商品价格总水平同比上涨8.3%,已连续16个月上涨。各种主要的价格指数上升明显,我国通货膨胀压力继续加大。通货膨胀已经成为影响我国经济发展的重要问题,我们有必要进一步加深对通货膨胀的了解。

一、通货膨胀的类型

通货膨胀指总体物价水平出现持续、大幅的上涨。根据物价水平上升的速度不同,我们可以把通货膨胀分为爬行的通货膨胀、温和的通货膨胀、奔腾的通货膨胀和超速通货膨胀。其中,年度物价水平上涨幅度不超过2%或者3%称为爬行的通货膨胀,上涨幅度不超过10%称为温和的通货膨胀,上涨幅度达到两位百分数称为奔腾的通货膨胀,上涨幅度达到三位百分数或者更高就称为超速通货膨胀。

☞ **爬行的通货膨胀** 指年度物价水平上涨幅度不超过2%或3%的情况,这是经济体可以承受的水平。

物价上升幅度越大,对经济造成的负面影响就越大。一般认为,爬行的通货膨胀是可以接受的,温和的通货膨胀造成的负面影响也比较小,但是奔腾的通货膨胀就会严重影响到经济的正常运行,超速通货膨胀则可能导致经济崩溃。

☞ **温和的通货膨胀** 指年度物价上涨幅度不超过10%的情况,对经济的影响比较小。

超速通货膨胀意味着物价上涨非常快,一般都是在战争时期或者政权更替时期,货币供给大量增加引发的。我们知道,货币是所有商品和劳务的交易媒介,各种价格实际上就是某种商品或劳务与货币的交换比率,这个比率由交换双方的价值确定。"物以稀为贵",如果货币供给过度增加,货币的价值就会下降,交换同样的商品就要付出更多的货币,也就是商品的价格上升;如果货币发行量超过了极限,货币价值变得极低,货币就会丧失交易媒介的功能,变成一张废纸。

☞ **奔腾的通货膨胀** 年度物价上升幅度达到两位百分数的情况,对经济有比较大的负面影响。

战争时期,政府需要支付巨额的费用,正常的税收收入难以保证政府的开支,为解燃眉之急,政府很可能选择增加货币发行的方式,从而引发超速通货膨胀。

☞ **超速通货膨胀** 指年度物价上涨幅度达到三位百分数的情况,会严重干扰经济秩序,甚至会导致经济崩溃。

与此相关有一个故事,发生在二战后的奥地利,当时的超速通货膨胀如此严重,以至于人们去餐馆里,会一次要两杯啤酒,因为一杯啤酒还没喝完,啤酒的价格就可能上涨很多。

二、总供求失衡导致的通货膨胀

从原因的角度来看,货币发行过度、总供给和总需求失衡都可能成为引发通货膨胀的诱因,相比之下,总供求失衡引发的通货膨胀更为常见,具体又可以分为需求拉动的通货膨胀和成本推动的通货膨胀。

1. 需求拉动的通货膨胀

在总供给水平没有提高的情况下,如果总需求过度增加,使得经济中的商品和劳务出现供不应求的局面,就会导致价格水平的上升,引发通货膨胀。

我们借助图形来分析这个过程。现实中短期的总供给曲线可能并不是一条直线,而是一条斜率逐渐加大的曲线,表明随着未被利用的经济资源逐渐减少,生产能力提升得越来越慢;实现充分就业后,产出就稳定在潜在的水平,长期总供给曲线完全垂直。

在未实现充分就业之前,总需求增加会拉动产出水平和价格水平同时上升,假设经济中初始的总需求曲线为 AD_0,总需求水平提高,使得总需求曲线向右移动到 AD_1 的位置,相应地,产出增加到 Y_1 的水平。价格水平提高为 P_1。

越靠近充分就业产出,总供给曲线越是陡峭,表明初始的均衡产出水平越接近于充分就业水平,一定的总需求增加所带来的价格水平上升幅度就越大;如果经济已经实现充分就业,所有经济资源被充分利用,则总需求上升不能带来产出的任何增加,只会使价格水平上升。

如图 7-2,Y_1 已经是充分就业的产出水平,假设总需求进一步增加,总需求曲线从 AD_1 右移至 AD_2,可以看出,均衡产出没有增加,唯一的结果只是价格水平从 P_1 上升为 P_2。

☞需求拉动的通货膨胀

总需求水平上升,在增加总产出的同时,也会导致价格水平上升,由此形成的通货膨胀称为需求拉动的通货膨胀。

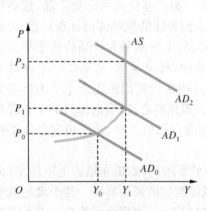

图 7-2 需求拉动的通货膨胀

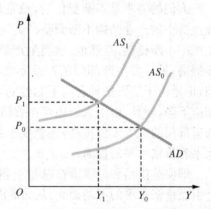

图 7-3 成本推动的通货膨胀

2. 成本推动的通货膨胀

成本是企业定价的重要依据,如果由于某种外来冲击,比如石油价格上升、农产品歉收,使得经济中的成本大幅上升,则会导致价格水平提高,引发通货膨胀。

如图 7-3 所示,初始的总供给曲线为 AS_0,均衡产出和价格水平分别为 Y_0 和 P_0;由于外来冲击,生产成本增加,导致总供给曲线向左移动到 AS_1 的位置,相应地,均衡产出水平下降为 Y_1,而价格水平从 P_0 上升到 P_1。

由于成本上升导致的通货膨胀,往往伴随着产出水平的下降,意味着经济中的失业增加,也就是出现了滞胀的局面,这是非常不利于经济发展的。最常见的就是由于石油价格上涨和农产品歉收引发此类通货膨胀,因为石油和农产品都位于产业链中的上游,一旦价格上升,将引发一系列商品和劳务的价格水平提高,从而引发通货膨胀。20 世纪 70 年代两次石油

☞成本推动的通货膨胀

由于外来冲击,导致生产成本上升,供给减少,引起产出减少和价格水平上升,这种情况称为成本推动的通货膨胀。

危机,就直接导致西方国家出现严重的通货膨胀。

其实,在现实经济中,很难区分通货膨胀是由需求拉上的,还是由成本推动的,很多时候是两类因素共同作用的结果,即出现混合性通货膨胀。

☞ **混合性通货膨胀**
现实中,很有可能是需求上升和成本提高共同作用导致通货膨胀,称为混合性通货膨胀。

比如由于成本增加,使得物价水平提高,同时产出水平下降,为了恢复总产出,政府实行扩张性的经济政策,增加总需求,这会导致价格水平进一步提高。随后,工人又会要求更高的名义工资来弥补价格上涨造成的损失,导致生产成本进一步增加,总供给再次下降。

这样,在成本和需求两个因素的共同作用下,物价水平呈螺旋式上升,经济中出现混合性通货膨胀。

三、结构性通货膨胀

无论是需求拉动的通货膨胀,还是成本推动的通货膨胀,都可以归结为总供给和总需求总量不平衡所形成的通货膨胀,实际上,如果总供给和总需求在结构上不匹配,也会造成通货膨胀,这类通货膨胀称为结构性通货膨胀。

☞ **结构性通货膨胀**
虽然总供给和总需求在总量上平衡,但是如果在结构上不匹配,也会导致通货膨胀。称为结构性通货膨胀。

人们的需求是不断变化的,总是从一类产品转向另一类产品,这会导致经济中的产业结构不断调整。受到人们青睐的生产部门日渐兴盛,劳动生产率不断提高,自然地,这类生产部门的工资水平和产品价格水平会逐步提高;另一类生产部门的产品不受欢迎,日见衰落,劳动生产率停滞不前,但是由于工资是具有向下黏性的,这类生产部门的工资水平不但不会相应下降,而且,由于人们还存在着相互攀比的心理,衰落部门的工人看到兴盛部门的工人工资提高,还会要求提高自己的工资,从而引发整体工资水平和价格水平的提高。

即使总供给和总需求在总量上是平衡的,但如果在结构上不匹配,也会引发价格水平的不断提高,从而形成结构性的通货膨胀。这个理论揭示了在总供给和总需求总量大致平衡的情况下,一国完全可能存在着不同程度通货膨胀,现实也的确是这样,一国的经济发展往往伴随着某种程度的通货膨胀,物价水平不可能长时期地稳定不变。

重要问题 1　通货膨胀如何进行分类?

根据价格水平上升的速度,把年度物价水平上涨幅度不超过2%或者3%称为爬行的通货膨胀,上涨幅度不超过10%称为温和的通货膨胀,上涨幅度达到两位百分数称为奔腾的通货膨胀,上涨幅度达到三位百分数或者更高就称为超速通货膨胀。

根据形成的原因,可以把通货膨胀分为需求拉动的通货膨胀、成本推动的通货膨胀、混合性通货膨胀和结构性通货膨胀。

四、通货膨胀的危害

通货膨胀从来就不是一个受欢迎的经济现象,因为它总是使少数人获利,而使多数人受到损失,可以肯定地说,通货膨胀是不利于经济发展的东西。

通货膨胀越严重,对经济发展造成的负面影响就越大。爬行的通货膨胀往往是经济发展中不可避免的,其负面影响也很有限,一般来说,人们都可以接受;超速通货膨胀会带来严重的后果,甚至是经济崩溃,经济发展水平倒退,但是这种情况很少出现,人们更多的是关心温和的通货膨胀和奔腾的通货膨胀对经济造成的影响。

通货膨胀对经济的影响可以总结为两类:一是影响再分配,二是影响经济效率。

1. 影响再分配

通货膨胀改变名义资产的价值,在经济的不同主体中引发收入和财富的再分配。

最主要的再分配发生在政府部门和居民之间。纸币是由政府发行的,对政府来说,只需要付出印刷纸币的小小成本,就可以拿着纸币去购买居民手里的商品和劳务,把他们的财富转为政府的收入,这实际上是对居民的一种隐性征税,被称为通货膨胀税。在没有通货膨胀的时期,这种税收还不是很高,如果发生了通货膨胀,这项税负就很沉重了。试着想象一下这个例子,昨天,某个人的实际财富是两张办公桌,被政府以 1 000 元纸币收购过去了;到了今天,价格水平上涨了一倍,这个人手里的 1 000 元只能买一张办公桌,他的实际财富只有昨天的一半,另一半财富就是以通货膨胀税的形式被政府征收过去了。

☞ **通货膨胀税**
政府为了募集收入而发行货币,会增加货币供给、降低货币价值,引发通货膨胀,对人们的财富形成了一种类似税收的攫取,攫取的部分被称为通货膨胀税。

其次,再分配有利于债务人,不利于债权人。比如张三向李四借了 1 000 元,约定好第二年归还,期间发生了通货膨胀,物价水平上涨了一倍;第二年,等到李四拿到 1 000 元还款的时候,他的实际财富减少了一半,而张三得以从中获利,他只需偿还当初借入的实际财富的一半。

另外,再分配有利于浮动收入者,而不利于固定收入者。浮动收入者的收入可以根据价格水平的变化进行调整,从而实际收入是不变的,而对于固定收入者来说,通货膨胀使得他们的实际收入不断减少。尤其是那些靠领取固定退休金生活的老人,他们的生活水平会因为通货膨胀而降低。

2. 影响经济效率

通货膨胀不仅表现为商品和劳务的价格频繁波动,也会导致实际利率的不断变化,这会降低经济运行的效率。每个人因此面临的不确定性大大增加,更多的人宁愿选择等待,也不愿去签订经济合同。通货膨胀导致经济活动萎缩,不利于经济的发展。

比如在餐馆里,通货膨胀使饭菜的价格不断变化,必须要经常印刷新的菜单,有时还需要向顾客解释涨价的原因,这些都是通货膨胀给餐馆带来的成本,统称为菜单成本。对其他企业来说,通货膨胀也给它们带来了类似的菜单成本。通货膨胀带来了价格水平的频繁变动,使价格不能发挥

☞ **菜单成本**
由于通货膨胀导致经济中的物价和利率不断变化,扩大了经济中的风险,增加了经济活动的成本,这种成本称为菜单成本。

优化资源配置的作用,降低了经济的运行效率。

五、通货膨胀的治理

对政府部门来说,治理通货膨胀的方法主要有以下几类:

第一,抑制总需求的过度增长。如果是需求拉动的通货膨胀,就需要抑制总需求的过度增长,政府部门首先要做的就是严格控制政府支出,其次是通过增加税收、出口配额等政策,限制消费、投资和净出口的增长。

第二,合理确定货币发行量。通货膨胀总是表现为货币的价值降低了,如果能够及时调整货币发行量,稳定货币的价值,就能够在很大程度上缓解通货膨胀问题。

第三,采取特别措施。对于超速通货膨胀引起的经济混乱,有必要采取一些特别措施,比如实行商品配给制管理、废除旧的货币、直接管制工资和商品价格等,这些特别措施能够在较短的时间内迅速恢复经济秩序,为进一步从根本上治理创造了条件。

第四,实行指数化政策。通货膨胀常常是难以预料的,实行收入指数化政策是未雨绸缪的做法,通过把各种工资、收益与物价水平挂钩,保证实际收入稳定,能够有效避免通货膨胀的影响。

重要问题 2　通货膨胀会产生哪些危害,应该如何进行治理?

通货膨胀能够引起经济中不合意的财富和收入再分配、降低经济运行效率。其中再分配有利于政府部门,不利于居民;有利于债务人,不利于债权人;有利于浮动收入者,不利于固定收入者。由于通货膨胀导致价格水平和利率水平不断变化,增加了经济中的风险,降低了经济运行效率。通货膨胀总是使少数人收益,多数人蒙受损失,造成经济秩序混乱,严重的通货膨胀能够导致经济崩溃。

制止通货膨胀,需要抑制总需求水平过度增长;合理确定货币发行量;必要的时候实行价格管制、数量配给、更换货币等特殊措施;实行指数化政策,避免通货膨胀对人们收入的影响。

六、通货紧缩

☞**通货紧缩**
指物价水平持续、大幅下降的过程,往往伴随着货币供应量的下降和经济衰退。

通货紧缩是指物价水平持续、大幅下降的过程,往往伴随着货币供应量的下降和经济衰退。通货紧缩是与通货膨胀相对的经济现象。

对于通货紧缩的成因和治理方式,存在多种不同的观点。凯恩斯认为通货紧缩是由总需求不足造成的,投资是总需求中最活跃的变量,当生产企业预期到投资利润不够多的时候,就会减少投资行为,这会减少总需求,降低物价水平,另外通过投资乘数的作用,使总产出水平以数倍的水平下降。因此，对付通货紧缩的办法，就是增加政府开支，刺激有效需求。

以弗里德曼为代表的货币学派对凯恩斯的观点提出了批评，认为"货币存量的大幅度变动是一般价格水平大幅度变动的必要而且充分的条件"。如果货币供应量的增长慢于经济增长的需要，经济中就会出现价格水平的下降，即通货紧缩。为了避免通货膨胀或通货紧缩，政府必须把货币供应量增长保持在适当的水平。

费雪提出过度负债可能导致通货紧缩。如果经济中出现过度负债，债权人（经常是银行）意识到这个风险后，就会要求清偿债权，这会使得经济中的广义货币和货币流通速度下降，进而价格水平降低，使得企业部门的净资产减少、利润下降、破产增多，在这种情况下，企业部门会解雇工人、减少产出，整个社会弥漫着悲观情绪、丧失信心、减少交易，这又会进一步导致广义货币及其流通速度的下降，引发通货紧缩。

网络资源
弗里德曼执教于美国芝加哥大学，1976年获得诺贝尔经济学奖，要更多地进行了解，可以登录：
http://www.nobel.se/economics/laureates/1976/index.html

参考资料　经济体制改革后我国物价变动情况

从1979年经济体制改革以来，我国一共发生了四次比较严重的通货膨胀和一次通货紧缩：

(1) 1979—1980年。这次通货膨胀的原因主要是财政收支不平衡，导致货币供应量过大。1980年价格水平上升幅度达到6%，相比此前在计划经济体制下，物价非常稳定，这无疑是很高的通货膨胀率了。

随后政府采取了压缩投资规模的财政紧缩政策，有效地遏制了通货膨胀发展的势头，改善了经济结构，为进一步的经济改革与发展奠定了基础。

(2) 1984—1986年。第二次通货膨胀起因于信贷规模过度膨胀，导致货币供应量过大。1985年价格水平上涨幅度高攀至8.8%，经济出现过热的现象。

考虑到经济过热是由信贷扩张引起，政府采取了紧缩性的货币政策，先后采取了提高法定存款准备金率，直接控制银行的贷款总额和固定资产投资贷款等措施，对症下药，取得了很好的效果。

(3) 1987—1991年。这次通货膨胀主要是居民的非理性行为导致的。当时我国正在酝酿进一步的价格改革，居民担心价格水平会上升，提高了对通货膨胀率的预期，纷纷抢购商品，当这种非理性的做法在全社会蔓延开来后，导致商品供不应求，价格水平不可避免地上升。其中零售物价水平在1988年上涨了18.5%，在1989年上涨了17.8%。

鉴于此次通货膨胀的特殊情况，政府采取了以货币政策为主的计划控制措施，结合紧缩的财政政策，及时抑制了过热的消费需求。

(4) 1992—1994年。由于社会集资规模的急剧扩大和银行资金大量的以非贷款的形式流出，导致货币供应量快速上升，经济过热，引发新一轮的通货膨胀。1993年社会商品零售物价水平同比增长了13.9%。

针对通货膨胀的起因,政府采取了一系列措施:控制投资规模;整顿金融秩序、制止社会乱集资;提高存款利率、吸引居民存款;同时采取区别贷款的政策。最终经济实现"软着陆",平息了通货膨胀,进一步优化了经济结构。

(5) 1998—2000年。造成这次通货紧缩主要是由于我国供给能力相对过剩引起的,多年的盲目投资、重复建设造成生产能力相对过剩,同时由于1997年亚洲金融危机的影响,周边国家进口减少,使我国的净出口需求萎缩,这些因素促成了我国通货紧缩的形成。

1998年零售商品物价水平比1997年下降了2.6%,居民消费物价指数下降了0.8%,针对这种情况,政府推行积极的财政政策和稳健的货币政策,逐渐使我国走出了通货紧缩的阴影。

2003年第三季度开始,我国的物价水平又出现了较快的增长,同时伴随着固定资产投资的高速增长和经济快速发展,似乎我国刚刚走出通货紧缩,就进入了通货膨胀,但是目前还没有定论,理论界为此展开了激烈的争论。

重要问题3　为什么会形成通货紧缩?

通货紧缩是指物价水平持续、大幅下降,往往伴随着货币供应量下降和经济衰退。对于其成因,存在不同的观点。

凯恩斯认为是投资减少,降低了总需求,进而导致价格水平下降和产出减少。提出要通过增加政府支出来治理通货紧缩。

货币学派认为是货币供应量下降导致物价水平上升的,政府必须把货币供应量保持在适当水平才能防止通货紧缩。

费雪认为过度负债是导致通货紧缩的原因,过度负债能够引起企业破产、货币供应量下降等一系列反映,并促成通货紧缩的形成。

第三节　失业与通货膨胀的关系

重要问题

1. 菲利普斯曲线包含了什么经济学含义?
2. 为什么菲利普斯曲线会向外扩展,长期的菲利普斯曲线应该是什么样的?

失业和通货膨胀都是不受欢迎的经济现象,通过进一步的分析可以知道,失业率与通货膨胀率之间还存在一定的联系,对这种关系最经典的论述是菲利普斯曲线,本节将对此作简单介绍。

一、短期的菲利普斯曲线

菲利普斯曲线是在 1958 年由伦敦经济学院的菲利普斯教授提出的,他分析了 1861—1957 年期间英国的货币工资增长率和失业率,发现两者间存在着显著的负相关关系,失业率越高,货币工资增长率就越低;失业率越低,货币工资增长率就越高。把这种关系刻画在图形上就是原始的菲利普斯曲线(Phillips Curve)。

如图 7-4 所示,菲利普斯曲线表现为一条向下倾斜的曲线,反映了货币工资增长率与失业率之间的负相关关系。这种负相关关系可以这么解释:失业率越低,意味着劳动力市场上,劳动需求越是旺盛,在劳动供给相对稳定的情况下,势必引起劳动力价格——货币工资上升;反之,失业率越高,意味着劳动需求减少,货币工资下降。

工资是产品成本的主要部分,因而也是产品价格的重要基础,所以,反映货币工资增长率与失业率关系的菲利普斯曲线也反映了通货膨胀率与失业率之间的关系,一般我们所说的菲利普斯曲线都是反映后两者关系的,而把反映前两者关系的称为原始的菲利普斯曲线。

> **菲利普斯曲线**
> 表示失业率与通货膨胀率之间的替代关系的曲线称为菲利普斯曲线。

图 7-5 中的菲利普斯曲线刻画了失业率 U(Unemployment Rate)与通货膨胀率 I(Inflation Rate)之间的负相关关系。短期内菲利普斯曲线是一条向下倾斜的曲线,表示短期内失业率与通货膨胀率之间存在着替换的关系;正如我们将要了解的那样,长期的菲利普斯曲线将是一条垂直于横轴的直线,表示长期内两者并不能替换。

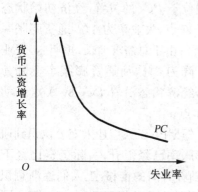

图 7-4 原始的菲利普斯的曲线

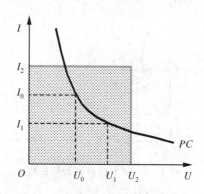

图 7-5 短期菲利普斯曲线

短期内失业率与通货膨胀率之间存在替换关系,为政府部门提供了政策空间。如图 7-5 所示,假设经济体能承受的最高失业率和最高通货膨胀率分别为 U_2 和 I_2,那么位于阴影部分内的菲利普斯曲线就代表了政府可以选择的策略组合。政府可以选择较高的失业率与较低的通货膨胀率的组合(U_1, I_1),也可以选择较低的失业率与较高的通货膨胀率组合(U_0, I_0)。如果经济中的失业率过高,则政府可以采取扩张性的财政政策和货币政策,提高总需求水平,增加产出,降低就业率,相应的代价是通货膨胀率上升;如果经济中的通货膨胀率过高,政府可以采取紧缩性的政策,抑制总需求过度增长,降低通货膨胀率,相应的代价是失业率上升。

> **重要问题1** 菲利普斯曲线包含了什么经济学含义?
>
> 菲利普斯曲线是一条向下倾斜的曲线,最初的含义是表示失业率与货币工资增长率之间存在负相关关系:失业率越高,意味劳动力市场上需求减少,在劳动力供给相对稳定的情况下,劳动力价格,即货币工资的增长率必然会下降;反之,如果失业率越低,货币工资增长率就越高。
>
> 由于工资是产品成本的主要部分,因而也是产品价格的主要部分,工资变化与价格变化是一致的,所以菲利普斯曲线被引申来表示失业率与通货膨胀率的关系。短期内,失业率与通货膨胀率之间存在此消彼涨的替代关系。

二、扩展的菲利普斯曲线

如果人们不认为通货膨胀有进一步严重的趋势,那么菲利普斯曲线就不会向外扩展,但如果人们预期通货膨胀会越来越严重,就会导致菲利普斯曲线向外扩展。

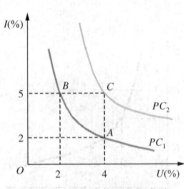

图7-6 扩展的菲利普斯曲线

如图7-6所示,初始的菲利普斯曲线位于PC_1的位置,经济初始状态位于A点,失业率为4%,通货膨胀率为2%;由于总需求增长,短期内,失业率下降为2%,而通货膨胀率上升为5%,经济状态沿着PC_1从A点运动到B点。

短期内,工人们还未充分认识到通货膨胀率已经上升,实际工资已经下降;随着时间的推移,工人们逐渐意识到通货膨胀率已经上升为5%,并预期这种情况将持续下去;在签订新合同时,就要求提高名义工资,以补偿通货膨胀上升对实际工资的侵蚀,对厂商来说,劳动力成本上升了,就会减少雇佣的工人数量,导致失业率上升为4%。

表现在图形上,通货膨胀预期使得菲利普斯曲线从PC_1的位置移动到PC_2的位置,对应于5%的通货膨胀率,失业率从2%上升为4%,经济

状态从 B 点移动到 C 点。

三、长期菲利普斯曲线

长期内,经济中的失业率稳定在自然失业率的水平上,通货膨胀率与失业率之间不再是相互替代、此消彼涨的关系,菲利普斯曲线变成了一条垂直于横轴的直线。

如图 7-7 所示,假设经济中的自然失业率是 4%,长期菲利普斯曲线就是位于 4% 的失业率水平的一条垂直线,这是由于人们不断调整通货膨胀预期导致的。

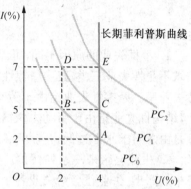

图 7-7　长期菲利普斯曲线

经济中初始的菲利普斯曲线位于 PC_0 的位置,初始状态如 A 所示,失业率位于 4% 的自然失业率水平上,通货膨胀率为 2%;政府通过扩张性的政策,增加经济中的总需求,短期内,使得失业率降低为 2%,而通货膨胀率上升为 5%,经济状态由 A 点过渡到 B 点;随着时间的推移,人们的通货膨胀预期调整到 5% 的水平,要求更高的名义工资,在 5% 的通货膨胀率水平上,失业率回复到自然失业率的水平,经济状态由 B 点过渡到 C 点,菲利普斯曲线从 PC_0 扩展到 PC_1 的位置。

假设政府再次实行扩张性的政策,短时间内,使得通货膨胀率上升为 7%,失业率下降为 2%,经济状态由 C 点过渡到 D 点;一段时间过后,人们的通货膨胀预期进一步调整到 7% 的水平,并据此要求再高的名义工资,失业率仍然回复到自然失业率的水平,菲利普斯曲线进一步扩展到 PC_2 的位置,经济状态由 D 点过渡到 E 点。

这样,把 A、C、E 连接起来就是长期的菲利普斯曲线,表现为一条垂直于横轴的直线,表示长期内通货膨胀率与失业率不存在此消彼涨的关系,失业率将稳定在自然失业率的水平上。

重要问题 2　为什么菲利普斯曲线会向外扩展,长期的菲利普斯曲线应该是什么样的?

通货膨胀预期使得菲利普斯曲线向外扩展。如果人们认为通货膨胀不会变得更严重,菲利普斯曲线就不会移动;如果人们预期通货膨胀会进一步加剧,就会要求提高名义工资,以保持实际工资不变,在同一个通货膨胀率的水平上,这会使厂商减少雇佣的工人数,导致失业率上升,从而菲利普斯曲线向外扩展。

> 长期内,失业率稳定在自然失业率的水平上,菲利普斯曲线变成了一条垂直的直线,任何短暂的偏离,都会改变人们对通货膨胀的预期,通过名义工资的调整,使失业率回复到自然失业率水平。

本章小结

1. 根据失业的原因不同,可以把失业分为摩擦性失业、结构性失业和需求不足性失业三类,其中摩擦性失业和结构性失业对应的失业率称为自然失业率。摩擦性失业指由于劳动力市场上的信息不对称造成的暂时失业,结构性失业指由于劳动力供需结构不一致造成的失业,需求不足型失业是由总需求水平过低,企业解雇工人造成的。

2. 失业会带来一系列代价。失业意味着劳动力资源的丧失,减少经济中的产出;失业还会给失业者个人和家庭带来经济损失和精神压力;如果失业严重,还可能导致社会不稳定。

3. 失业问题难以避免,但是可以通过努力来最大限度地缓解。对于结构性失业,可以采取提高劳动者素质的办法;对于需求不足型失业,可以通过提高总需求来解决。

4. 从物价水平上升速度来看,可以把通货膨胀分为爬行的通货膨胀、温和的通货膨胀、奔腾的通货膨胀和超速通货膨胀四类;从原因的角度来看,可以把通货膨胀分为需求拉动的通货膨胀、成本推动的通货膨胀、混合性通货膨胀和结构性通货膨胀四类。

5. 通货膨胀指物价水平持续、大幅上升的过程,这将给经济造成负面的影响。通货膨胀能够改变名义资产的价值,在不同的经济主体之间引起收入和财富的再分配;还会通过价格引起实际利率的波动,形成菜单成本,降低经济运行的效率。治理通货膨胀的措施包括抑制总需求水平过度增长、控制货币发行量、采取价格管制等特殊措施和实现指数化政策等。

6. 通货紧缩指物价水平持续、大幅下降的过程,往往伴随着货币供应量的下降和经济衰退。凯恩斯认为通货紧缩是由于总需求不足造成的,货币学派认为是由于货币供应量增长慢于经济增长造成的,费雪则认为经济中存在过度负债可能引发通货紧缩。

7. 菲利普斯曲线反映了失业与通货膨胀之间的关系。短期内,菲利普斯曲线是一条向下弯曲的曲线,表明失业和通货膨胀在短期内是此消彼涨的;通货膨胀预期将使菲利普斯曲线向外扩展;长期内,菲利普斯是一条垂直的直线,失业率稳定在自然失业率的水平上,与通货膨胀率之间不再是彼此替代的关系。

本章练习题

1. 什么是自然失业率?
2. 失业会带来哪些损失?

3. 如何治理不同类型的失业？
4. 按照物价上涨速度，可以把通货膨胀分为哪些类型？
5. 哪些因素可能会引起通货膨胀？
6. 通货膨胀如何影响再分配和经济效率？
7. 为什么会产生通货紧缩？
8. 人们的通货膨胀预期如何使菲利普斯曲线向外扩展？
9. 为什么长期菲利普斯曲线是垂直的？

网络学习导引

网络地址：中华人民共和国劳动和社会保障部网站http://www.molss.gov.cn/。

检索路径：首页→统计公报。

网络应用：查询历年的劳动和社会保障事业发展统计公报，收集最近十年年末的城镇登记失业率数据，这些数据表现出怎样的趋势？

分组讨论：近年来大学生就业压力很大，结合你收集的数据与大家讨论一下就业的前景。

第八章

宏观经济政策

学习目标
- 了解宏观经济政策的目标和宏观经济政策工具的分类
- 掌握自动稳定机制、挤出效应、古典区域和流动性陷阱的政策含义
- 了解政策原理和政策规范的相关内容

基本概念

　　自动稳定机制　挤出效应　丁伯根原则　有效市场分类原则　规则　相机抉择

参考资料
- 李嘉图等价
- 我国的积极财政政策
- 2003、2004年存款准备金率的两次上调
- 丁伯根原则

第八章 宏观经济政策

通过上一章的学习,我们分析了失业和通货膨胀这两种最常见的经济失衡现象;在本章里,我们将结合 IS-LM 模型,介绍解决这些问题的经济政策,并讨论各种政策的效力问题以及运用宏观经济政策的原理和规则。

理想中的经济应该处于充分就业的潜在产出水平,物价水平稳定;但是现实中存在各种各样的经济冲击,干扰了经济的均衡发展,使得产出偏离潜在水平,失业率居高不下,通货膨胀严重。很多的情况下,总供给和总需求总是处于不相等的非均衡状态,虽然经济能够发挥自我调节机制的作用,逐渐地向均衡的发展轨道回归,但是这可能需要很长的时间;在这种情况下,政府就有必要运用宏观经济政策来调节经济的运行,减少冲击带来的影响,实现国民经济的稳定发展。

政府希望通过实施宏观经济政策,实现经济增长、充分就业和低通货膨胀的政策目标。宏观经济政策包括财政政策和货币政策,其主要的作用对象是经济中的总需求,因此,宏观经济政策又称为是宏观需求管理政策。在经济过度繁荣、总需求过度增长时,应该采取紧缩性的经济政策以降低总需求水平,在经济萧条、总需求不足时,应该实行扩张性的经济政策以提高总需求水平。

第一节 财政政策

重要问题

1. 财政政策的工具有哪几种?
2. 什么是自动稳定机制?
3. 财政政策的效力受到哪些因素的影响?

政府通过改变自身的支出和收入来调节总需求、实现经济稳定发展的政策称为财政政策。我们把政府增加支出、减少收入以提高总需求水平的政策称为扩张性的财政政策,把政府减少支出、增加收入以降低总需求水平的政策称为紧缩性的财政政策。

☞**财政政策**
政府通过改变自身的收入与支出来调节总需求、稳定经济发展的政策行为。

一、政策工具

政府的支出和收入都可以用作财政政策工具,政府的支出主要包括购买性支出和转移支付;政府的收入主要通过税收取得,也可以通过发行国债来向国民借款。

1. 购买性支出

政府的购买性支出指政府部门开展日常工作的支出和建设公共项目

所进行的支出,包括政府工作人员的工资、办公用品和修建大桥、道路、国防建设等开支。政府购买性支出是总支出的一部分,对总支出水平有直接的影响,是政府部门运用得最频繁的政策工具。

政府部门增加购买性支出,将提高总需求水平,增加经济中的总产出;政府部门削减购买性支出,将降低总需求水平,减少经济中的总产出。

2. 转移支付

政府转移支付指各种社会福利支出和救济性支出,包括失业救济、低收入人口补助、贫困学生助学金等内容。所谓转移支付,是政府通过税收的形式把较高收入社会成员的一部分收入集中起来,再以转移支付的形式发放给较低收入的社会成员,这对促进社会公平、增加社会福利是非常有意义的。

政府转移支付虽然不能直接影响总支出,但是一般来说,接受转移支付的居民收入水平较低,其边际消费倾向比较高,而对于收入较高的居民,其边际消费倾向就比较低。当一笔钱款从收入较高的居民转移给了收入较低的居民后,就会有更大的一部分用于消费,从而间接提高总需求水平。

因此,如果政府增加转移支付,就能够提高总需求水平;如果政府减少转移支付,就会降低总需求水平。

3. 税收

税收是政府取得收入的主要形式,具有强制性、无偿性和固定性的特征。税收是政府部门对私人部门(家庭部门和企业部门)收入的一种攫取,也可以被政府用作政策工具,来调节经济中的总需求。

如果政府提高税率、增加税收,一方面会减少家庭部门的可支配收入,降低消费支出,另一方面会减少企业部门的收入和营利,降低投资支出,两方面的作用会造成总需求水平的下降,减少经济的总产出;反之,如果政府降低税率、减少税收,就会提高总需求水平,增加经济的总产出。

4. 国债

国债是指政府部门凭借其自身的信用向私人部门借款所形成的债务,从私人部门来看,国债就是对政府部门的债权。如果政府收入大于政府支出,收入减支出的差额称为财政盈余;如果税收收入不足以应付政府支出的需要,支出减收入的差额称为财政赤字,对于财政赤字,政府可以通过向公众举债的方式来弥补。

通常的做法是,政府向公众发行债券,由公众自行决定是否认购以及认购多少,因而并不具有税收的强制性和固定性;另外,政府还会承诺,在到期偿还本金之外,向债权人支付一定利息作为回报,因此国债是有偿性的借贷,而不同于无偿性的税收。

国债首先是政府部门为解决收支不平衡而进行的借贷行为,也可以成为调节经济运行的政策工具。如果政府部门增加向公众的借贷以进行更多的支出,就会提高总需求水平,增加总产出;如果政府部门减少借贷,压缩政府支出,则会降低总需求水平,减少总产出。

网络资源
经济政策研究中心是国外著名的研究机构,其网站上有很多论文报告,对欧洲及其他国家的经济形势和经济政策作了精彩的分析和评论,还提供很多重要的数据。网址: http://www.cepr.org

网络资源
中国债券信息网是专门介绍政府债券的网站,从那里可以浏览到各类国债交易信息和相关的经济分析。网址: http://www.chinabond.com.cn/

IS-LM 模型是分析经济政策的好工具。财政政策直接影响的是商品市场均衡，在 IS-LM 模型中，财政政策的调整体现为 IS 曲线的移动，扩张性的财政政策使 IS 曲线向右平行移动，紧缩性的财政政策使 IS 曲线向左平行移动。

如图 8-1(a)所示，如果政府实行的是刺激总需求的扩张性财政政策，将会使 IS 曲线从 IS_1 的位置向右移动至 IS_2 的位置，相应地，经济中的总产出水平从 Y_1 提高到 Y_2，同时，产出水平上升增加了货币需求，在货币供给不变的情况下，利率水平从 r_1 上升为 r_2。图 8-1(b)表示政府实行的是抑制总需求的紧缩性财政政策，IS 曲线从 IS_1 的位置向左移动到 IS_2 的位置，经济中的总产出水平从 Y_1 下降为 Y_2，货币需求减少，利率水平从 r_1 下降为 r_2。

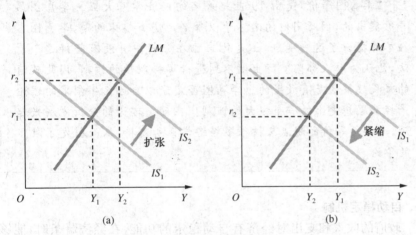

图 8-1　财政政策的作用分析

重要问题 1　财政政策的工具有哪几种？

财政政策是指政府通过改变自身的收入与支出以调节总需求、稳定经济发展的政策，政府的收入和支出项目都可以称为财政政策的工具，具体包括购买性支出、转移支付、税收和国债。我们把政府增加支出、减少收入以提高总需求水平的政策称为扩张性的财政政策，把政府减少支出、增加收入以降低总需求水平的政策称为紧缩性的财政政策。

参考资料　李嘉图等价

传统的观点认为，政府实行减税政策时，将会增加消费者的税后收入，从而刺激他们的支出，这样财政政策就对消费水平等宏观经济变量产生影响。而被称为"李嘉图等价"的观点则对政府税收政策变化的效果提出了另外的看法。

李嘉图等价认为,如果消费者是完全向前看的,那么政府税收政策的变化并不会影响到消费。当政府减税时,家庭会预期到减税可能会给政府带来严重的财政赤字,这样在未来的某个时候政府将不得不增加税收,以便支付债务和积累的利息。因此,减税政策实际上代表了现在减税与未来增税的结合,减税仅仅给了家庭最终要拿回去的暂时收入。在这样的预期下,家庭会把额外的可支配收入储蓄起来,以支付减税所意味着的未来税收负担,这样消费支出就不会上升,从而使得减税政策失去效果。

"李嘉图等价"是由19世纪著名的经济学家大卫·李嘉图第一次提出的,因此用他的名字予以命名。饶有趣味的是,李嘉图本人尽管提出了这一观点,但是他自己在分析中并没有坚持这个看法,他认为私人部门实际上做不到进行那样理性的预期,因此政府的减税政策还是有效果的。李嘉图否定了以自己名字命名的理论是经济思想史上的一个极大的讽刺!在动态理论的分析方法兴起后,李嘉图等价的观点又被很多经济学家所支持,从而引发了激烈的争论。

二、自动稳定机制

自动稳定机制
政府的某些支出和收入项目,在衰退时刺激总需求,在过热时抑制总需求,这种自动地减缓经济波动机制称为自动稳定机制。

政府的收入和支出对经济有自动稳定的功能,在经济萧条时,能够自动刺激总需求水平,在经济过热时,能够自动抑制总需求水平,从而减缓经济的周期性波动。这种无需政府做出调整,就能自动稳定经济的机制被称为是自动稳定机制,其中政府税收和转移支付的自动稳定作用最为明显。

政府按照既定的税率对私人部门的收入进行征税,税收能够随着国民收入的变化自动调整,在经济萧条阶段,国民收入水平下降,税收也会相应减少,即政府收入下降,政府部门与私人部门一起分担了经济萧条的影响,这会使得私人部门收入下降的幅度小于国民收入下降的幅度,有利于延缓总需求的下降趋势;当经济处于过度繁荣阶段,国民收入水平提高,税收也会同时上升,政府收入增加,国民收入的增加有一部分流向了政府部门,这会使得私人部门的收入上升幅度小于国民收入上升幅度,有利于抑制消费支出和投资支出,减缓总需求的过度增长。

政府转移支付也具有很好的自动稳定功能,当经济处于萧条阶段时,人们的收入普遍减少,失业人员增加,更多的人需要援助,政府转移支付增加,这会使人们的可支配收入下降幅度小于国民收入下降的幅度,减缓消费支出和总需求的下降趋势;在经济过度繁荣阶段,人们收入普遍增加,失业率下降,需要援助的人减少了,政府转移支付相应下降,从而使人们的可支配收入上升幅度小于国民收入上升的幅度,抑制消费支出和总需求的过度增长。

 重要问题2　什么是自动稳定机制？

自动稳定机制是指财政政策的某些支出和收入项目能够随着经济形势的变化而自动调整,起到稳定经济发展的作用,其中税收和转移支付的作用最明显。在经济衰退阶段,税收减少,转移支付增加,人们收入减少的幅度小于国民收入下降的幅度,有利于减缓总需求下降;在经济过度繁荣阶段,税收增加,转移支付减少,人们收入增加的幅度小于国民收入增加的幅度,有利于抑制总需求增长。

三、政策效力分析

所谓财政政策的效力分析,讨论的是对于一定的财政政策调整,能够在多大程度上实现理想的政策目标。财政政策的效力首先取决于相关乘数的大小,比如政府打算通过增加购买性支出来提高总需求水平,对于一定的支出增加,政府支出乘数越大,总需求水平提高得就越多,政策效力就越大;反之,政府支出乘数越小,总需求水平提高得就越少,政策效力就越小。

如图8-2所示,政府支出增加使得 IS 曲线从 IS_1 的位置向右移动到 IS_2 的位置,在没有货币市场作用的情况下,经济中的均衡产出将从 Y_1 增加到 Y_2。

考虑到货币市场以后,情况就发生了变化。政府支出的增加提高了总支出水平,总支出增加带来总收入水平的提高,而收入提高会增加货币需求,在货币供给不变的情况下,货币需求的增加会导致利率上升,利率上升必然会减少投资支出,从而会部分抵消政府支出增加所产生的扩张性效果,使最终的均衡产出水平有所下降。

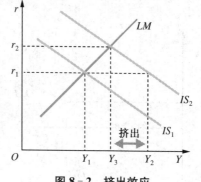

图8-2　挤出效应

这一点可以从图形上清楚地看到,LM 曲线与 IS_2 曲线的交点是经济中的最终均衡点,对应的均衡利率和均衡产出分别为 r_2 和 Y_3。表明总需求的增加使均衡利率水平从 r_1 提高到了 r_2,最终的均衡产出为 Y_3,并没有达到 Y_2 的水平。我们把这种由于政府支出增加而导致私人部门投资减少的作用机制称为挤出效应,在图8-2中,Y_2-Y_3 所代表的就是被挤掉的产出部分。

挤出效应
在货币供给不变的情况下,政府支出的增加会带来利率的提高,进而降低私人部门的投资支出。这种效应称为挤出效应。

因此,财政政策的效力不仅取决于乘数,还取决于挤出效应的大小,挤出效应越大,则政策效力就越小,挤出效应越小,则政策效力就越大。

那么挤出效应的大小由什么决定呢?从上面的分析中可以知道,挤出效应要经历两个作用过程,一是收入增加引起货币需求上升,进而提高利率水平,这个作用大小取决于货币需求的收入系数;二是利率上升导致投资减少,这个作用大小取决于投资对利率的敏感程度。也就是说,如果货币需求的收入系数越高,或者投资对利率越敏感,则挤出效应就越大,相应地财政政策的效力就越小;反之,如果货币需求的收入系数越低,或者投资对利率越不敏感,则挤出效应就越小,财政政策的效力就越大。

我们可以借助图形来理解这个问题。货币需求的收入系数越高,体现为 LM 曲线越陡峭;货币需求的收入系数越低,体现为 LM 曲线越平坦。图8-3直观地揭示了在其他条件相同的情况下,两条斜率不同的 LM 曲线将产生不同的挤出效应。图 8-3(a)表示的是一条比较平坦的 LM 曲线,政府支出增加只带来利率以较小的幅度上升,相应的挤出效应也比较小;图 8-3(b)表示的是在其他条件完全相同的情况下,一条比较陡峭的 LM 曲线会导致利率较大幅度的上升,由此引发的挤出效应显然比(a)图中的情况更大。因此,我们可以这样总结:在其他条件不变的情况下,LM 曲线越平坦,财政政策的效力就越大,LM 曲线越陡峭,财政政策的效力就越小。

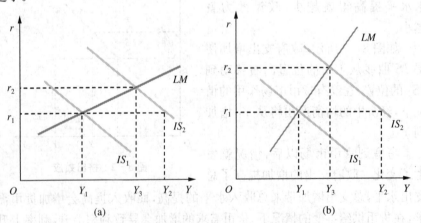

图 8-3 财政政策的效力分析

在极端情况下,存在 LM 曲线完全平行的凯恩斯区域和完全垂直的古典区域。在凯恩斯区域,经济中存在着流动性陷阱,总需求增加不会导致利率上升,经济中不存在挤出效应,如图 8-4(a)所示,此时财政政策完全有效;在古典区域,LM 曲线完全垂直,政府支出增加只会引起利率上升,而均衡产出不会变化,此时存在着完全的挤出效应,均衡产出的总量不变,意味着政府支出增加多少,就会挤出多少私人部门的投资,如图 8-4(b)所示,此时财政政策完全无效。

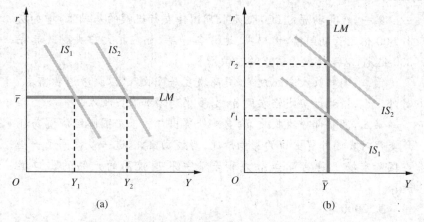

图 8-4 极端情况下的财政政策

 参考资料 我国的积极财政政策

为了保持国民经济持续、健康、快速的发展,我国政府从1998年起,开始实行积极(扩张性)的财政政策,取得了很好的政策效果。下面介绍历年积极财政政策的主要举措。

1. 1998年

第一,增发1 000亿元长期国债,所筹资金用作国家预算内的基础设施建设专项投资。这1 000亿元的举债一分为二,中央、地方各500亿元,相应使1998年中央预算支出扩大500亿元,中央财政赤字由年初预算的460亿元扩大到960亿元。

这1 000亿元资金重点投向:(1)增加农田水利和生态环境建设投资;(2)继续加快铁路、公路、电信和一些重点机场建设;(3)扩大城市环保和城市基础设施建设规模;(4)建设250亿千克仓容的国家储备粮库;(5)实施农村电网改造和建设工程,同时抓紧进行城市电网改造;(6)扩大经济适用住宅建设规模;(7)增加公检法设施建设投入。

第二,将年初预算中原用于基础设施建设的180亿元调整为经常性项目支出,用于增加科技教育投入、国有企业下岗职工基本生活费保障、离退休人员养老金的按时足额发放和增加抢险救灾支出。

2. 1999年

根据当年第二季度表现出来的固定资产投资增幅回落、出口下降、消费需求持续不振的情况,决策层决定对积极财政政策的实施力度和具体措施做出进一步调整,主要内容可归纳为三个大的方面:

第一,在年初原定 500 亿元长期国债发行规模的基础上,增加发行 600 亿元长期国债,仍中央、地方各一半,相应扩大中央财政赤字 300 亿元,以保持投资需求的较快增长。

第二,调整收入分配政策,提高城乡居民收入,以刺激消费需求。另外,采取措施切实减轻农民负担,多渠道增加农民收入。

第三,调整部分税收政策,支持外贸出口。根据国际经济贸易环境变化对我国外贸出口的影响情况,为鼓励出口,进一步提高了一些在国际市场上具有竞争潜力和产业关联度较高的产品的出口退税率。

3. 2000 年

2000 年上半年,国民经济出现好转。为了巩固这种重大转机,并预计到其后会有一些不确定因素,决定进一步加大积极财政政策的力度,在年初决定的 1 000 亿元长期国债发行规模的基础上,下半年又调整预算,增发 500 亿元长期国债。

新增国债重点向五个方面投入:一是水利和生态项目建设;二是教育设施建设,包括高等学校扩招增加学生校舍等基础设施建设,中西部高校建设补助;三是交通等基础设施项目建设,新增 100 亿千克粮库建设以及中西部地区旅游设施建设;四是企业技术改造、高新技术产业化,国防军工企业技术改造;五是城市环保项目建设。

在世界经济普遍不景气的情况下,我国经济能够保持高速的增长,积极财政政策起到了很大的作用,但是这样的政策是有成本的。长期的大幅财政支出,形成了大量的财政赤字,加重了我国的财政负担;财政投资还会产生挤出效应,不利于民间资本和国外资本的发展;另外,财政政策的效果正在逐渐减弱,投资效益不断下降。

实行积极的财政政策只能是阶段性的。我国的财政政策基本实现了既定的目标,完成了任务,积极的财政政策可以而且需要逐渐淡出,这也是实现我国经济持续、健康发展的必要条件。

重要问题 3 财政政策的效力受到哪些因素的影响?

政策效力是指对于一定的政策调整,能够在多大程度上实现理想的政策目标。财政政策的效力受到相关乘数和挤出效应的影响,如果乘数比较大,或者挤出效应比较小,则财政政策的效力就比较大;如果乘数比较小,或者挤出效应比较大,则财政政策的效力就比较小。

第二节 货币政策

重要问题
1. 货币政策的工具有哪几种？
2. 货币政策效力受到哪些因素的制约，为什么要进行政策配合？

中央银行通过改变经济中的货币供应量和利率水平来调节总需求、实现经济稳定发展的政策称为货币政策。我们把中央银行增加货币供应量、降低利率水平以提高总需求水平的政策称为扩张性的货币政策，把中央银行减少货币供应量、提高利率水平以抑制总需求水平的政策称为紧缩性的货币政策。

☞**货币政策**
指中央银行通过改变货币供应量和利率水平来调节总需求、稳定经济发展的政策行为。

一、政策工具

中央银行运用的货币政策工具主要有三个：公开市场业务、再贴现贷款和再贴现率以及法定存款准备金率。

1. 公开市场业务

公开市场业务是指中央银行通过在金融市场上公开买卖政府债券，以调控货币供应量和利率水平的政策行为。在经济处于萧条时期，总需求水平不足，中央银行就在金融市场上买进政府债券，放出基础货币，通过货币乘数的作用，这会增加经济中的货币供应量，并使得利率下降，从而提高总需求水平；在经济过热时，总需求水平过度增长，中央银行就在金融市场上卖出政府债券，回收基础货币，这将减少货币供应量，提高利率水平，从而起到抑制总需求水平的作用。

☞**公开市场业务**
指中央银行通过在金融市场上公开买卖政府债券，以调控货币供应量和利率水平的政策行为。

中央银行可以根据经济形势的变化，适时买进或者卖出政府债券，因此，公开市场业务具有很好的灵活性，是中央银行运用得最多的货币政策工具。

2. 再贴现贷款和再贴现率

作为银行的银行，中央银行还为商业银行提供各种服务，其中重要的一项就是向商业银行提供再贴现贷款。所谓再贴现贷款，是指当商业银行出现临时性的资金短缺时，就可以把持有的债券作为抵押，向中央银行申请短期贷款；对此，中央银行会相应地收取利息，其利率就是贴现率。

☞**再贴现贷款**
指商业银行以持有的债券作为抵押，向中央银行申请的短期贷款。相应的利率称为再贴现率。

在经济萧条阶段，中央银行可以增加贴现贷款的发放，并降低贴现率，为商业银行提供所需的资金支持，增加经济中的货币供应量，降低利率水平，有利于提高总需求水平；在经济过热的时候，中央银行就减少贴现贷款的发放，并提高贴现率，限制商业银行的信贷规模，减少经济中的货币供应量,提高利率水平,从而抑制总需求水平的过度增长。

3. 法定存款准备金率

法定存款准备金率是影响商业银行存款创造的重要因素,由中央银行直接控制,可以成为非常有效的货币政策工具。

在经济萧条时期,中央银行可以降低法定存款准备金率,提高商业银行的存款创造能力,这会增加经济中的货币供应量,降低利率水平;在经济过热阶段,中央银行可以提高法定存款准备金率,降低商业银行的存款创造能力,从而减少货币供应量,提高利率水平。

货币政策直接影响的是货币市场均衡,在 $IS-LM$ 模型中,货币政策的调整体现为 LM 曲线的移动,扩张性的货币政策使 LM 曲线向右移动,紧缩性的货币政策使 LM 曲线向左移动,其作用过程可以图示如下。

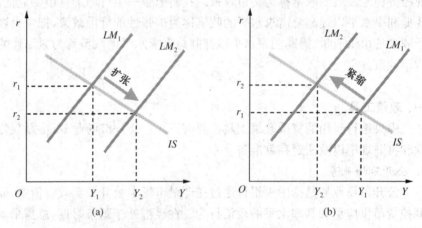

图 8-5 货币政策的作用分析

图 8-5(a)表示中央银行实行扩张性的货币政策,货币供给增加,LM 曲线从 LM_1 的位置向右移动到 LM_2 的位置,经济中的均衡产出从 Y_1 增加到 Y_2,利率水平从 r_1 下降为 r_2;图 8-5(b)表示中央银行实行紧缩性的财政政策,货币供给减少,LM 曲线从 LM_1 的位置向左移动到 LM_2 的位置,均衡产出从 Y_1 下降为 Y_2,利率水平从 r_1 上升到 r_2。

> **重要问题 1 货币政策的工具有哪几种?**
>
> 中央银行通过改变货币供应量和利率水平以调节总需求、实现经济稳定发展的政策称为货币政策。货币政策的工具包括公开市场业务、再贴现贷款和再贴现率以及法定存款准备金率。我们把中央银行增加货币供应量、降低利率水平以提高总需求水平的政策称为扩张性的货币政策,把中央银行减少货币供应量、提高利率水平以降低总需求水平的政策称为紧缩性的货币政策。

二、政策效力分析

货币政策通过调整货币供应量来影响利率水平,进而改变投资支出和总需求,其政策的效力主要取决于投资对利率的敏感程度。对于货币供应量变动引起利率一定程度的变化,如果投资对利率比较敏感,则对总需求的影响就比较大,货币政策的效果就较好;如果投资对利率比较不敏感,则对总需求的影响就比较小,货币政策的效果就较差。

分析货币政策的效力也可以借助于图形。投资对利率越敏感,IS 曲线就越平坦,投资对利率越不敏感,IS 曲线就越陡峭,因此,我们可以总结说,IS 曲线越平坦,货币政策的效力就越大;IS 曲线越陡峭,货币政策的效力就越小,这一点可以从图 8-6 中直观地看出。

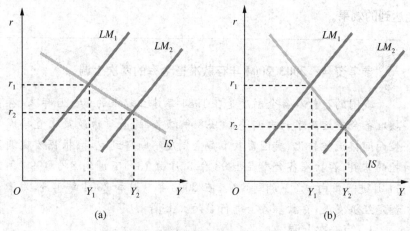

图 8-6 货币政策的效力分析

图 8-6(a)中是一条比较平坦的 IS 曲线,表示经济中投资对利率比较敏感,图 8-6(b)中是一条比较陡峭的 IS 曲线,表示经济中投资对利率比较不敏感。对于完全相同的扩张性货币政策,平坦的 IS 曲线就能够实现总产出水平的较大提高,而陡峭的 IS 曲线只能使总产出以较小的幅度增加。

需要指出的是,当经济处于流动性陷阱时,货币的投机性需求无限大,任何货币供给的增加都会被公众持有,不能够降低经济中的利率水平,因而也就无法增加总需求,此时货币政策完全无效,而财政政策比较有效;当经济位于古典区域时,货币政策就比较有效,而财政政策完全无效。

三、政策配合

财政政策和货币政策可以配合使用,以取得更好的政策效果。根据经济形势的需要,可以同时实行扩张性的财政政策和货币政策,也可以是两种政策同时紧缩,还可以是一个扩张,另一个紧缩。政策配合使用能够更有效地调节经济运行。

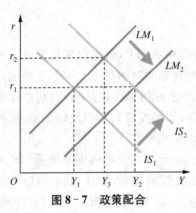

图 8-7 政策配合

以扩张性的财政政策和扩张性的货币政策配合为例。如图 8-7 所示,假设政府首先实行的是扩张性的财政政策,在没有货币政策配合的情况下,均衡产出水平从 Y_1 上升为 Y_3,利率从 r_1 增加到 r_2,Y_2-Y_3 部分的产出由于利率上升被挤出了;为了加强政策效果,中央银行实行扩张性的货币政策予以配合,这可以使利率回复到 r_1 的水平,被挤掉的产出部分得以实现,均衡产出进一步增加到 Y_2。可见,两种政策配合使用能够实现一种政策所不能达到的效果。

 参考资料 2003、2004 年存款准备金率的两次上调

我国的存款准备金制度是在 1984 年建立起来的,近 20 年来,存款准备金率经历了六次调整。1998 年以来,随着货币政策由直接调控向间接调控转化,我国存款准备金制度不断得到完善;根据宏观调控的需要,存款准备金率在 1998 年 3 月由 13% 下调到 8%,1999 年 11 月进一步由 8% 下调到 6%。在 2003 年 9 月和 2004 年 4 月,为了稳定经济发展,存款准备金进行了两次上调。

1. 第一次上调

中国人民银行决定从 2003 年 9 月 21 日起,提高存款准备金率 1 个百分点,即存款准备金率由现行的 6% 调高至 7%,主要目的是为了防止货币信贷总量过快增长,为国民经济持续健康快速发展提供稳定的货币、金融环境。

2003 年,国民经济开局良好,经济运行呈现了速度与结构、质量、效益相统一的良好势头。但是货币信贷增长明显偏快。贷款的过快增长会助长经济的低水平扩张,加剧结构性的矛盾,影响经济的持续健康发展。适当提高存款准备金率还将有助于提高其他货币政策工具的功效,增强货币政策操作的协调性和有效性。

央行的负责人曾表示,此举意味着将冻结商业银行 1 500 亿元的超额准备金。当时货币乘数约为 4.565,央行提高存款准备金比率将使商业银行减少约 6 848 亿元的存款创造,从而减少了货币供给量。

2. 第二次上调

中国人民银行决定从 2004 年 4 月 25 日起,提高存款准备金率 0.5 个百分点,即存款准备金率由现行的 7% 提高到 7.5%。

2004年,国民经济继续快速增长,消费需求稳定增长,城乡居民收入稳步提高,对外贸易增势强劲,财政收入大幅提高。但经济运行中仍然存在投资需求进一步膨胀、货币信贷增长仍然偏快、通货膨胀压力加大等问题。货币信贷过快增长会引发通货膨胀或资产价格泡沫,可能形成新的银行不良贷款,积聚金融风险。此次存款准备金率提高0.5个百分点,主要是为了防止货币信贷总量过快增长,保持我国国民经济平稳快速健康发展。

3. 差别要求

同时,中国人民银行决定从2004年4月25日起,实行差别存款准备金率制度,对于资本充足率低于一定水平的金融机构,将执行8%的存款准备金率。

自2003年以来,金融机构贷款进度较快,部分银行扩张倾向明显。一些贷款扩张较快的银行,资本充足率及资产质量等指标有所下降。因此,借鉴国际上依据金融机构风险状况区别对待和及时校正措施的做法,对金融机构实行差别存款准备金率制度,有利于抑制资本充足率较低且资产质量较差的金融机构盲目扩张贷款,防止金融宏观调控中出现"一刀切"。

重要问题2 货币政策效力受到哪些因素的制约,为什么要进行政策配合?

货币政策的效力主要取决于投资对利率的敏感程度,投资对利率越敏感,货币政策的效力就越大,投资对利率越不敏感,货币政策的效力就越小。

正是因为财政政策和货币政策的效力都受到了一定的制约,才需要进行政策的配合使用,把财政政策和货币政策配合起来,能够实现单个政策不能达到的目标,加强政策的效力,更有效地调节经济的运行。

第三节 政策原理与规范

重要问题

1. 如何认识丁伯根原则和有效市场分类原则?
2. 不同的政策规范各有哪些利弊?

宏观经济政策的目标是实现经济增长、充分就业和低通货膨胀,可以运用的政策工具包括财政政策和货币政策。那么,政府应该如何运用这些政策工具去实现理想的政策目标呢?这就是政策原理讨论的内容。另外,经济政策往往需要贯彻执行一个较长的时期,在这期间,经济形势可能会发生较大的变化,原先制定的政策可能不再是最好的选择,那么,政府是应该坚持贯彻原来的政策,还是根据具体形势制定新的政策?这又涉及政策的规范问题。在这一节里,我们将对这两个问题作一个简单的介绍。

一、政策原理

对决策者来说,运用政策工具去实现政策目标,需要解决两个问题:一是仅有的政策工具能否实现理想的政策目标;二是应该如何配合运用政策工具去实现政策目标。荷兰经济学家丁伯根和美国经济学家蒙代尔分别对这两个问题作了细致的研究,其中,丁伯根解决了第一个问题,我们把他的结论称为丁伯根原则;蒙代尔对第二个问题做出了回答,其观点被人们称为有效市场分类原则。

1. 丁伯根原则

丁伯根采用一个线性框架来研究政策工具与政策目标的问题,进而提出要实现 N 个独立的政策目标,至少需要 N 个相互独立的政策工具。

这里所谓独立的政策目标,是指一个政策目标的实现不必然促成另一个政策目标的实现;所谓相互独立的政策工具,是指不同的政策工具对政策目标具有不同的影响力。

举例来说,决策者至少需要两个独立的政策工具,才能实现两个理想的政策目标;如果只有一个政策工具,则只能实现一个政策目标,而这个目标的实现并不能促成另一个政策目标也实现,也就是说,一个政策工具不能同时实现两个目标。

把这个结论推广开来,就得到丁伯根原则的内容,即在一个具有线性结构的经济中,政府要实现 N 个相互独立的政策目标,至少需要 N 个相互独立的政策工具。

> **参考资料　丁伯根原则**
>
> 我们可以通过一个简单的模型来分析丁伯根原则的内容。假设存在两个政策目标 T_1 和 T_2,可以运用的政策工具为 I_1 和 I_2,政府追求 T_1 和 T_2 的最佳水平 T_1^* 和 T_2^*。我们可以把政策目标表示为政策工具的线性函数,得到如下的方程组
>
> $$T_1^* = a_1 I_1 + a_2 I_2$$
>
> $$T_2^* = b_1 I_1 + b_2 I_2$$
>
> 从数学意义上来说,只要 $a_1/b_1 \neq a_2/b_2$,这个方程组就有解,实现

网络资源

丁伯根是第一个诺贝尔经济学奖获得者,想了解更多关于诺贝尔经济学奖的情况,请登录http://www.nobelprize.org/economics/laureats/1909/index.html

丁伯根原则

荷兰经济学家丁伯根提出,要实现 N 个独立的政策目标,至少需要 N 个独立的政策工具。这个规律称为丁伯根原则。

政策目标最佳水平的 I_1 和 I_2 分别可以表示为

$$I_1 = \frac{b_2 T_1^* - a_2 T_2^*}{a_1 b_2 - a_2 b_1}$$

$$I_2 = \frac{a_1 T_2^* - b_1 T_1^*}{a_1 b_2 - a_2 b_1}$$

这个结论具有重要的经济含义。$a_1/b_1 \neq a_2/b_2$ 表示两个政策工具无线性关系，即两个政策工具对两个政策目标的影响是不一样的，只有这样，决策者才能通过控制两个政策工具，实现理想的政策目标，此时方程组有解。如果两个政策工具对政策目标的影响是一致的，那实际上只是一种独立的政策工具，在这种情况下，决策者无法同时实现两个政策目标的最佳水平，此时 $a_1/b_1 = a_2/b_2$，方程组无解。

2. 有效市场分类原则

丁伯根在分析政策运用的问题时，假设决策者能够很好地协调各种经济政策，然而，现实情况是不同的政策工具由不同的决策者所掌握，比如货币政策由中央银行制定，财政政策由财政当局制定，这些不同的决策者并不能很好地协调各自的政策工具。如何配合使用各种政策工具，以实现理想的政策目标成为决策者面临的新问题。

对此，美国经济学家蒙代尔提出了解决办法，认为决策者应该遵循有效市场分类原则。蒙代尔提出，对每一个政策目标来说，不同的政策工具对它的影响力是不一样的，每一个政策目标都应该指派给对它影响力最大、最具相对优势的那个政策工具。如果每一个工具都能够被合理地指派给一个政策目标，并在该目标偏离最佳水平时进行调整，那么即使在分散决策的情况下，也有可能实现最佳的政策效果。

在宏观经济政策实践中，一般都认为，货币政策对通货膨胀目标比较有效，而财政政策对稳定产出和增加就业的目标比较有效。根据有效市场分类原则，当通货膨胀偏离理想目标时，应该通过货币政策去调控，当产出水平和就业水平偏离理想目标时，应该通过财政政策去调控。

有效市场分类原则
美国经济学家蒙代尔提出，如果每个政策目标都能合理地指派给对它最有影响的那个政策工具，那么即使在分散决策的情况下，也能实现最佳的政策效果。这个规律称为有效市场分类原则。

网络资源
蒙代尔教授是一位杰出的经济学家，关于他更多的情况可以浏览他的个人主页：http://www.robertmundell.net/

重要问题 1 如何认识丁伯根原则和有效市场分类原则？

丁伯根原则告诉我们，要实现 N 个独立的政策目标，至少需要 N 个独立的政策工具；有效市场分类原则进一步指出，现实决策是分散进行的，只有把这些政策目标合理地指派给最具影响力的政策工具，才可能实现最佳的政策效果。

二、政策规范

对决策者来说，往往是对未来一段时间的情况做出预测，然后根据这个预测制定出正确的政策。政策的制定是在事先进行的，而政策的执行是事后进行的，两者在时间上不同步，如果情况的发展确如当初预测的一样，那么这就不会产生问题；但是如果情况的发展出乎决策者的意料，就会令决策者陷入困境。

如果决策者始终坚持实行既定的政策，那么他们就是按照规则办事；如果决策者根据情况的变化，对原有政策做出调整，那么他们就是进行相机抉择。这是两种不同的政策规范，各有利弊，决策者很难进行选择，经济学家们也就这个问题展开了激烈的争论。

1. 规则

决策者选择按照规则办事，最大的好处就是能够树立起自身诚实可信的形象，加强民众对决策者的信心，对于决策者来说，这无疑是非常重要的。一个言而有信的政府，能够消除人们对未来不确定性的疑虑，从而加强政策的效果。

 规则
在讨论政策规范的时候，规则指的是无论情况如何变化，决策者始终坚持既定政策的行为方式。

规则并不是说完全没有灵活性，这里需要将固定规则和反馈规则区分开来。固定规则是指无论情况如何变化，必须按照既定的具体规则行事，固定规则最经典的例子就是货币学派关于货币政策的主张，即无论情况如何变化，政策都必须保证货币供应量按照固定的速度增长。反馈规则是指政策可以随经济情况的变化而调整，但调整必须按照预定的方式进行。

一般认为，按照规则办事是符合长远利益的，从短期来看，政策不能及时调整，确实会带来一些损失。对决策者来说，需要权衡长期利益和短期利益孰大孰小，选择长期利益就按规则办事，选择短期利益就是相机抉择。

2. 相机抉择

决策者选择相机抉择的方式，根据情况的变化适时调整既定的政策，最大的好处就是具有灵活性，能够实现每个时期内政策效果的最优化。如果我们对情况的发展难以把握，没有应对非常事件的固有之策，施以严格的规则就不合适了，而应该选择相机抉择的行为方式。

相机抉择
决策者根据情况的变化，适时对既定的政策进行调整。这样的行为方式称为相机抉择。

1987年10月13日，美国股市暴跌，道琼斯指数一天内下跌了500点，当时美联储放弃了长期对货币政策的控制，转而为市场提供足够的资金，避免了一场更大的危机。这个案例很好地说明了相机抉择的好处。

当然，相机抉择的政策行为可能不符合长期利益。即使政策制订者是以理性的方式、出于良好的动机来办事，但他们总是倾向于采取短期行为，这可能与经济的最佳长期利益不一致。

另外，相机抉择还会增加政策成本。如果决策者经常变更既定政策，民众就有理由怀疑决策者的可信度，这种不信任会导致政府为实现政策目标付出较大的成本。

> **重要问题 2　不同的政策规范各有哪些利弊？**
>
> 　　不同的政策规范指的是按照规则办事，还是进行相机抉择。一般认为，按照规则办事能够树立决策者的声望，加强民众的信任，符合长远的利益，但是可能会牺牲一些短期利益；进行相机抉择能够实现每个时期内的政策最优化，具有很好的灵活性，但是经常变更既定政策会引致民众的不信任，在短期内相机抉择是可取的，但从长期来看是不适宜的。

本章小结

　　1. 宏观经济政策包括财政政策和货币政策，政策目标包括经济增长、充分就业和低通货膨胀。其中财政政策的工具包括购买性支出、转移支付、税收和国债，货币政策的工具包括公开市场业务、再贴现贷款和再贴现率、法定准备金率。

　　2. 自动稳定机制是指政府的某些支出和收入项目，在衰退时刺激总需求，在过热时抑制总需求，从而自动地抑制经济波动。

　　3. 扩张性的财政政策在提高收入的同时，也引起利率水平的提高，从而会引起私人投资的减少，这种效应称为挤出效应。挤出效应越大，财政政策的效力越小，挤出效应越小，财政政策的效力就越大。

　　4. 财政政策的效力还取决于相应乘数的大小。在古典区域，财政政策完全无效，在凯恩斯区域，财政政策完全有效。

　　5. 货币政策的效力主要取决于投资对利率的敏感程度，投资对利率越敏感，货币政策的效力就越大。在古典区域，货币政策完全有效，在凯恩斯区域，货币政策完全无效。

　　6. 政策配合是指财政政策和货币政策同时扩张或紧缩，这会使政策效果得到加强。

　　7. 政策原理回答政府应该如何运用经济政策去实现政策目标的问题。丁伯根法则指出，要实现 N 个独立的政策目标，至少需要 N 个独立的政策工具；有效市场分类原则指出，只有把政策目标指派给对其最具影响力的政策工具，才能实现最佳的政策效果。

　　8. 政策规范回答政府是应该坚持既定政策不变，还是应该根据形势变化随时调整政策的问题。有的人提倡按规则办事，即无论情况如何变化，政策都应该坚持既定的政策不变；有的人提倡相机抉择，即政府应该根据经济形势的改变，适时调整既定政策。

本章练习题

1. 我们为什么需要宏观经济政策?
2. 财政政策的工具有哪些?它们是如何影响总需求的?
3. 什么是自动稳定机制?试举例说明。
4. 为什么会产生挤出效应?试结合图形分析。
5. 为什么 LM 曲线越平坦,财政政策的效力就越大?
6. 货币政策是怎样影响经济运行的?
7. 在哪些情况下,货币政策比较有效?
8. 结合图形说明,扩张性的财政政策和货币政策配合使用的效果。
9. 丁伯根原则和有效市场分类原则各说明了什么问题?
10. 对我国政府来说,规则与相机抉择哪个更可取?阐述你的观点。

网络学习导引

网络地址:中国统计数据库 http://www.bjinfobank.com/。

检索路径:首页→数据库名称"中国统计数据库"→行业"财税"→检索最新某个时期(一年、一个月或一个季度)财政支出和收入的数据。

网络应用:比较分析哪个项目提供最大的财政收入,哪个项目占用最大的财政支出。

分组讨论:从财政收入和支出的变化中,分析最近的财政政策是在扩张还是在紧缩。

第九章

经济增长和经济周期

学习目标
- 了解经济增长的含义,掌握实现经济增长的源泉
- 在熟练掌握索洛模型主要内容的基础上,能够运用该模型来分析经济增长的条件
- 了解经济周期的含义、划分,并掌握经济周期的产生原因

基本概念

经济增长 索洛增长模型 黄金规则 最佳增长路径 经济周期 实际经济周期

参考资料
- 哈罗德-多马模型
- 中国经济未来仍然蕴含着巨大的增长潜力
- 我国经济周期

在本章之前,我们讨论的都是短期和长期中的经济情况。正如我们所了解的那样,短期内,价格水平来不及变化,并导致经济资源不能得到充分的利用,在此基础上,我们建立了 IS-LM 模型;长期内,价格水平可以灵活调整,已有的资本、劳动力和生产技术能够得到充分利用,但是资本存量和技术水平都是比较固定的,需要更长的时间才能得到提高,经济中的潜在产出取决于充分就业时的劳动投入,长期内,潜在产出水平是不变的,我们的 AS-AD 模型就是建立在这些条件之上的。

在这一章里,我们将要讨论更长时期内的经济情况,这个时期比长期更长,我们姑且称之为超长期。在超长期里,资本存量和技术水平都得以提高,从而使经济中的产出不断增加,我们把这种现象称为经济增长。

超长期内,经济增长是总供给方面的改善,经济体可以生产出更多的产品和劳务以供人们支配,我们将要了解到,对任何一个经济体来说,经济增长都是必然的趋势;但是,在短期和长期内,总需求是占主导地位的经济变量,总需求决定了总产出水平,如果总需求变化,将导致总产出水平相应改变,这些变化时而表现为经济过热、通货膨胀,时而表现为经济衰退、失业严重,而且这些变化是交替出现的,我们把这种现象称为经济周期,并将在本章对此作相应的分析。

第一节 经济增长

重要问题

1. 什么是经济增长的表现?
2. 哪些因素构成经济增长的源泉?

一、经济增长的表现

国内生产总值是衡量经济增长的主要依据,经济增长表现为国内生产总值的提高。有时候为了更准确地衡量经济增长给每个人生活条件带来的实际改善情况,我们从国内生产总值中剔除价格水平因素和人口变动因素,采用人均实际产出或人均实际收入来衡量经济增长。

经济增长
指社会生产能力不断提高,带来社会福利的持续增加。

经济增长意味着经济体能够生产更多的产品和劳务以供人们支配,意味着人们物质生活水平的不断提高。对任何一个经济体来说,经济增长都是人们追求的目标,而实际上,在过去的一个世纪里,几乎所有国家的经济都得到了增长,经济增长表现为一种普遍的趋势。

不同国家的经济增长速度是不一样的,导致各国经济发展水平千差万别,表 9-1 列举了一些数据,从中我们能够看出在发展程度不同的国家里,人们的生活水平有着很大的差距,在富裕的国家里,人们能够享受更多的产品和劳务,而在贫穷的国家里,只能解决基本的生存问题。

表 9-1 各经济体发展水平的比较分析(实物指标方法)

国 家 (地区)	人均国民收入 (现价美元) 2001	出生时预期 寿命(年) 2002	每千人 电脑数量 2002	每千人消费 电力(千瓦时) 2001	每千人 电话数量 2002
瑞 士	36 790	80.3	708.7	7 474.2	1 533.5
日 本	35 920	81.6	382.2	7 236.9	1 164.9
美 国	34 640	77.3	658.9	11 714.0	1 134.0
香 港	25 780	80.0	422.0	5 541.1	1 507.1
法 国	22 880	79.2	347.1	6 681.6	1 215.9
韩 国	9 490	73.9	555.8	5 288.4	1 168.0
泰 国	1 980	69.2	39.8	1 508.4	365.5
中 国	900	70.7	27.6	895.8	327.8
印 度	460	63.4	7.2	364.7	51.9
赞比亚	330	36.9	7.5	584.6	21.2
尼泊尔	240	59.9	3.7	61.4	15.1

资料来源:World Development Indicators Database. April 2004。
转引自:世界银行网站http://www.worldbank.org/data/countrydata。

通过比较可以发现,我国的发展水平与发达国家还存在很大的差距,人民生活水平还比较低,但是我们一直在进步,在过去的 20 年中,经济增长速度达到了每年 9% 左右的水平,如果我们能够在随后的几十年中继续保持高速的增长,那就能很快步入发达国家的行列。

美国经济学家曼昆提出了一个"70 规则",即如果某个变量每年增长 $X\%$,则在 $70/X$ 年后,这个变量值将翻一番。根据这个规则,如果我国保持人均国民收入每年增长 5%,14 年就能翻一番,大约 70 年以后,我国人均收入就可以达到发达国家的水平。

当然,这只是理论上的估计,现实经济发展可能并非如此。为了实现经济的持续高速增长,我国政府一直在努力发展经济,并致力于控制人口增长,取得了举世瞩目的成就。我们有理由相信,随着改革开放的深入,在一个较长的时间内保持较高速度的经济增长是完全可能的。

网络资源
世界银行的网站提供了世界各国经济发展方面的数据,有助于理解本章的相关内容。网址:http://www.worldbank.org
也可以浏览世界银行经济研究网站:http://www.econ.worldbank.org

 重要问题 1　什么是经济增长的表现?

　　经济增长表现为国内生产总值的提高。经济增长意味着经济体能够生产更多的产品和劳务以供人们支配,意味着人们生活水平的提高,有时候为了衡量经济增长给人们生活带来的实际改善,我们也采用人均实际国内生产总值来衡量经济增长。

二、经济增长的源泉

不同的经济增长率能够造成经济发展水平的巨大差异,那么到底是什么原因促成经济不断增长的呢？为什么不同国家的经济增长率会不一样？为了解释这些问题，我们需要探讨经济增长的源泉是什么。

美国经济学家索洛经过研究，发现技术进步、劳动供给和资本积累是增加总产出最重要的三个因素，而技术进步和资本积累就是人均产出增长的重要决定因素，是经济增长最重要的源泉。这两个经济增长的因素是如此重要，以至于索洛建立了一个完整的模型来分析它们对经济增长的贡献，对此我们将单独介绍，这里先讨论促成经济增长的其他条件。

1. 自然条件

自然条件对一国经济的长远发展具有关键性的意义。自然界为经济的发展提供了土地、木材、能源、矿藏等自然资源，如果一个国家自然资源很丰富，那么就具备了经济快速增长的必要条件。

早在1820—1870年间，美国大力开发其肥沃的西部地区，与此同时，俄罗斯也在致力于开发其东部地区，事实证明，开发新的土地对这两个国家经济的增长做出了很大的贡献。挪威在1970—1990年间经济迅猛发展，很大程度上是因为发现和开采了新的油田。中东地区的产油国家，比如沙特、阿联酋、科威特等，凭借着丰富的石油资源，他们过上了富裕的生活。

良好的自然条件还应该包括优越的地理位置和温和的气候条件。优越的地理位置首先指交通便利、运输成本低，一般来说，拥有较长海岸线的国家经济发展水平较高，而被陆地包围的国家经济发展水平较低，我国的香港就是成功地利用其优越的地理位置，从经营转口贸易开始发展成为一个国际性大都市；此外，优越的地理位置还包括良好的经济地理条件，即周边国家的经济发展水平普遍比较高，经济结构与本国有较好的互补性，具备这些条件非常有利于一国经济发展。

温和的气候条件也非常重要，在炎热或严寒的地区，人们的活动受到了很大的限制，难以促进经济的增长；反之，如果气候温和宜人，则为人们开展各种经济活动提供了良好的条件。

2. 人力资本

 人力资本
指人们通过接受教育、参加培训或实际工作获得的技巧和才能。

人力资本指人们通过接受教育、参加培训或实际工作而获得的技巧和才能，这些技巧和才能也是一种重要的资本存量，是通过投资教育和培训积累起来的，这种投资不仅包括投入资金，还包括必要的学习时间。人力资本体现在劳动者的素质上，看不见摸不着，但能够切实有效地提高产出水平。

二战时期，为了逃避战乱和迫害，很多国家大量向美国移民，其中就有很多高素质的熟练工人，甚至包括爱因斯坦这样优秀的科学家，他们为美国经济的持久发展做出了很大的贡献。

无论是对企业还是对国家来说，人力资本都是非常重要的，需要像增加物质资本一样进行投资。说得具体一点，就是要加强教育投入，切实提高国民素质,对于参加工作的劳动者,也需要经常进行培训,不断提高他们的技能。

3. 体制因素

经济体制对促进经济发展的作用主要体现在两个方面:一是激励作用;二是协调配置作用。

一个经济体要实现持久的增长,需要有一个好的体制;而一个好的体制,首要的条件就是能激励各个经济主体努力工作,能为经济发展提供内在的、持久的动力。要有效地实现对人们的激励,需要把他们从事的工作与个人收益紧密地联系起来。我们崇尚奉献的精神,但是一般来说,如果把从事的活动与自身利益联系起来,人们会更有动机去把事情做好。如果经济体制能够提供一个良好的激励机制,使经济中的每个人都努力地工作,那就为经济增长创造了最好的条件。

我们知道,经济资源是稀缺的,一个好的经济体制应该能够引导经济资源实现最优的配置,这需要充分发挥市场机制和价格机制的作用。通过市场供求关系的变化、价格水平的调整,引导资金、劳动力和技术资源流向最需要的企业部门,在那里得到充分的利用,显然,这对经济增长是非常重要的。

我国正在从传统的计划经济体制向市场经济体制转轨,可以肯定地说,我国经济能取得长足的发展,很大程度上得益于经济体制改革的不断深入,而且,改革的继续深入必将促进我国经济的进一步增长。

4. 对外开放

对外开放能够为本国经济的发展提供外在的动力。一国可以利用自身的比较优势,生产机会成本比较低的产品,然后通过国际贸易与其他国家的产品交换,能够提高交易双方的福利水平。另外,对外开放还包括资本的国际流动,通过把资本投向最具潜力的国家和地区,能够获得最大的收益。

通过扩大对外开放,能够实现有限的经济资源在全球范围内的最优配置,提高了资源配置的效率,在既定资源水平下,能够实现更高的福利水平。对于一国经济来说,扩大开放能够利用来自经济外部的供给和需求,对经济增长具有重大的意义。

重要问题 2　哪些因素构成经济增长的源泉?

经济增长最重要的源泉是劳动供给增长、技术进步和资本积累增加,此外,自然条件、人力资本、体制因素和对外开放都是促进经济增长的因素。如果一国自然条件优越、劳动力素质高、体制合理、扩大对外开放,就能够为经济持续增长提供了良好的条件。

第二节 索洛增长模型

重要问题

1. 索洛模型是怎样分析经济增长问题的？
2. 资本积累、技术进步和人口增长如何促进经济增长？
3. 什么是最佳经济增长路径？

资本积累和技术进步是经济增长最重要、最直接的源泉，在这一节里，我们着重分析经济增长与资本积累、技术进步之间的关系，索洛增长模型为这一分析提供了理论框架。

索洛增长模型是索洛于1956年提出的，一直是分析经济增长问题的主要理论框架，又被人们称为新古典增长理论。

索洛模型
经济学家罗伯特·索洛于1956年提出的经济增长分析模型，深入分析了人均产出增长与资本积累和技术进步的关系，又被称为新古典增长理论。

一、模型的提出

在供给方面，索洛增长模型从我们的社会生产函数出发，并把其中的变量都表示为人均单位，从而把分析的重点放在资本积累和技术进步上；在需求方面，索洛进行了必要的简化，只考虑消费和投资，而没有考虑政府支出和净出口。

1. 供给与生产函数

我们知道，社会生产函数揭示了社会产出取决于资本存量和劳动力数量，其形式可以表示为

$$Y = F(L, K)$$

为了分析的简便，索洛假设社会生产函数是规模报酬不变的，即资本投入和劳动力投入增加 a 倍，则产出也增加 a 倍：

$$aY = F(aL, aK)$$

网络资源
在英国布里斯托尔大学创办的经济增长研究资源网站。这里可以找到世界上研究经济增长的主要学者的个人主页及相关的工作论文链接。网址：http://www.bris.ac.uk/Depts/Economics/Growth/
也可以浏览耶鲁大学经济系经济增长研究中心网页：http://aida.econ.yale.edu/~egcenter/

分析经济增长要考察人均产出的变化，因此，我们需要把社会生产函数中的变量表示为人均单位，令 $a=1/L$，我们可以得到

$$Y/L = F(1, K/L)$$

以 y 表示人均产出，k 表示人均资本，可以得到如下的人均生产函数

$$y = f(k)$$

这里，$f(k) = F(1, K/L)$。从人均生产函数可以看出，人均产出取决于人均资本 k 和生产技术 f。人均生产函数可以表示为图9-1中的图形。

人均生产函数表现为一条向上倾斜的曲线,表示人均资本越多,相应的人均产出水平就越高;曲线的斜率代表资本的边际产量,随着人均资本的增加,曲线变得越来越平坦,表明资本的边际产量是不断递减的。

2. 需求与消费函数

在索洛模型中,总需求只有消费和投资,因为就分析的目的来说,可以不考虑政府支出和净出口。需要注意的是,这里消费和投资也采用了人均单位,人均产出 y 等于人均消费 c 和人均投资 i 之和

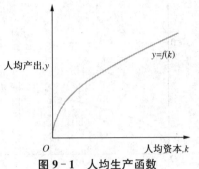

图 9-1 人均生产函数

$$y = c + i$$

储蓄在索洛模型中是非常重要的变量,我们假设人均储蓄率为 s,s 是一个大于 0 小于 1 的数。在不考虑政府和对外经济的情况下,人均消费函数可以表示为如下的简单形式

$$c = (1-s)y$$

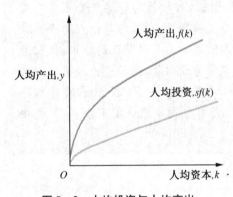

图 9-2 人均投资与人均产出

代入上面的需求表达式,可以进一步得到

$$y = (1-s)y + i$$

也就是

$$i = sy$$

即经济中的(人均)投资等于(人均)储蓄。人均储蓄和人均产出的关系可以用图 9-2 中的图形表示。

3. 稳定状态分析

所谓稳定状态,是指当资本存量不再变化,从而产出水平稳定的状态。我们知道,影响资本存量主要有两个因素:投资与折旧。投资引起资本存量的增加,折旧引起资本存量的减少,只有当投资等于折旧时,资本存量才不会发生变化。

由于人均投资等于人均储蓄,因此人均投资 i 与人均资本存量 k 之间具备如下的关系式

$$i = sf(k)$$

我们假设每期折旧的资本量占资本存量的比例为 d,则每期的折旧额为 dk,每期资本存量的变化是投资减去折旧,也就是 $sf(k) - dk$,只有当 $sf(k) - dk = 0$ 时,资本存量才稳定不变。

> **稳定状态**
> 指索洛模型中,投资等于折旧时,资本存量不再变化的状态,稳定状态下的资本存量决定了相应的人均产出水平。

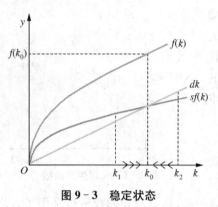

图 9-3　稳定状态

从图形上可以更清楚的认识这个问题。如图 9-3 所示，人均折旧在图形上表现为一条斜率为 d 的直线，折旧线与投资曲线的交点对应着经济中的稳定状态，此时投资等于折旧，资本存量稳定在 k_0 的水平，相应的经济产出为 $f(k_0)$。

如果资本存量少于稳定水平，比如处在 k_1 的水平时，经济中投资多于折旧，资本存量会不断增加，直至达到 k_0 的稳定水平；如果资本存量多于稳定水平，比如处在 k_2 的水平时，投资少于折旧，资本存量将不断减少，直至下降到 k_0。

　重要问题 1　索洛模型是怎样分析经济增长问题的？

索洛模型分析的是人均产出增长，对相关的经济变量采用了人均单位。在供给方面，模型从社会生产函数出发，推导出人均产出取决于人均资本存量和生产技术；在需求方面采用简化的分析，收入用于消费和投资，并明确了经济中投资等于储蓄，储蓄是收入乘以储蓄率；在技术水平一定的情况下，人均产出取决于稳定状态的资本存量，当经济中的投资等于折旧时，资本存量才能稳定下来，并形成相应的产出水平。

二、模型的应用

我们已经初步了解索洛模型的分析过程，进一步的工作就是运用索洛模型来分析资本存量增加、技术进步对经济增长的影响，并介绍人口增长如何影响总产出。

1. 资本存量增加

资本存量增加能够提高人均产出水平，促成经济增长；导致资本存量增加最主要的因素就是储蓄率上升，带来投资水平提高。储蓄率越高，则经济中的资本存量越大，相应的产出水平就越高；储蓄率越低，则经济中的资本存量越小，相应的产出水平就越低。

如图 9-4 所示，假设经济中的储蓄率从 s_1 提高到 s_2，会导致人均投资曲线从 $s_1 f(k)$ 向上转动到 $s_2 f(k)$ 的位置，经济中稳定的资本存量从 k_1 上升为 k_2，相应地，人均产出水平从 $f(k_1)$ 提高到 $f(k_2)$。从中我们可以看到，资本存量的增加促成了经济增长。

第二次世界大战,重创了德国和日本的经济,然而,在战后重建的过程中,两国的储蓄率明显高于其他国家,使得它们的资本存量不断增加,进而促进了这两个国家在 20 世纪五六十年代的经济迅速增长。

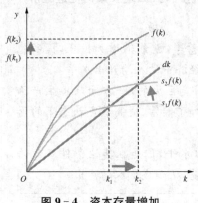

图 9-4 资本存量增加　　　　图 9-5 技术进步

2. 技术进步

技术进步是促进经济增长的重要条件。从社会生产函数来看,技术进步改变了函数形式 f,这不仅会带来产出水平的直接提高,而且还能增加资本存量,进一步促进经济增长。

如图 9-5 所示,假设生产技术进步,使得人均生产函数从 $f_1(k)$ 改进为 $f_2(k)$,相应地,生产函数曲线向上转动,这是技术进步的直接效果;技术进步带来产出水平的提高,在储蓄率不变的情况下,还会带来投资的增加,进而提高资本存量,表现在图形上,就是投资曲线从 $sf_1(k)$ 向上转动到 $sf_2(k)$,这会间接促进经济增长。

初始经济中,稳定的资本存量为 k_1,人均产出水平为 y_1,在技术进步的推动下,稳定资本存量上升为 k_2,人均产出增加到 y_2 的水平。从中可以看出,技术进步一方面直接促进经济增长,另一方面通过提高资本存量,间接提高人均产出水平。

技术进步对经济增长的促进作用是巨大的,对任何国家来说,加快科技进步都是始终应该坚持的发展战略。

3. 人口增长

人口增长意味着劳动力的增加,从社会生产函数中可以看出,这将增加经济中的总产出水平。但就人均产出来说,在其他既定条件不变的情况下,人口增长会降低稳定的人均资本存量,进而减少人均产出。

人均产出增加才能提高人们的生活水平,所以人口增长对提高生活水平来说,可能不是一个促进因素,在促进经济发展的过程中,还需要控制人口的过度增长。

这个问题对我国来说也有重要的意义,我国的 GDP 总值是处于世界较高的水平,但是我国有近 13 亿人口,一下子把人均产出水平拉下去了,因此,我国采取计划生育政策,控制人口增长,是符合长远利益的。有利于经济持续增长和人民生活水平提高。

> **重要问题2　资本积累、技术进步和人口增长如何促进经济增长？**
>
> 对一个经济体来说，如果提高储蓄率，就能够增加投资，提高稳定状态下的资本存量水平，这将提高经济中的人均产出水平。
>
> 技术进步对经济增长的促进作用是巨大的，一方面改善生产函数，直接提高产出水平，另一方面，增加了储蓄，提高稳定状态下的资本存量，间接地促进经济增长。
>
> 人口增长会提高经济中的总产出水平，但是在其他条件不变的情况下，人口增长会降低人均资本存量，从而减少人均产出。

> **参考资料　哈罗德-多马模型**
>
> 索洛增长模型是在对哈罗德-多马模型修正的基础上发展起来的，在索洛模型提出之前，哈罗德-多马模型一度占据着相当重要的地位，我们将对其进行一个简要的了解。
>
> 哈罗德-多马模型的基本假设是劳动力 L 和资本 K 不能相互替代，假设生产一个单位产品需要投入 a 单位劳动和 v 单位资本，则生产函数可以表示为
>
> $$Y = \min\left(\frac{L}{a}, \frac{K}{v}\right)$$
>
> 劳动力和资本必须按照固定的比例投入，才能得到充分的利用，否则就会导致资源闲置。比如，生产一单位产品需要投入2单位劳动和3单位资本，如果实际投入的是2单位劳动和4单位资本，就会有1单位资本被闲置。所有生产投入被充分利用的条件可以表示为
>
> $$\frac{K}{v} = \frac{L}{a} \text{ 或者 } \frac{K}{L} = \frac{v}{a}$$
>
> 资本投入取决于投资增长，而投资增长又取决于储蓄率 s 的大小；劳动力投入取决于人口增长率 g。则哈罗德-多马均衡增长条件可以表示为
>
> $$\frac{s}{v} = g$$
>
> 这个条件表明，为了使经济中的资本和劳动力都能被充分利用，

> 经济增长率必须与储蓄率和人口增长率保持协调。如果人口增长率过高,就会增加失业;如果储蓄率过高,投资收益就会减少,只有协调的增长才是均衡的增长。

三、最佳增长路径

现在,我们知道了提高储蓄率会增加经济中的资本存量,促进经济增长,不同的储蓄率导致经济增长的速度是不一样的,那么什么样的经济增长才是最好的呢?是不是储蓄率最高、经济增长最快的情况呢?

答案是否定的,因为提高储蓄率,意味着放弃更多的当前消费,如果储蓄率达到100%,则完全没有当前消费,而对于各经济主体来说,他们追求的是消费尽可能多的产品和劳务,在满足了消费愿望之后,才会把剩下的收入用于储蓄。

毫无疑问,这种行为方式深刻地影响着经济增长,我们这种把追求最高人均消费水平的经济增长方式称为"黄金规则",以这种方式进行的经济增长途径称为最佳增长路径,这种增长方式使我们在现在和未来都能进行更多的消费。

由于无需考虑政府和对外经济,我们可以把收入分为消费和投资,消费是收入减去投资,即

$$c = y - i$$

假设稳定状态下的资本存量为 k_0,则产出水平为 $f(k_0)$;稳定状态下的资本存量是不变的,此时投资等于折旧,即 $i = dk$,由此,可以整理得到

$$c_0 = f(k_0) - dk_0$$

c_0 成为 k_0 的函数,从数学意义来看,c_0 达到最大值时,其表达式的一阶导数等于0,即

$$f'(k_0) = d$$

从经济意义来看,由于 $f'(k_0)$ 代表资本的边际产量,因此我们可以说,当资本的边际产量等于资本折旧率时,经济发展就符合了黄金规则,位于最佳增长路径上。

我们可以从图形上进一步分析这个问题。如图9-6所示,在任意某个资本存量水平上,引一条垂直于横轴的线,这条线位于投资线与横轴之间的部分代表的是投资水平,位于投资线与产出线之间的部分代表的是消费水平。本例中,符

☞**黄金规则、最佳增长路径**
黄金规则是指经济体应该选取一个合理的储蓄率,以在经济增长的同时实现人均消费的最大化。因此确立的经济增长方式称为最佳增长路径。

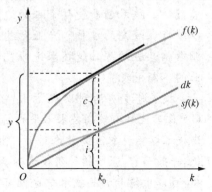

图9-6 黄金规则

合黄金规则的资本存量是 k_0,对应的消费水平最高,此时,产出线的斜率 $f'(k_0)$ 与折旧线的斜率 d 相等。

重要问题 3　什么是最佳经济增长路径?

经济增长的最终目的是为了提高人们的生活水平,因此最佳的经济增长路径应该是满足黄金规则,能够实现人均消费水平最大化的发展方式。如果经济沿着最佳路径发展,就能够使人们在现在和未来进行更多的消费。

参考资料　中国经济未来仍然蕴含着巨大的增长潜力

对中国经济来说,决定经济长期增长的基本因素并没有发生不利变化,在未来 30 年左右的时间里,中国经济仍然有可能继续维持 8%—10% 的年均增长率。

现代经济增长的途径有三个。一是通过要素积累,增加资本、劳动和自然资源这三大投入要素中的一项或多项。二是经济结构转移,产业结构由低级向高级转换。三是技术变迁。每个国家的要素禀赋中自然资源是先天给定的,在生产中大规模增加自然资源比较困难。劳动力的增长受到人口出生率的限制,各国劳动力变动的差异不大,一般年增长率在 1%—3% 之间。唯一对经济增长率有大的影响的是资本积累的变化,各国在要素投入增加方面的主要差异就是资本积累率的不同。经济增长还可以通过产业结构升级的方式实现。将投入要素由低附加值的部门转向高附加值的部门重新配置,同样数量的投入要素的产出能因此而增加。在同样的投入要素和同样的产业结构的条件下,技术升级了,经济也会增长。在经济增长的三大源泉中,技术变迁是最关键的。技术创新使得资本的边际报酬率不会下降,从而资本可以维持在较高的水平。产业结构的升级会促进经济增长,但是产业结构升级的基础是技术进步,只有不断引进新技术才会有新产业的不断涌现。

技术进步有两种实现方式:(1) 自己投资进行研究和开发;(2) 向其他具有较高技术水平的国家学习、模仿,或者说花钱购买先进技术以实现本国的技术进步。技术开发研究的特点是成功率很低,一般而言,95% 的科研投资不会取得任何成果,而在开发研究成功,可以申请专利的技术中也仅有一小部分具有商业价值。因此,开发新技术的投入很大而失败的概率很高;相对而言,模仿和购买技术所需的成本就要低得多。许多研究证明,即使是用买专利的方式,其成本也只是原来该项技术研究开发成本的三分之一左右。更何况,购买的技术一定是已经证明是成功的、有商业价值的技术。如果将其他95%左右的科研项目失败的社会成本也考虑在内,那么引进技术的实际成本就显得十分微不足道,尚不及全部研究开发成本的1%。发达国家由于处于技术的最前沿,所以必须通过自己从事研究和开发才能实现技术进步,因而这些国家实现技术进步的成本高,经济技术总体的进步慢;而像我国这样的发展中国家,由于同发达国家在技术上存在着很大的差距,因此在选择技术进步的实现方式上具有后进优势,可以采用模仿、购买等低成本的方式来实现技术进步。

中国经济在1978年底进行改革开放后,才开始走上和日本及亚洲四小龙同样的以引进技术来实现经济快速增长的道路。在1978年中国和发达国家的技术差距远大于日本于20世纪50年代以及亚洲四小龙于60年代和发达国家的技术水平的差距。如果利用同发达国家的技术差距能使日本和亚洲四小龙维持近40年的快速增长,那么单单利用这个技术差距中国经济应该有50年左右快速增长的潜力。而且,即使到了90年代时,中国从事低附加值的农业人口比50年代的日本和60年代的亚洲四小龙多,资源从低附加值的产业向高附加值的产业转移的潜力大;同时,中国的积累率每年高达GDP的40%左右,为全世界最高的国家之一。这些因素表明,中国的发展潜力巨大,维持50年左右的快速增长是完全有可能的。从1978年底的改革到现在才20年,因此,中国有潜力再维持30年的快速增长。

在过去这20年,美国GDP的增长率年均只有3%左右。由于美国的总体技术水平处于全世界的最前沿,技术开发的投入大,风险高,总体的技术进步慢,资本的边际投资报酬率低,因此,资本积累、产业结构变迁也慢,能长期维持3%的增长速度已经是相当不错了。而中国经济有再维持30年左右的8%—10%快速增长的潜力。因此,在21世纪中叶前中国经济完全有可能超过美国成为全世界最大、最有实力的经济。

——改编自林毅夫:《中国当前经济启动与未来增长潜力实现的途径》,北京大学中国经济研究中心讨论稿系列 NO. C1999015,1999 年 7 月,http://ccer.pku.edu.cn/cn/ReadNews.asp?NewsID=1119。

第三节 经济周期

重要问题

1. 什么是经济周期？
2. 经济周期可以作怎样的划分？
3. 为什么会产生经济周期？

一、经济周期性波动

如果对经济作一个较长时期的观察，就会发现经济活动水平具有周期性波动的特征，经济扩张和经济衰退交替出现。一段时间内，经济活动不断扩张，到了某个水平后，经济活动水平逐渐回落，进入衰退阶段，衰退阶段过后，经济活动又进入另一个扩张阶段，开始新一轮的循环。我们把经济的这种周期性波动现象称为经济周期。

> **经济周期**
> 指经济增长周期性波动，经济扩张和经济衰退交替出现的现象。

> **网络资源**
> 美国国家经济研究局（NBER）是著名的民间研究机构，其网站上有很多研究经济增长与经济周期的文献资料。网址：http://www.nber.org/

对于经济波动，早期人们认为应该指经济活动水平的绝对量发生变化，即经济扩张应该是总产出绝对量增加，经济衰退应该是总产出绝对量减少；后来这种看法发生了改变，认为经济增长率发生变化就应该视作经济波动，经济扩张指总产出增长率上升，经济衰退指总产出增长率下降。

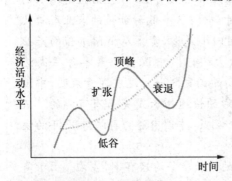

图 9-7 经济周期

一个完整的经济周期包括四个阶段：低谷、扩张、顶峰和衰退。在扩张阶段，价格水平上升，工资、利润增加，厂商扩大生产，失业率下降，扩张活动达到最高点就是顶峰阶段；在衰退阶段，价格下降，工资、利润减少，厂商减少生产，失业率上升，衰退阶段的最低点就是低谷阶段。

图 9-8 反映了 1979—2002 年间我国 GDP 增长率的变化情况，可以看出，GDP 增长率变化呈现出明显的周期性特征。这段时期内，我国经历了四个经济周期，时间分别为 1979—1981、1982—1986、1987—1990、1991—1998 年，到了 1999 年，经济出现了一个转折，开始由衰退走向扩张，成为下一轮周期的起点。

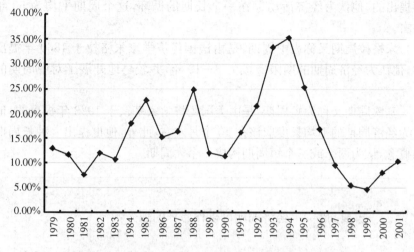

图 9-8　我国 GDP 增长率的周期性

资料来源：《中国统计年鉴(2002)》。

重要问题 1　什么是经济周期？

经济周期是指经济扩张和经济衰退交替出现的现象。从一个较长的时期观察，经济活动有周期性波动的特征，表现为总产出增长率的上升和下降交替出现，经济活动反复经历低谷、扩张、顶峰和衰退的阶段，我们将之称为经济周期。

二、经济周期的划分

一般说到周期，都是指某种有时间规律的活动，但是，对于经济周期来说，虽然被称为周期，但是并无时间规律可循。首先，经济周期的各个阶段没有规律，可能是几个星期，可能是几个月，也可能是好几年；另外，相邻的两个经济周期之间的时间间隔也是没有规律的，人们知道下一个经济周期肯定会出现，但不知道什么时候会出现。

由于经济周期没有固定的规律，经济学家们很难对其进行系统的研究，到目前为止，还不能对经济周期做出结论性的解释。经济学家们能够做的，更多的是对发生过的经济周期做出解释，但是不能根据现有的资料对未发生的经济周期进行预测。

即便如此，经济学家们还是试图找到经济周期的一些共同特征，根据波动时间的长短，把经济周期划分为不同的类型——即使仅仅是作这种简单的划分，经济学家们也存在不同的看法。其中比较常见的划分包括康德拉耶夫周期、朱格拉周期和基钦周期。

康德拉耶夫周期又称为长周期，是由苏联经济学家康德拉耶夫于 1926

年提出的,他认为经济活动存在一个长期的循环,这个周期平均为50年左右。

朱格拉周期又称为中周期,是由法国经济学家朱格拉于1860年提出的,他认为经济周期的期限应该为8—10年,并较早地开展了对中周期的研究。

基钦周期又称为短周期,是由美国经济学家基钦于1923年提出的,他认为经济周期的平均长度应该在40个月左右,此外,他也提出一种长周期的概念,认为两个或三个短周期构成一个大周期。

  重要问题2　经济周期可以作怎样的划分?

根据时间的长短,经济周期可以分为长周期、中周期和短周期。长周期又称康德拉耶夫周期,平均为50年左右;中周期又称朱格拉周期,历时8—10年;短周期又称基钦周期,平均长度在40个月左右。

三、经济周期的原因

经济中的总产出和就业等经济活动在长期内有一个基本的、相对平稳的增长途径,又称为增长趋势,经济周期其实是经济受到短期冲击,导致经济活动偏离增长途径,并围绕长期增长趋势上下波动(参见图9-9)。

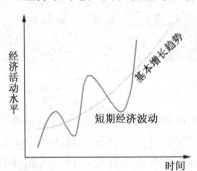

图9-9　增长趋势与经济波动

那么究竟是什么引起了这种短期冲击,引致经济周期的呢?围绕这个问题,不同学派的经济学家提出了各自的观点。总结来说,一般认为存在三种短期冲击:需求冲击、政策冲击和供给冲击,下面,我们对此作简要的介绍。

1. 需求冲击

凯恩斯学派认为私人部门的消费和投资是不稳定的,尤其是私人部门的投资会发生较大的变化,这种变化会冲击经济中的总需求水平,进而影响到经济中的总产出水平,正是这种总需求冲击的反复出现,导致经济周期的形成。

凯恩斯强调投资是引起经济周期的主要因素。投资的变动,会通过投资乘数的作用,引起总产出多倍的变化;实际上,在已有生产能力被充分利用的情况下,总产出的变动也会导致投资多倍的变化。比如,产出水平提高增加了人们的收入,使人们的消费需求增加了100亿元,此时已有的生产设备都被完全利用,为了满足这额外的需求,厂商只能斥资购买 1 000 亿元的新机器设备,这样,经济中的产出增加为 100 亿元,而投资增加了 1 000 亿元,一定的产出增加带来投资多倍的增加,我们把这种关系称为加速数原理,其中加速数指投资增加与产出增加之间的比率,这里加速数等于 10。

厂商投资的 1 000 亿元又会通过投资乘数的作用扩大总产出,总产出增加反过来通过加速数增加经济中的投资,在投资乘数和加速数的反复交叉作用下,一个较小的投资冲击会带来经济活动水平较大幅度的变化,导致经济周期的产生。

凯恩斯学派认为,总需求水平是如此的不稳定,以至于经济体不仅难以吸收自身的周期性波动,而且还会通过各种机制,使经济波动不断加剧;因此,政府部门有必要对经济进行干预,适时运用各种经济政策,稳定经济的周期性变动,促使经济活动尽快回复到长期的增长轨道上来。

2. 政策冲击

与凯恩斯学派针锋相对的是货币学派,这些经济学家不仅认为政府的经济政策对治理经济变动没有效果,而且认为正是政府的经济政策引起了经济的波动,尤其是其中的货币政策导致经济不稳定。

网络资源
有兴趣进一步研究经济周期的读者可以浏览:http://dge.repec.org/index.html 该网站提供了真实经济周期理论的网络链接,还有查阅到很多原始文献资料。

货币学派把货币政策分为预期到的和未被预期到的两种,认为预期到的货币政策对实际经济完全没有影响。比如人们预期到政府要实行扩张性的货币政策,就会事先进行调整,企业会提高产品价格,工人会要求更高的工资,这样,虽然名义货币供应量增加了,但是实际货币供应量维持不变,因而实际的产出、就业等经济活动就不会变动。

即使货币政策没有被事先预期到,也只会造成短期影响,长期内仍然归于无效。假设政府突然增加货币供应量,对此人们没有预期到,短期内,价格水平上升,实际工资下降,厂商会扩大生产,增加就业;过了一段时间后,工人们发现实际工资下降,会要求相应增加名义工资以补偿价格水平上升带来的损失,导致厂商减少生产,使得经济中的产出和就业又回复到原来的水平。

长期内,货币政策归于无效,实施扩张性的货币政策只不过是造成经济短期扩张而已,如果是紧缩性的货币政策则会造成短期衰退,政府的经济政策只会导致经济波动。

货币学派认为经济中存在自发的调节机制,能够自我调整短期波动,回复到长期的增长路径,完全不需要政府进行干预,经济政策反而会导致经济波动,使情况变得更糟糕。

3. 供给冲击

还有一些经济学家认为,短期冲击可能来自经济的供给方面,技术进步、自然气候、原料价格等因素都可能对总供给造成影响,进而引发经济波动。

实际经济周期理论

生产技术等经济中实际因素的变动是形成经济波动的主要原因,经济波动是对各种实际因素的变动而发生的自然反应。

"实际经济周期理论"是这类观点的代表,他们认为货币供给和物价水平等名义变量不会影响经济的波动,经济中发生的对生产物品与劳务能力的冲击这些实际变动是形成经济周期的主要原因,经济波动是对各种实际因素的变动而发生的自然反应。比如生产技术取得了突破性的进展,提高了工人的工作效率,导致厂商增加对工人的需求,从而提高经济中的产出水平,经济活动水平得到了扩张。

如果遭遇自然灾害导致农产品歉收,或者原料价格上升增加生产成本,就会导致生产萎缩,产出水平下降,失业率上升,经济步入衰退阶段。

这类经济学家还认为,供给冲击导致经济出现波动,能够被经济体吸收掉,经济会自动回归长期发展轨道,从而无需政府干预。

 参考资料　我国经济周期

改革开放以来,我国经济的周期性波动十分明显,大致可以分为四个周期:1979—1981年为一个周期,1982—1986年为一个周期,1987—1990年为一个周期,1991年以来又是一个周期。这些周期的长度不一,波动的变化幅度也比较大,总的来看波动幅度有加大的趋势。

在1979—1981年这个周期中,主要形成原因是政策性调整所带来的扩散效应。由于在1979年我们出台了许多改革措施,如提高农副产品收购价格、调整部分职工工资、减免部分农村的税收费用、实行企业基金制度等,使国家财政收入下降,而支出非但没有下降,反而上升,于是出现了严重的赤字。财政支出结构的严重不平衡,导致经济片面增长,另外经济中各个部门的发展也不平衡,结构失调。在出现赤字的情况下,国家银行贷款余额大幅度上升,造成了经济过热。所以不得不采取政策来紧缩经济,使经济转入健康发展的轨道。因此看来,1979—1981年的经济周期是与财政赤字密切相关的。

1982—1986年的周期中,经济高涨的时间比较长,幅度也比较大。但是这种增长并不是靠技术进步和改善管理来实现的,而是投资推动的。从1979—1985年,国家信贷的放松,对个体工商户的鼓励政策以及企业自主权的扩大,都刺激了资金的需求,加剧了信贷规模的膨胀。大规模的信贷,产生了经济过热的问题,也就是这次周期的成因。

1988年经济过热的原因是居民消费行为的突变。由于连续的高通胀,是我国的消费者产生了通胀的预期,人们认识到存钱不如买东西花了合算。这使得储蓄存款大幅减少,1988年,居民储蓄存款余额增长率仅为23.7%,比前三年的平均值低12个百分点。据推算,1988年居民储蓄存款增加额要比正常趋势值少300多个亿。与此对应的是消费额的大幅度增加。这种消费行为的突变直接引发了此次经济波动。

在 1991 年以来的经济周期中,1992 年是经济发展的高潮,当年 GDP 增长率达到了 14.2%。1992 年前后,经济出现过热的现象,社会集资规模急剧扩大,国家银行资金大规模以非贷款的方式流出,政策不能有效地通过金融手段控制货币流通量。此外,由于政府放松了对直接融资的管制,专业银行强化了自身利益,非银行金融机构迅速发展,资金市场管理混乱,也成为经济过热的一个原因。

1996 年成功实现"软着陆"后,又出现有效需求不足,经济难以启动的现象,1998 年还受到东南亚金融危机的严重冲击。对此,政府及时采取了积极的财政政策和适度的货币政策,并取得了明显的成效,1998 年我国 GDP 仍保持了 7.8% 增长率。

2003 年第三季度开始,经济中出现了过热的苗头,这种趋势在 2004 年继续发展,物价水平不断提高,通货膨胀压力加大。这是否会启动新一轮经济周期?值得我们关注和思考。

 重要问题 3　为什么会产生经济周期?

不同的经济学派对经济周期的原因存在不同的看法。凯恩斯学派认为经济周期源自需求冲击,经济中的投资是不稳定的,投资变化会通过投资乘数和加速数的交替作用,引起总需求的波动,进而影响到经济活动水平,造成经济周期。

货币学派和新古典学派认为经济周期是由于政府经济政策造成的,经济政策不仅在长期内没有任何效果,而且还会在短期内影响经济运行,并造成经济的波动。

还有一部分经济学家认为经济周期是供给冲击造成的,其中实际经济周期理论认为,技术进步是造成经济周期的主要因素,技术进步能够造成经济扩张;当经济遭遇自然灾害或原料价格上涨时,经济就会步入衰退阶段,从而形成经济周期。

本章小结

1. 经济增长是指社会生产能力不断提高,带来社会福利的持续增加。要保持经济持续增长,需要具备良好的自然条件、丰富的人力资本、合理有效的经济体制和不断扩大的对外开放。

2. 经济增长最重要的源泉是技术进步、劳动供给增加和资本积累水平提高。索洛增长模型为分析技术进步和资本积累增加如何促进经济增长提供了理论框架。

3. 黄金规则指出,最佳的经济增长方式应该是实现人均消费的最大化,经济增长应该以此为目标。黄金规则要求经济中资本的边际产量等于资本折旧率。

4. 经济周期是指经济发展的过程中会出现周期性的波动,经济扩张和经济萧条交替出现。经济波动可以指总产出的绝对量发生变化,也可以指经济增长率发生变化。一个经济周期包括低谷、扩张、顶峰和衰退四个阶段。

5. 根据时间的长短,可以把经济周期划分为短周期、中周期和长周期。其中短周期又称基钦周期,约 40 个月左右;中周期又称朱格拉周期,约 8—10 年;长周期又称康德拉耶夫周期,时间为 50 年左右。

6. 经济周期其实是经济受到短期冲击,暂时偏离平衡增长路径,并围绕长期发展趋势上下波动。短期冲击可能来自总需求方面;也可能是经济政策造成的;如果供给方面出现波动,也会产生短期冲击。

本章练习题

1. 如何认识经济中的短期、长期和超长期?
2. 什么是"70 规则"?
3. 哪些因素构成经济增长的源泉,它们是如何促进经济增长的?
4. 简述索洛模型的内容。
5. 借助图形,分析资本积累和技术进步是如何推动经济增长的。
6. 人口增长对经济增长有何影响?
7. 什么是黄金规则和最佳增长路径?
8. 什么是经济周期,如何进行划分?
9. 各个学派如何解释经济周期的原因?

网络学习导引

网络地址:中国统计数据库http://www.bjinfobank.com/。

检索路径:首页→数据库名称"中国统计数据库"→行业"个人收入"→查询最新的"中国城乡居民家庭人均收入统计"数据。

网络应用:对你的数据进行横向比较——农村居民家庭人均现金收入与城镇居民家庭人均可支配收入相比,并进行纵向比较——各项数据在最近一段时期内的增长速度,你能得出什么结论?

分组讨论:寻找同期的经济增长速度,与你通过的收入增长速度相比较,是不是一致呢?讨论一下为什么。

第十章

国际经济往来

学习目标
- 了解国际贸易的作用,掌握国际贸易理论的基本内容
- 掌握汇率及其相关概念,掌握汇率理论和汇率制度的基本内容
- 了解国际收支的概念,掌握国际收支平衡表的主要内容,熟练掌握国际收支失衡的调节
- 熟练运用蒙代尔-弗莱明模型分析开放条件下的经济政策

基本概念

贸易依存度　外汇　汇率　汇率制度　国际收支平衡表　蒙代尔-弗莱明模型

参考资料
- 牵引增长理论对中国的适用性
- 我国国际收支平衡表(2003年)

在当今世界,不同国家之间的国际经济往来十分密切,每一个国家都通过某种形式对外开放,与其他国家进行着经济交流。国际经济往来对各国经济都有重大的影响,能够实现经济资源在世界范围内的最优配置,促进各国经济的发展,增加各国人民的福利。

国际经济往来包括国际商品往来和国际资金往来,每一个国家都可以进口和出口商品,也可以在国家金融市场上借款和贷款,其中,国际商品往来是属于国际贸易的内容,而国际资金往来属于国际金融的内容。本章将分别对国际贸易和国际金融的相关内容作简要的介绍,并概括分析国际收支平衡表的结构。

第一节 国际贸易

重要问题

1. 开展国际贸易能带来什么好处?
2. 各贸易理论的主要内容是什么?

一、产品和劳务的国际流动

国际贸易指的是不同国家之间交换产品和劳务的活动,一国买进别国的产品和劳务称为进口,把产品和劳务卖给别国称为出口。我们可以在身边找到很多进口的外国商品,比如耐克球鞋、宝马汽车、三星随身听、戴尔电脑等等,我们到美国留学或者去欧洲旅游,就是进口别国的劳务;同样地,我国也有很多产品和劳务出口到其他国家。

前面我们介绍过,一国的出口减去进口是净出口,净出口是来自国外的需求,构成本国总支出的一部分,净出口增加能够拉动本国经济的发展。

☞**贸易依存度**
一国进出口总额占GDP的比重称为贸易依存度,是衡量一国经济开放程度的指标。

一国进出口总额占GDP的比重称为贸易依存度,这是衡量一国经济开放程度的指标,贸易依存度越高,表示该国越是对外开放,贸易依存度越低,表示该国越是自我封闭。图10-1反映了我国历年贸易依存度的变化,可以看出,我国的贸易依存度一直是比较高的,而且呈稳定增长的态势,2002年达到了50.18%的水平,这表明随着我国对外开放的深入,国际贸易对我国经济具有重大的意义,事实上,很长一段时间内,我国的出口一直大于进口,净出口作为总需求的一部分,在很大程度上拉动了我国经济的增长。

我国是一个很好的例证,充分体现了国际贸易对推动经济发展、增加人民福利具有重大的促进作用。其他国家的发展也说明了这一点,远到当年的葡萄牙、西班牙和英国,近到当前的日本、韩国、美国,其经济之所以能

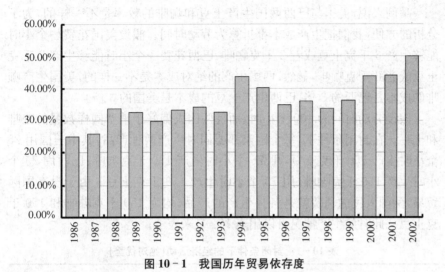

图 10-1 我国历年贸易依存度

够取得迅速的发展,很大程度上要归功于国际贸易的广泛开展。

> **重要问题 1　开展国际贸易能带来什么好处?**
>
> 首先,开展国际贸易能为经济发展提供外在的动力,表示出口减去进口的净出口,直接构成总需求的一部分,净出口增长能够促进经济的发展。
>
> 其次,通过开展国际贸易,与其他国家互通有无,能够为本国消费者提供更多可供选择的物品,提高本国的福利水平。
>
> 另外,广泛地进行国际贸易,能够实现经济资源在世界范围内的最优配置,提高各国的生产效率。

二、国际贸易理论

国际贸易理论系统地解释为什么会产生国际贸易,为什么某国是进口 A 商品出口 B 商品,而不是进口 B 商品出口 A 商品等问题。不同的经济学家从各自的角度阐述这些问题,形成各种国际贸易理论,下面我们主要介绍其中几个影响比较大的理论:绝对优势理论、比较优势理论和要素禀赋理论,并讨论一下产生产业内贸易的原因。

1. 绝对优势理论

绝对优势理论认为国际贸易产生的原因是不同国家之间绝对生产成本存在差异,这个理论是由亚当·斯密在其著作《国富论》里论证的。亚当·斯密认为,如果一国能够把经济资源都用来生产具有绝对成本优势的产品,并用以交换别国生产的具有自身绝对成本优势的产品,则两个都能从国际贸易中获益。

绝对优势理论
国际贸易理论的一种,认为国际贸易源自不同国家绝对生产成本的差异,该理论由亚当·斯密提出。

举例来说,美国与巴西两国生产土豆和咖啡的效率是不一样的,为了分析的方便,我们把生产成本都折算为劳动时间。假设美国花费一个小时能够生产6千克土豆或者2千克咖啡,巴西花费一个小时能够生产2千克土豆或者6千克咖啡,显然,两国生产的绝对成本是不一样的,美国生产咖啡的成本是巴西的3倍,巴西生产土豆的成本是美国的3倍。

假设劳动时间为100个小时,而且两国人偏好于消费同样数量的咖啡和土豆。在封闭条件下,每个国家都要同时生产两种产品,其中美国用25个小时生产150千克土豆,用75个小时生产150千克咖啡;巴西用25个小时生产150千克咖啡,用75个小时生产150千克土豆。由于没有国际贸易,两国人民的消费就是各自生产的产品,均为150千克咖啡和150千克土豆。此时的生产情况可以用表10-1来表示。

表10-1 封闭条件下的经济活动(绝对优势)

		美 国	巴 西
生产	土豆	25小时×6千克/小时=150千克	75小时×2千克/小时=150千克
	咖啡	75小时×2千克/小时=150千克	25小时×6千克/小时=150千克
消费	土豆	150千克	150千克
	咖啡	150千克	150千克

在封闭条件下,两国的绝对优势没有得到应用,此时两国人民的消费(福利)水平都是比较低的。在进行国际贸易的情况下,两国就应该利用各自的绝对优势,分工生产,这样就能够提高生产效率,促进两国的消费水平。

根据绝对优势理论,美国应该专门生产土豆,巴西专门生产咖啡,然后进行交换,即美国用全部的100个小时生产600千克土豆,巴西用100小时生产600千克咖啡,然后用300千克土豆交换300千克咖啡,两国人民就能够消费到300千克土豆和300千克咖啡,与封闭条件相比,福利水平得到了提高。开放条件下的生产和消费情况如表10-2所示。

表10-2 开放条件下的经济活动(绝对优势)

		美 国	巴 西
生产	土豆	100小时×6千克/小时=600千克	0小时×2千克/小时=0千克
	咖啡	0小时×2千克/小时=0千克	100小时×6千克/小时=600千克
交换	土豆	出口300千克	进口300千克
	咖啡	进口300千克	出口300千克
消费	土豆	300千克	300千克
	咖啡	300千克	300千克

国际贸易促成了不同国家的分工,使得它们充分发挥自己的绝对优势,提高了生产的效率,这样的结果使贸易双方都能从中受益,福利水平都

得到了提高。

2. 比较优势理论

比较优势理论认为国与国之间的生产机会成本差异是导致国际贸易产生的主要原因。这个理论是由19世纪英国经济学家大卫·李嘉图提出的,又称为李嘉图模型。李嘉图提出,如果一国能够把较多的资源用来生产具有比较优势的产品,并用以交换别国生产的具有自身比较优势的产品,则两个国家都能从贸易中获利。

实际上,李嘉图的观点指出了即使某国生产任何一种产品都不具备绝对成本优势,只要在机会成本上具有优势,还是可以与别国进行贸易并从中获利。

举例来说,假设美国一小时能够生产6千克土豆或6千克咖啡,巴西一小时只能够生产1千克土豆或3千克咖啡,此时巴西在两种产品生产上都不具备绝对优势,那么两国之间还能进行贸易吗?

答案是肯定的,因为巴西虽然不具备绝对成本优势,但是具有一定的比较成本优势,两国间还是可以进行贸易的。从机会成本的角度来看,美国生产1千克咖啡需要1/6小时,也就是生产1千克土豆的时间,即美国生产1千克咖啡的机会成本是1千克土豆;对于巴西来说,生产1千克咖啡需要1/3个小时,也就是生产1/3千克土豆的时间,即巴西生产1千克咖啡的机会成本是1/3千克土豆。这样,与美国相比,巴西在生产咖啡方面就具有了机会成本上的优势,应该把更多的资源用于生产咖啡,而美国应该把更多的资源用于生产土豆。

两国人民还是偏好消费同样的土豆和咖啡,在封闭的条件下,美国用50个小时生产出300千克土豆,再用50个小时生产300千克咖啡;巴西用75个小时生产出75千克土豆,用25个小时生产出75千克咖啡。此时,两国人民只能消费各自生产的咖啡和土豆(见表10-3)。

比较优势理论
国际贸易理论的一种,认为国际贸易产生与各国机会生产成本的不同。该理论由大卫·李嘉图提出。

表10-3 封闭条件下的经济活动(比较优势)

		美 国	巴 西
生产	土豆	50小时×6千克/小时=300千克	75小时×1千克/小时=75千克
	咖啡	50小时×6千克/小时=300千克	25小时×3千克/小时=75千克
消费	土豆	300千克	75千克
	咖啡	300千克	75千克

在封闭条件下,比较成本优势没有得到利用,两国人民消费水平都比较低。在开放的条件下,两国应该把更多的资源用于生产具有比较优势的产品,这样也能够提高生产效率,促进福利水平。

根据各自的比较优势,美国应该更多地生产土豆,减少咖啡的生产,把其中75个小时用于生产450千克土豆,25个小时用于生产150千克咖啡,巴西则放弃生产土豆,把100个小时用于生产300千克咖啡;然后,美国用

100千克土豆交换巴西200千克咖啡。这样,美国人能够消费各为350千克的土豆和咖啡,巴西人能够消费各为100千克的土豆和咖啡,两国的福利都比封闭条件下改善了。开放条件下的进口可见表10-4。

表10-4 开放条件下的经济活动(比较优势)

		美 国	巴 西
生产	土豆 咖啡	75小时×6千克/小时=450千克 25小时×6千克/小时=150千克	0小时×1千克/小时=0千克 100小时×3千克/小时=300千克
交换	土豆 咖啡	出口100千克 进口200千克	进口100千克 出口200千克
消费	土豆 咖啡	350千克 350千克	100千克 100千克

从以上的分析可以看出,即使一国完全没有绝对优势,只要在某些产品上具备比较优势,还是可以集中经济资源生产这些产品,并以之交换别国比较优势的产品,从而实现贸易双方福利水平的提高。

3. 要素禀赋理论

要素禀赋理论认为国与国之间拥有生产要素的相对数量不同,也会促成国际贸易的产生。这个理论是由瑞典经济学家赫克歇尔和俄林提出的,又称为赫克歇尔-俄林模型。

该理论认为,各国的要素禀赋——即拥有的生产要素的相对数量是不一样的,应该按照要素禀赋来生产相应的产品。生产要素指物资资本、人力资本、土地、劳动力、矿藏资源等,一方面,每个国家拥有生产要素的总量和结构都是不一样的;另一方面,生产不同产品需要投入各种不同的生产要素。如果一国生产的产品需要投入的生产要素投入结构与该国拥有的要素结构一致,则这样的产品就具有比较优势;反之,如果生产投入的要素结构与拥有的要素结构不一致,则产品就缺乏比较优势。

比如美国拥有较多的资本和技术,但是缺乏劳动力,中国富有土地和劳动力,但是缺乏资本。则美国应该生产资本密集型的产品,因为这类产品需要投入较多的资本和较少的劳动力,这样投入的要素结构与美国拥有的要素结构是一致的,因而美国资本密集型产品具有比较优势;而中国则应该生产劳动密集型产品,在这类产品上具有比较优势。然后,美国可以用资本密集型产品交换中国的劳动密集型产品,贸易双方都能从中得到好处,事实上也的确是如此,中国大量从美国进口芯片、飞机等资本或技术密集型产品,而向美国出口纺织品、玩具等劳动密集型产品。

要素禀赋理论实际上是比较优势理论的进一步阐述,从要素结构的角度来解释了比较优势产生的源泉,是对比较优势理论的补充和完善。

4. 产业内贸易分析

国际贸易可以分为两种:一种是产业间贸易,比如中国向美国出口纺

要素禀赋理论
国际贸易理论的一种,认为各国生产投入的要素结构应该与拥有的要素结构一致,才能获得比较优势。该理论由赫克歇尔和俄林提出,又称为赫克歇尔-俄林模型。

织品,并从美国进口波音飞机,这是不同行业之间交换产品和劳务;另一种是产业内贸易,比如美国向日本出口汽车,但同时又从日本进口汽车,这是同一行业内产品或劳务的交换。

对于产业间贸易,上面提到的贸易理论都能提供解释,但是为什么会出现产业内贸易呢?这是传统贸易理论所不能解释的问题,因为按照传统贸易理论,各国之间应该是进行分工协作的,不应该就同类产品展开交易。对此,经济学家们也试图做出一些解释,其中包括规模经济分析和偏好差异分析。

一种观点认为规模经济的限制导致了产业内贸易的产生。由于某些庞大的行业存在规模经济,单个国家难以生产所有系列的产品,只能集中力量生产其中的一些,其余的产品就需要从别国进口。比如以色列的军用飞机制造技术非常先进,我们知道,飞机制造业是典型的具有规模经济的行业,以色列致力于研究制造军用飞机,就难以兼顾民用飞机的发展,这样,以色列可能就会一方面出口军用飞机,另一方面又进口民用飞机,从而形成产业内贸易。

还有一种解释,可能更容易被理解,这种观点认为不同国家的偏好是有差异的,这种差异能够导致产业内贸易的产生。比如美国一方面进口日本的汽车,另一方面又向日本出口汽车,这可能是因为有些日本人偏好美国车的宽敞气派,而有些美国人喜欢日本车的小巧精致、节约能耗,这种爱好上的差异促使两国间进行产业内贸易。

产业间贸易
指在国际贸易中,不同产业之间交换产品和劳务的行为。

产业内贸易
指国际贸易中,同一产业内部交换产品或劳务的行为。

网络资源
http://www.library.nijenrode.nl/nbr/200/200-240.html
荷兰 Nijenrode 大学图书馆建立的一个站点,它提供了大量经济学站点的链接,其中包括国际贸易的内容。

参考资料 牵引增长理论对中国的适用性

20世纪30年代,罗卜特逊认为,对外贸易是"经济增长的发动机";20世纪初美国商务部部长雷德菲尔德认为,对外贸易对于经济增长的作用如钟摆一样"控制着这架机器的全部运转"。一般认为国际贸易对经济增长的作用主要表现在:(1)形成要素比较优势,即通过促进一国(地区)参加国际分工与竞争,有条件获取国际分工的比较利益,从而形成生产要素的比较优势,相对提高劳动生产率。(2)优化经济结构。出口引导一国将增量资本投向享有比较优势的产业领域,从而优化社会经济结构。(3)扩大市场,获取规模效益。(4)促进产品成本降低与质量的提高。国际市场的激烈竞争,促使一国(地区)生产厂家降低成本,提高质量,以增强国际竞争力。(5)形成投资的乘数效应,带动相关产业增长。开放经济中,一国良好收益的出口部门,必然吸引国内外投资,从而形成投资的乘数效应,提高社会生产力水平。

国际贸易对一国、地区经济增长的推动作用毋庸置疑。其方向却有颇多争议,新古典贸易理论的核心是各国生产要素之间的差异决定国际贸易的方向。但阿瑟·刘易斯于50年代指出:该理论片面强调了自由贸易所产生的暂时或静态的比较利益,从而忽视了发展中国家对发达国家经济贸易上的依赖,限制其经济长期发展。刘易斯认为,发展中国家(南方)在长期以来形成的经济体系中,一味以初级产品出口为特征,以发达国家(北方)的需求作为经济增长先决条件,将经济增长更多地取决于外部因素。在此意义上,北方经济发展决定了进口需求的强度,从而对南方经济起着如同火车头(北方)牵引车厢(南方)的作用。

刘易斯的有关论点被称为"牵引增长论"。刘易斯认为彻底摆脱这种被动依附的途径在于降低对国际贸易的依存度,对本国的工业实施保护性的政策,更多地以"南南贸易"代替"南北贸易"。若南方国家加强经济合作,使"南南贸易"成为主要的贸易方向,更有助于提升发展中国家产业结构,促使发展中国家经济发展。

根据牵引增长理论,对于相关发展中国家,应该采取保护主义政策,更多地以"南南贸易"替代"南北贸易",以便逐渐构建新的国际经济体系,以更多的合作代替原有体系中的不平等转移。刘易斯理论的核心是在一个较低的平台上构筑新的比较优势,通过新的贸易伙伴,将发展中国家迫切需要发展的资金、技术(能)密集型产业,通过"南南贸易"发展起来。

但是对中国来说,不能简单地套用这个理论模式,不能以"南南贸易"替代向发达国家出口。首先,中国目前出口市场的希望仍在欧美市场,因为亚洲国家市场本身的不景气,依靠亚洲国家市场前景黯淡,至于非洲、拉美市场,因消费习惯及历史原因,中国原本贸易额不大,目前也没有开拓迹象。

其次,从国际贸易扩大国内福利来看,欧美市场经济稳定增长、对外依赖程度高、购买能力强的发达市场,将有助于有效扩大出口,弥补内需不足,有效启动中国经济发展,提高国民福利水平。

另外,从产业结构提升来看,中国对发达国家出口产品,将由劳动密集型逐渐向资本密集型转变,而欧美国家的产品在向知识密集型转移。目前的形势恰如20世纪五六十年代的日本,学习的功效远大于自行研发,向发达国家出口有利产业结构的提升。

长期以来,我国国内需求一直低迷不振,来自国外的需求对促进我国经济增长做出了很大的贡献,1978—1997年间我国外贸出口增长对GDP增长的贡献率为21%,同期经济年均增速为9.8%,也就是说,经济增长的两个百分点是出口拉动的。

世界各国之间的经济交流日渐加强,我国也不例外,2002年对外贸易依存度超过了50%,可见,开展国际贸易,对促进我国经济增长具有越来越重大的意义。

——改编自陆宾,"国际贸易牵引增长理论对中国的适应性及应用",《财经研究》,2000年第6期。

网络资源

http://econ.web.tamu.edu/tian/ 美国德州 A&M 大学经济系教授田国强的个人主页,研究领域包括国际贸易等,网站上有一些中英文研究论文可供下载。

第十章 国际经济往来

 重要问题2　各贸易理论的主要内容是什么？

　　绝对优势理论认为不同国家之间绝对生产成本的差异会导致国际贸易的产生，每个国家应该专门生产自己具有绝对优势的产品，然后通过国际贸易交换，这能够提高贸易双方的福利水平。

　　比较优势理论提出不同国家之间生产机会成本的差异也可以导致国际贸易，每个国家应该把较多的资源用于生产具有比较优势的产品，然后进行国际贸易。

　　要素禀赋理论指出各国的要素禀赋是不一样的，每个国家的生产的要素投入结构应该与拥有的要素结构一致，这样生产出来的产品才具有比较优势。

　　上述各理论不能解释产业内贸易的产生，有观点认为规模经济约束或各国偏好导致了产业内贸易。

第二节　汇　率

 重要问题

1. 什么是外汇和汇率？
2. 各汇率理论的主要内容是什么？
3. 汇率制度有哪些种类？

一、外汇与汇率

　　进行国际经济往来，需要使用相应国家的货币，美国人购买中国的纺织品，需要支付人民币，中国人到欧洲旅游，需要把人民币换成欧元才能使用，我们把本国的货币称为本币，把别国的货币称为外币或者外汇，并把进行各国货币买卖的场所称为外汇市场。

　　汇率就是指不同国家货币之间交换的比率，可以理解为以一国货币表示的另一国货币的价格。汇率的表示方式有两种：直接标价法和间接标价法。直接标价法是指用本币作为计价单位，表示外币的价格，比如我国公布1美元兑8.277元人民币，就是采用了直接标价法。间接标价法是指用外币作为计价单位，表示本币的价格，比如美国公布1美元兑8.277元人民币，就是采用间接标价法。大多数国家实行的都是直接标价法，只有

外汇
指别的国家发行的货币，也称为外币。

外汇市场
进行国家货币买卖的场所。

汇率
不同国家货币交换的比率，即以一国货币表示的另一国货币的价格。

英国和美国实行间接标价法。

汇率是经常发生变动的,如果本币能够兑换更多的外币,则我们可以说本币升值,或者外币贬值,如果本币只能兑换更少的外币,则是本币贬值,或者外币升值,这会体现为汇率的变动。

☞ **直接标价法**
以本币为计价单位,表示外币价格的方法。

同一变化在不同的标价方式下的表现是不一样的,本币贬值(外币升值)在直接标价法下表现为汇率上升,在间接标价法下表现为汇率下降;本币升值(外币贬值)在直接标价法下表现为汇率下降,在间接标价法下表现为汇率上升。

☞ **间接标价法**
以外币为计价单位,表示本币价格的方法。

我国实行的是直接标价法,人民币升值将使汇率下降,人民币贬值将使汇率上升。假设人民币升值,使得汇率从1美元兑8.277元人民币下降为1美元兑8元人民币,即美元只能兑换更少的人民币,也就是人民币能够兑换更多的美元。

重要问题1　什么是外汇和汇率?

我们把别国的货币称为外汇或外币。国际经济往来需要使用不同国家的货币,各国货币交换的场所称为外汇市场,各国货币交换的比率称为汇率。

汇率可以理解为以一种货币表示的另一种货币的价格,汇率分为直接标价法和间接标价法两种。

二、汇率理论

在当今开放的世界经济体系中,汇率成为非常重要的经济变量,汇率的变动对国际商品流动和国际资金流动都能产生重大的影响,那么汇率由什么因素决定,又受到哪些因素影响呢? 这正是汇率理论解决的问题。

汇率理论集中于解释汇率如何决定,以及汇率受哪些影响而变动,对这些问题经济学家们从不同的角度提出了各自的见解,由此形成了各种不同的汇率理论,下面我们将介绍其中最基本的三个理论:购买力平价说、利率平价说和国际收支说。

1. 购买力平价说

汇率是不同国家货币交换的比率,汇率决定的基础应该是各国货币所代表的价值量,而货币的价值在于能够用来购买各种商品,因此不同国家货币之间的兑换比率应该取决于各自购买力的大小。

☞ **购买力平价说**
汇率理论的一种,认为不同国家货币之间兑换比率取决于各自购买力的大小。

一国货币的购买力取决于价格水平的高低,如果价格水平比较低,则一定的货币能够购买更多的商品,货币的购买力就比较大;如果价格水平比较高,一定的货币只能买到较少的商品,货币的购买力就比较小。因此,我们可以进一步说,不同国家货币之间的兑换比率取决于各国价格水平的高低。

如果一国政府增加货币供应量,会提高价格水平,降低货币的购买力,进而导致本国货币贬值;反之,如果减少货币供应量,就会导致本国货币升值。

2. 利率平价说

购买力平价说指明了各国货币兑换率取决于各自的购买力大小,这实际上是回答了长期内汇率如何决定的问题,在短期内,汇率还会受到外汇市场上的供求关系的影响,供大于求会使相应的货币贬值,供小于求会使相应的货币升值。

利率平价说从利率的角度,解释短期内汇率波动的问题。该理论指出,如果两国的利率水平存在差异,就能够引起资金的跨国流动,进而引起汇率的变动。

举例来说,如果本国的利率比外国的利率高,在本国存款能够获得比外国更高的收益,外国的人意识到这一点之后,就纷纷用本币到外汇市场上购买本国的货币,并存放在本国的银行以获取较高的利息。此举将使即期外汇市场上本币需求增加并出售远期的本币以换回外币。远期外汇市场上本币的供给增加进而使外币远期相对于即期升值、本币远期相对于即期贬值,改变两国货币的兑换比率。

3. 国际收支说

一国进口别国的商品需要用本币购买外币,会形成本币的供给和外币的需求,反之,一国向别国出口商品,则会形成本币的需求和外币的供给。

国际收支说从国际收支的角度解释了短期内汇率变动的问题。该理论提出,如果一国的出口多于进口,则外汇的供给大于需求,就会使得外币贬值、本币升值;反之,如果出口少于进口,则外汇的需求大于供给,就会使外币升值、本币贬值。

国际收支说揭示了国际收支的变化会影响到外汇市场的供求关系,进而导致汇率变化,这其实只说明了问题的一方面,因为汇率对国际收支也有重大的影响。

举例来说,如果中国货币贬值,汇率上升,则会降低出口商品的外币价格,提高进口商品的本币价格,从而促进出口、增加进口。假设开始时,1美元兑人民币为8.277元,中国的玩具价格为8.277元人民币,出口到美国卖1美元,美国的球鞋为10美元,进口到中国卖82.77元人民币。

后来,人民币贬值,汇率上升为1美元兑16.554元人民币,则中国的玩具出口到美国只卖0.5美元(8.277/16.554),而美国的球鞋要在中国卖165.54元人民币(10×16.554)。对美国人来说,中国商品更便宜了,相应的需求会增加,促进了中国的出口;对中国人来说,美国的商品更贵了,就会减少从美国的进口。

> **利率平价说**
> 汇率理论的一种,认为各国利率水平的差异能够导致汇率的变化。

> **国际收支说**
> 汇率理论的一种,提出如果一国国际收支会影响到外汇供求,进而导致汇率波动。

> **网络资源**
> http://www.columbia.edu/~ram15/index.html 美国哥伦比亚大学经济系教授蒙德尔的另一个人主页,蒙德尔教授对汇率研究作出了杰出贡献,并因此获得诺贝尔经济学奖。

重要问题2　各汇率理论的主要内容是什么？

购买力平价说提出汇率取决于相应货币的购买力大小。货币的购买力又取决于价格水平，因此也可以说汇率取决于两国价格水平的高低。购买力平价解释了汇率的长期决定问题。

利率平价说提出如果两国利率不一致，将引起资金流向利率高的国家，改变外汇市场上的供求关系，使利率高的国家货币升值，利率低的国家货币贬值。

国际收支说提出如果一国进口多于出口，会导致外汇供小于求，使得本币贬值，外币升值；反之，出口多于进口，会使本币升值，外币贬值。

利率平价说和国际收支说都是从外汇市场供求关系变化出发，解释汇率短期波动的问题，前者从利率的角度，后者从国际收支的角度，分别指出了汇率短期波动的不同原因。

三、汇率制度

☞ 汇率制度
一国政府对本国汇率水平变动方式所作的一系列制度安排。

☞ 固定汇率制
政府致力于维护本币汇率稳定的汇率制度，要求中央银行负责平衡外汇市场的供求关系。

☞ 浮动汇率制
政府不对汇率进行干预，汇率水平完全由市场确定的汇率制度。

汇率制度是指一国政府对本国汇率水平变动方式所进行的一系列制度安排。基本的汇率制度包括浮动汇率制和固定汇率制。

固定汇率制是指政府把本币汇率水平固定在一定的水平不变，当外汇市场上出现供求不平衡时，中央银行就进行反向操作，在本币供大于求的时候买入，在本币供小于求的时候卖出，平衡市场以稳定本币汇率。固定汇率制具有稳定经济的作用，但是要求中央银行持有足够多的外汇。

浮动汇率制是指政府不对汇率进行干预，汇率水平完全由外汇市场上的供求关系确定的汇率制度。实行浮动汇率制可能会导致短期内汇率波动频繁，不利于国际贸易的开展，但是浮动汇率制能够实现国内外价格水平的灵活调整，引导资源在更大的范围内优化配置，同时中央银行无需承担稳定汇率的义务，可以更好地服务于其他政策目标。

我国汇率制度在1994年进行了重大改革，开始实行有管理的浮动汇率制，但其实还是维持固定汇率不变，中国人民银行依然承担着平衡外汇市场的义务，由此，国际货币基金组织在1999年重新把我国划归为实行固定汇率制的国家。

表10-5列出了历年来人民币兑美元的全年累计加权平均汇率，可以看出，人民币汇率水平实际上是非常稳定的。

表10-5　人民币全年累计加权平均汇率

（人民币/美元）

年份	1994	1995	1996	1997	1998	1999	2000	2001	2002	2003
汇率	8.6212	8.349	8.3143	8.2897	8.2791	8.2783	8.2784	8.277	8.277	8.277

数据来源：国家外汇管理局(http://www.safe.gov.cn/Statistics)。

重要问题3　汇率制度有哪些种类？

汇率制度主要分为两种：固定汇率制和浮动汇率制。其中，固定汇率制是政府致力于维护本币汇率的稳定，中央银行承担平衡外汇市场供求关系的义务。浮动汇率制是指政府对汇率不加干预，汇率水平完全由外汇市场供求关系确定。

第三节　国际收支

重要问题

1. 国际收支平衡表包括哪些项目？
2. 如何调节国际收支不平衡？

国际收支集中体现在国际收支平衡表上，国际收支平衡表是一定时期内，一国居民、企业和政府与其他国家居民、企业和政府之间发生的所有经济交易货币价值的系统记录。这个时期一般指1年，也可以是半年或者3个月。

国际收支平衡表记录本国与其他国家发生的所有经济交易，所有向国外出售商品、劳务或资产的活动，能够为本国带来货币收入，记在国际收支平衡表的贷方，并标为"＋"号；所有从国外购买商品、劳务和资产的活动，能够引起本国的货币支出，记在国际收支平衡表的借方，并标为"－"号。

国际收支平衡表一共分为四个项目，即经常项目、资本和金融项目、储备资产项目以及净误差与遗漏项目。下面分别进行介绍。

一、经常项目

经常项目记录本国与别国之间发生的商品和劳务交易，以及因收益取得、转移支付所引起的货币收支情况。经常项目又进一步细分为如下四个小项目。

☞**国际收支平衡表**
一定时期内，一国居民、企业和政府与别国居民、企业、政府之间发生的所有经济交易货币价值的系统记录。

网络资源
国家外汇管理局网站上提供了大量的对外经济信息，包括人民币汇率、外汇储备和历年的国际收支平衡表。网址：http://www.safe.gov.cn/

1. 货物贸易

货物贸易包括所有商品进出口的交易记录,又被称为有形贸易。比如中国向美国出口玩具,向日本出口水果,记在该项目的贷方;中国从美国进口电脑,从日本进口汽车,记在本项目的借方。货物贸易是经常项目中最重要的部分,占据了最大的比例。

2. 服务贸易

服务贸易是经常项目中的第二个大部分,包括各种形式的劳务进出口,因为劳务没有具体形态,所以也称为无形贸易。这个项目包括运输、旅游、咨询、金融服务、信息服务和专利费用等内容。比如欧洲人来中国旅游、中国运输公司为中东企业提供海运服务、太平洋保险公司为美国客户提供保险等,应该计入本项目的贷方;又如中国汽车企业使用外国的专利技术、向国外咨询公司进行市场咨询,就应该计入本项目的借方。

3. 收益

收益项目包括职工报酬和投资收益两类。比如,长虹公司聘请美国技术人员,向他们支付报酬,应该计入本项目的借方;IBM公司雇佣中国工人,应该计入本项目的贷方。

投资收益包括购买外国股票和债券所取得的红利收入和利息收入,比如中国居民购买美国政府债券,取得的利息收入计入本项目的贷方;美国居民购买中国企业的股票,取得的红利收入计入本项目的借方。

4. 经常转移

经常转移是指发生在本国与别国之间的收入转移,包括发生各级政府之间和居民之间的转移。这类收支是无偿的,单方面的转移,不索取相应回报。比如,联合国向我国提供的开发援助、海外华侨的捐赠等,计入经常转移的贷方;而我国向阿富汗提供经济援助,则计入经常转移的借方。

二、资本和金融项目

资本和金融项目记录的是资产所有权在国际之间流动的情况。包括资本项目和金融项目两个部分。

1. 资本项目

资本项目记录固定资产所有权转让、无形资产的收买或放弃以及债权人无偿放弃取消债务引起的资本转移。其中无形资产包括专利、版权、商标和经销权等内容,这需要与经常项目下的服务贸易区别开来,那里的专利费是指使用专利而支付的费用,这里是指转让专利所有权而发生的费用。

2. 金融项目

金融项目记录的是各类投资引起的货币收支,根据不同的类型,又分为直接投资、证券投资和其他投资三个部分。

直接投资是指一国居民直接到别国投资办厂,或者购买国外企业10%以上的股票。直接投资意味着对企业拥有一定的控制权和永久利益,直接投资者与企业之间是一种长期稳定的关系。比如,戴尔公司在中国投资开分厂,中国居民购买微软公司的股票等都属于直接投资。

证券投资指购买别国发行的股票或债券的投资行为。需要指出的是,证券投资所购买的股票不超过总数的10%,投资者只取得相应的收益,不参与企业的经营管理,不同于直接投资。

其他投资记录直接投资和证券投资以外的金融交易,包括贸易信贷等项目。

三、储备资产项目

储备资产指货币当局拥有的、可以随时用于对外支付的外国资产,又称为外汇储备。包括货币黄金、外汇资产、特别提款权、在国际货币基金组织的头寸和其他债权五项内容。其中外汇资产指以外币表示的各类资产,包括外国货币、外币存款和有价证券等,外汇资产是外汇储备里最重要的项目。

1990以来,我国基本上是处在经常项目、资本和金融项目双顺差的状态,即使个别年份单个项目出现过逆差,但是两个项目的顺差之和还是为正值,双顺差意味着外国资产不断流入我国,导致我国的外汇储备不断增长。

表10-6列举的数据充分说明了这一点,伴随着我国持续的双顺差,外汇储备稳步、快速增长,2003年底达到了4 032.51亿美元,我国是仅次于日本的第二大外汇储备国。

表10-6 历年双顺差与外汇储备增长

(单位:亿美元)

年 份	经常项目顺差额	资本与金融项目顺差额	外汇储备额
1990	119.97	32.55	110.90
1991	132.70	80.32	217.10
1992	64.01	−2.51	194.40
1993	−119.03	234.74	211.99
1994	76.58	326.44	516.20
1995	16.18	386.75	735.97
1996	72.42	399.67	1 050.49
1997	297.17	229.59	1 398.90
1998	293.24	−63.21	1 449.59
1999	156.67	76.42	1 546.75
2000	205.19	19.22	1 655.74
2001	174.05	347.75	2 121.65
2002	354.22	322.91	2 864.07
2003	458.75	527.26	4 032.51

数据来源:国家外汇管理局(http://www.safe.gov.cn/Statistics)。

四、净误差与遗漏项目

净误差与遗漏项目是人为设立的,由于国际收支平衡表采取的是复式记账原则,所有的贷方总额应该等于借方总额,"经常项目差额＋资本与金融项目差额＋储备资产变动"应该等于0。但是由于统计资料不准确、核算失误或人为因素的影响,实际上不能满足平衡的条件,因此,需要设立这个项目来予以抵消,使国际收支平衡表总体上达到平衡。

重要问题1　国际收支平衡表包括哪些项目?

　　国际收支平衡表包括四大类项目:经常项目、资本和金融项目、储备资产项目以及净误差与遗漏项目。
　　其中经常项目记录国际间商品和劳务交易的情况,资本和金融项目记录资产所有权在国际间流动的情况,储备资产项目记录一国拥有的外国资产情况,净误差与遗漏项目是为了平衡收支而人为设立的项目。

五、国际收支不平衡及调整

　　从形式上来看,一国的国家收支平衡表总是收支相等的,但是实际中,收入和支出可能并不是平衡的,所有的对外经济交易都可以分为自主性交易和补偿性交易两类。自主性交易是指个人或企业处于自主性目的而进行的交易,比如出国旅游、进口外国商品等;补偿性交易指事后进行的、为了弥补国际收支不平衡而进行的交易,比如向外国政府借款、动用外汇储备等。
　　国际收支不平衡就是指自主性交易不平衡。如果自主性交易差额为零,则称"国际收支平衡"。如果这个差额为正,则称"国际收支顺差",如果这个差额为负,则称"国际收支逆差",两者合称"国际收支不平衡"。
　　国际收支不平衡的原因有很多,可能是由短期的、偶然性因素引起的,也可能是一国经济结构不能适应世界市场的需要造成的,还可能是由于一国的汇率水平不合理而导致的。另外,宏观经济的周期性变化也会造成国际收支不平衡,在扩张和顶峰时期,收入提高导致进口增加,国际收支出现逆差;在衰退和低谷时期,收入减少,进口下降,国际收支出现顺差。
　　一国国际收支出现不平衡,特别是国际收支逆差,不利于一国经济的平稳发展,因此,必须进行调整。
　　一国政府调节国际收支失衡的方法也有很多种,可以针对不同的失衡原因采取相应的对策。具体来说,调节方式主要有:
　　(1) 动用外汇储备。对于短期的国际收支失衡,可以动用外汇储备来解决,而不必采取政策措施。
　　(2) 调整经济结构,改进经济增长方式。对于结构性失衡,可以从调整国内经济结构入手,改善进出口状况。

(3) 调整汇率水平。对于汇率因素导致的不平衡,可以通过调整汇率水平来消除。

(4) 改变经济政策。如果国际收支是由周期性因素造成的,可以采取逆周期的经济政策来解决。在扩张和顶峰时期,实行紧缩性的财政政策和货币政策,抑制进口需求;在衰退和低谷时期,实行扩张性的财政政策和货币政策,增加进口需求。

参考资料 我国国际收支平衡表(2003年)

项　　目	差　　额	贷　　方	借　　方
一、经常项目	45 874 812	519 580 386	473 705 574
A. 货物和服务	36 078 977	485 003 217	448 924 239
a. 货物	44 651 625	438 269 595	393 617 970
b. 服务	−8 572 648	46 733 622	55 306 270
B. 收益	−7 838 360	16 094 693	23 933 053
1. 职工报酬	162 362	1 282 594	1 120 233
2. 投资收益	−8 000 722	14 812 098	22 812 820
C. 经常转移	17 634 195	18 482 477	848 282
1. 各级政府	8 038	113 774	105 736
2. 其他部门	17 626 157	18 368 703	742 546
二、资本和金融项目	52 725 942	219 630 612	166 904 671
A. 资本项目	−48 083	0	48 083
B. 金融项目	52 774 024	219 630 612	166 856 588
1. 直接投资	47 228 993	55 507 117	8 278 125
2. 证券投资	11 426 757	12 306 682	879 925
3. 其他投资	−5 881 725	151 816 813	157 698 538
三、储备资产	−117 023 100	0	117 023 100
1 货币黄金	0	0	0
2 特别提款权	−90 000	0	90 000
3 在基金组织的储备头寸	−89 000	0	89 000
4 外汇	−116 844 100	0	116 844 100
5 其他债权	0	0	0
四、净误差与遗漏	18 422 347	18 422 347	0

资料来源:中国外汇管理局(http://www.safe.gov.cn/Statistics)。

重要问题 2　如何调节国际收支不平衡?

一国政府可以针对不同的失衡原因而采取相应对策,以实现国际收支的平衡。

对于短期的失衡,可以动用外汇储备来解决;对于结构性失衡,可以从改善国内经济结构入手;对于汇率造成的失衡,可以通过调整汇率消除;对于周期性因素造成的失衡,可以采取逆周期的经济政策来改善国际收支状况。

第四节　开放条件下的经济政策

 重要问题

1. 固定汇率制下各政策效力如何?
2. 浮动汇率制下各政策效力如何?

分析开放经济条件下的经济政策问题,主要的工具就是蒙代尔-弗莱明模型,这个模型在 IS-LM 模型的基础上,进一步考虑国际资金流动的因素,是进行开放条件下宏观经济分析的基本框架。

国际资金流动会冲击本国的货币供应量,这会影响到财政政策和货币政策的效力,在不同的汇率制度下,这些冲击力度是不一样的。本节将分析不同汇率制度下各经济政策的效力大小①。

一、固定汇率制分析

如果一国实行的是固定汇率制,则货币政策相对无效,而财政政策相对有效。

在固定汇率制度下,政府的货币政策必须致力于维护平衡外汇市场的供给和需求,维持汇率稳定,实际上是无法控制货币供应量的,从而难以起到理想的政策效果。假设采取的是扩张性的货币政策,增加货币供给,短期内会使收入增加、利率下降;收入上升会造成进口的增加,利率下降会造成资金从本国流向利率更高的国家,这都会造成国际收支逆差,外汇市场上外汇供不应求,本币汇率面临贬值的压力;为了缓解这个压力,维持汇率

---

① 蒙代尔-弗莱明模型是一个完整而复杂的理论框架,详细的介绍可以参见相关的国际金融教材,本节主要介绍一些结论性的内容。

不变,政府必须出售外汇储备、买进本国货币,这就收缩了货币供给,抵消了开始时扩张性货币政策的效果,长期内货币政策归于无效。

如图10-2所示,蒙代尔-弗莱明模型比 IS-LM 模型多考虑了国际资本流动的因素,在图形上,就多出了一条 BP 曲线。此时,BP 曲线平行于横轴,对应的利率 r_0 为世界利率水平,BP 曲线之上,表示本国利率高于 r_0,资金将流入本国;在 BP 曲线之下,表示本国利率低于 r_0,资金将流出本国。只有三条曲线同时相交,才能表示经济达到了均衡状态。

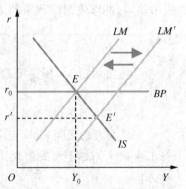

图 10-2　固定汇率制下的货币政策

初始时,IS 曲线、LM 曲线和 BP 曲线相交于 E 点,本国利率等于世界利率 r_0,不存在资金流动,均衡的收入为 Y_0。假设中央银行增加货币供给,短期内,LM 曲线将向右移动至 LM' 的位置,与 IS 曲线相交于 E',本国的利率水平低于世界利率水平,资金从本国流出,抵消了货币政策的扩张效果。很快地,曲线从 LM' 的位置左移到 LM 的位置,经济回复到初始状态,货币政策归于无效。

如果实行的是紧缩性的货币政策,减少货币供给,这会使收入水平下降、利率水平上升;收入下降会减少进口,利率上升会吸引资金流入本国,国际收支出现顺差,外汇市场上本币供不应求,本币汇率面临升值的压力;政府必须出售本国货币、买进外汇才能维持汇率不变,这就增加了货币供给,抵消了紧缩性货币政策的效果。

在固定汇率制度下,财政政策是比较有效的。财政政策会通过对利率的影响引起国际资金的流动,使政策的效果得到加强。假设实行的是扩张性的财政政策,会导致利率上升,利率上升会吸引国际资金流入本国,给本币带来升值压力,政府必须卖出本币,买进外币,从而增加本国的货币供给,相当于采取了扩张性的货币政策来进行配合,从而加强了财政政策的扩张效果。

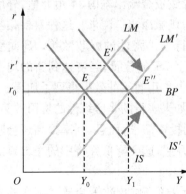

图 10-3　固定汇率制下的财政政策

图 10-3 刻画了固定汇率制下财政政策的作用过程。政府采取扩张性的财政政策,使 IS 曲线向右移动至 IS' 的位置,与 LM 曲线相交于 E' 点。短期内,本国利率高于世界利率,资金流入本国,增加了本国的货币供给,相当于实行了扩张性的货币政策,LM 曲线右移至 LM' 的位置,经济达到新的均衡点 E'',财政政策的效果得到了加强。

如果实行的是紧缩性的财政政策，利率水平会下降，这会使资金从本国流向利率高的国家，减少了本国的货币供给，相当于配合使用了紧缩性的货币政策，能够使财政政策的紧缩效果得到加强。

> **重要问题1 固定汇率制下各政策效力如何？**
>
> 固定汇率制下，货币政策相对无效，而财政政策相对有效。
>
> 如果实行的是固定汇率制，则货币政策不能自主，必须致力于维持汇率稳定，政府无法控制本国货币供应量，货币政策不能发挥效力；
>
> 财政政策相对有效，财政政策可以通过对利率的影响而引导国际资金流动，使政策效力得到加强。

二、浮动汇率制分析

如果一国实行的是浮动汇率制，则货币政策相对有效，而财政政策相对无效。

在浮动汇率制下，政府可以自主控制本国的货币供给，货币政策能够引起汇率的相应调整，从而加强政策效果。以扩张性的货币政策为例，货币供给增加会降低利率，刺激经济中的投资需求；另外，利率下降会使资金流出本国，外汇市场上外币供不应求，外币升值、本币贬值，这会使出口增加而进口减少，从而增加经济中的净出口需求，加强了货币政策的扩张性效果。

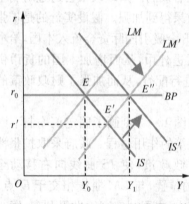

图 10-4 浮动汇率制下的货币政策

如图 10-4 所示，政府实行扩张性的财政政策，LM 曲线向右移动至 LM' 的位置，与 IS 曲线相交于 E' 点。短期内，本国利率下降，刺激经济中的投资需求，另一方面，本国利率低于世界利率，导致资金流出本国，本币贬值、外币升值，刺激净出口需求。这种效果相当于实行了扩张性的财政政策，IS 曲线右移至 IS' 的位置，经济达到新的均衡点 E''，货币政策的效果得到了加强。

如果实行的是紧缩性的货币政策，货币供给减少会提高利率，抑制经济中的投资需求；而且，利率提高还会吸引国际资金流入本国，使外币贬值、本币升值，这会降低经济中的净出口需求，使货币政策的紧缩性效果得到加强。

在浮动汇率制下，财政政策是相对无效的，财政政策会通过利率的变动引起汇率的调整,使政策的效果减弱。如果实行扩张性的财政政策以刺激总需求,会使利率水平上升,国际资金流入本国,本币升值、外币贬值,净出口需求下降,从而抵消财政政策的扩张性效果。

如图 10-5 所示,政府实行扩张性的财政政策,使 IS 曲线向右移动至 IS' 的位置,与 LM 曲线相交于 E' 点。短期内,本国利率将上升到世界利率水平之上,一方面会降低投资需求,另一方面,引起本币升值、外币贬值,降低了净出口需求,从而抵消了财政政策的扩张效果,IS 曲线左移到原来的位置。最终,经济回复到初始状态,财政政策归于无效。

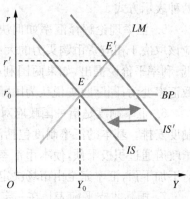

图 10-5 浮动汇率制下的财政政策

如果实行紧缩性的财政政策,会使利率水平下降,资金流出,本币贬值、外币升值,净出口需求增加,使紧缩性的财政政策归于无效。

重要问题 2 浮动汇率制下各政策效力如何?

浮动汇率制下,货币政策相对有效,而财政政策相对无效。

在浮动汇率制下,政府可以自主控制货币供应量,货币政策除了直接作用外,还可以通过影响汇率,加强原有政策的效力;

财政政策相对无效,财政政策会引起利率变动,进而导致汇率变动,使原有政策不能发挥效力。

本章小结

1. 国际贸易指不同国家之间交换产品和劳务的活动,开展国际贸易有利于发展本国的经济。一国进出口总额占 GDP 的比重称为贸易依存度,贸易依存度越高,表明该国的开放程度越高。

2. 贸易理论解释为什么一国出口 A 商品、进口 B 商品,而不是出口 B 商品、进口 A 商品。其中绝对优势理论认为,一国应该出口本国具有绝对成本优势的产品,并进口本国不具备绝对成本优势的产品;相对优势理论认为,一国应该出口本国具有机会成本优势的产品,并进口本国不具备机会成本优势的产品;要素禀赋理论提出,一国出口产品的要素投入结构应该与本国的要素禀赋相一致,才能产生比较成本优势。

3. 不同国家交换同一行业内的产品和劳务称为产业内贸易。这可能是由于不同国家居民的偏好差异造成的,也可能是由于相关行业规模经济约束造成的。

4. 外汇指其他国家的货币,进行各国货币买卖的场所称为外汇市场。汇率是指不同国家货币之间交换的比率,汇率有直接标价法和间接标价法两种表示方式。

5. 汇率理论解释汇率如何决定、怎样变动。购买力平价说认为汇率应该取决于相应货币购买力的大小,也可以说是取决于各国物价水平的高低;利率平价说提出,如果两国利率不一致,就会引起资金的流动,进而导致汇率变动;国际收支说认为国际收支不平衡也会引起汇率的变动。

6. 汇率制度是指一国政府对本国汇率水平变动方式所进行的一系列制度安排。基本的汇率制度包括浮动汇率制和固定汇率制,固定汇率制是指政府通过积极干预,使本币汇率稳定在某个水平上;浮动汇率制是指政府不加干预,汇率完全由市场决定。

7. 国际收支平衡表是在一定时期内,一国居民、企业和政府与其他国家居民、企业和政府之间发生的所有经济交易货币价值的系统记录。主要项目包括经常项目、资本和金融项目、储备资产项目以及净误差与遗漏项目。

8. 国际收支不平衡会影响经济的平稳发展,政府调节国际收支不平衡的方法有动用外汇储备、调整经济结构、调整汇率水平和改变经济政策等。

9. 蒙代尔-弗莱明模型是分析开放条件下经济政策问题的主要工具。在固定汇率制下,货币政策相对无效,而财政政策相对有效;在浮动汇率制度下,财政政策相对无效,而货币政策相对有效。

本章练习题

1. 为什么要开展国际贸易?
2. 比较分析绝对优势理论和相对优势理论。
3. 要素禀赋理论与相对优势理论是什么关系?
4. 举例说明什么是产业内贸易,并解释其产生的原因。
5. 简述汇率理论的内容以及它们之间的关系。
6. 实现固定汇率制和浮动汇率制各有什么利弊?
7. 国际收支平衡表包括哪几个项目?
8. 为什么要设立净误差与遗漏项目?
9. 政府如何针对性地调整国际收支失衡?
10. 运用蒙代尔-弗莱明模型,分析货币政策在固定汇率制和浮动汇率制下的不同效果。

网络学习导引

网络地址:中国海关网站http://www.customs.gov.cn/。

检索路径:首页→海关统计→月度进出口。

网络应用：在这里，你能看到最新的月度进出口数据和同比增幅，你的任务是计算每月的环比增幅，看看哪些月份增长较快，这些数据告诉你什么信息？

分组讨论：首页→海关统计→进出口主要国别(地区)总值，你看到的是最近一段时期的主要进口国和出口国，据此讨论一下我国主要贸易伙伴的国别分布及其成因。

图书在版编目(CIP)数据

宏观经济学/杨长江,石洪波编著.—上海:复旦大学出版社,2004.11(2020.8重印)
(复旦卓越·经济学系列)
ISBN 978-7-309-04246-7

Ⅰ.宏… Ⅱ.①杨…②石… Ⅲ.宏观经济学 Ⅳ.F015

中国版本图书馆 CIP 数据核字(2004)第 111431 号

宏观经济学
杨长江　石洪波　编著
责任编辑/徐惠平

复旦大学出版社有限公司出版发行
上海市国权路 579 号　邮编:200433
网址:fupnet@fudanpress.com　http://www.fudanpress.com
门市零售:86-21-65102580　团体订购:86-21-65104505
外埠邮购:86-21-65642846　出版部电话:86-21-65642845
上海春秋印刷厂

开本 787×1092　1/16　印张 14.25　字数 340 千
2020 年 8 月第 1 版第 11 次印刷
印数 49 001—50 100

ISBN 978-7-309-04246-7/F·935
定价:25.00 元

如有印装质量问题,请向复旦大学出版社有限公司出版部调换。
版权所有　侵权必究